新能源汽车彩图

比亚迪 e6 纯电动汽车

特斯拉 Model X 电动汽车

普锐斯混合动力电动汽车

宝马燃料电池电动汽车

氢气汽车

CNG 双燃料汽车

LPG 双燃料汽车

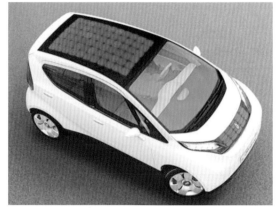

太阳能汽车

甲醇燃料汽车

二甲醚燃烧公交车

超级电容公交车

压缩空气汽车

新能源汽车专业系列教材

新能源汽车结构与维修

第 2 版

主　编　蔡兴旺　康晓清

副主编　郑锦汤　张华伟　周　逊

参　编　王　斌　廖一峰　许见诚

　　　　李　飞　钟锦昌

机械工业出版社

《新能源汽车结构与维修》第2版全书分为8个模块、15个任务，主要讲述纯电动汽车、混合动力电动汽车、燃料电池电动汽车、燃气汽车（CNG汽车和LPG汽车）、太阳能汽车、生物燃料汽车（醇燃料汽车和二甲醚燃料汽车）、超级电容储能汽车、飞轮储能汽车、压缩空气汽车等新能源汽车的基本结构、工作原理与使用维修知识。

本书紧密贴合我国新能源汽车生产维修实际，以实际车型为例，以实际工作任务为引领，以企业实际需求为目标，将专业技能、职业素养与企业文化深度融合，注重思想性、科学性和时代性。书中设置了学习工作页，可通过引导学生做学结合，加强实践技能的培养与训练。

本书提供大量教学资源（含课件、微课视频、动画、学生学习工作页题解和教学文件等）下载，下载地址 www.cmpedu.com（注册后可下载），方便教师授课和学生课外学习。

本书可以作为高职高专、普通高等院校及中职技校汽车类专业学生教材，还可以作为汽车新技术培训教材，对广大新能源汽车爱好者也是一本值得收藏的阅读材料。

图书在版编目（CIP）数据

新能源汽车结构与维修/蔡兴旺，康晓清主编. —2 版. —北京：机械工业出版社，2018. 11（2023. 9 重印）

新能源汽车专业系列教材

ISBN 978-7-111-61071-7

Ⅰ. ①新… Ⅱ. ①蔡… ②康… Ⅲ. ①新能源-汽车-构造-职业教育-教材②新能源-汽车-车辆修理-职业教育-教材 Ⅳ. ①U469. 7

中国版本图书馆 CIP 数据核字（2018）第 228540 号

机械工业出版社（北京市百万庄大街 22 号 邮政编码 100037）

策划编辑：赵海青 责任编辑：赵海青 责任校对：张 薇

封面设计：马精明 责任印制：张 博

北京建宏印刷有限公司印刷

2023 年 9 月第 2 版第 10 次印刷

184mm×260mm·17. 25 印张·424 千字

标准书号：ISBN 978-7-111-61071-7

定价：49. 00 元

电话服务 网络服务

客服电话：010-88361066 机 工 官 网：www.cmpbook.com

010-88379833 机 工 官 博：weibo. com/cmp1952

010-68326294 金 书 网：www.golden-book.com

封底无防伪标均为盗版 机工教育服务网：www.cmpedu.com

序 言

1 什么是新能源汽车

不同国家对新能源汽车定义有所不同,依照中华人民共和国工业和信息化部《新能源汽车生产企业及产品准入管理规则》,新能源汽车是指"采用非常规的车用燃料作为动力来源(或使用常规的车用燃料、采用新型车载动力装置),综合车辆的动力控制和驱动方面的先进技术,形成的技术原理先进、具有新技术、新结构的汽车。"

2 新能源汽车分类

本书将新能源汽车分为电动汽车(含纯电动汽车、混合动力电动汽车、燃料电池电动汽车)、燃气汽车(含压缩天然气汽车、液化石油气汽车、氢发动机汽车等)和其他新能源汽车(含太阳能汽车、生物燃料汽车、超级电容器、飞轮等高效储能器的汽车、压缩空气汽车等)三大类。

3 新能源汽车发展的历史背景与现状

汽车的发明与发展,为人类做出了巨大的贡献,同时也带来了亟需解决的两大问题。一是环境污染问题。根据检测分析,汽车尾气排放(含 CO、HC、NO、光化学烟雾、SO_2、醛类和微粒等)已占大气污染源的 85%,严重影响了人类身体健康,还导致全球气候变暖,破坏生态。二是能源紧缺问题。汽车使用的燃料为不可再生能源,可用时间有限。目前,全球 10 多亿辆汽车使用的燃料,约占全球石油消耗的 57%,我国 2018 年原油对外依赖度为 70.9%。

为了解决汽车环境污染、能源短缺等社会问题,2016 年,175 个国家共同签署了《巴黎协定》,对汽车有害排放做出了严格要求。目前,已经有多国提出了燃油汽车退出市场的时间表。

20 世纪末以来,各国相继制定了新能源汽车发展战略。如美国从 1975 年至今相继出台了十余部节能与环保法案,投入上百亿美元资助新能源汽车。德国、荷兰、挪威、英国等欧洲主要国家,组织成立了国际零废气排放汽车联盟(ZEV)。日本早在 1979 年就颁布了《节能法》,其混合动力汽车技术一直走在世界前列。我国对发展新能源汽车高度重视,起步也较早,2001年国家设立了"电动汽车重大科技专项",开始研发新能源汽车。近 20 年来,我国先后发布了20 多个相关文件,有力促进了新能源汽车的发展。2018 年,全球新能源汽车销量为 201.8 万辆,比 2017 年增速 67%。中国销量为 125.6 万辆,占比为 62%,居世界首位。

4 新教材特点与使用

本教材分 8 个模块、15 个任务,较全面地介绍了新能源汽车的基本结构、工作原理与使用维修知识。教材紧密结合我国实际,以实际工作行务为引领,以企业实际需求为目标,将专业技能、职业素养与企业文化有机融合。通过学生学习工作页,引导学生做、学结合,加强实践技能的培养与训练。各地可以根据本地主要车型,补充学生学习工作页和修改课件。本书提供大量教学资源(含视频、PPT、动画、学生学习工作页习题解参考等),可在机械工业出版社相关网站下载。

前　言

汉字的发明与发展是人类智慧的杰出体现，它为人们的生活和生产带来极大的方便，但是同时也带来了亟需解决的两大问题：一是传统内燃机汽车使用的燃料为一次性能源，开发使用后便不可再生，全球能源消耗的剧增使地球矿物能源加速枯竭；二是汽车排气污染，根据检测分析，汽车尾气排放量已占大气污染源的 85%。研发、推广、使用新能源汽车刻不容缓。

为了解决能源短缺、环境污染等社会问题，世界各国相继出台了各种节能减排方面的法规和标准，制定了各种鼓励研发、推广新能源汽车的政策和措施，使新能源汽车迅速步入社会。2017 年我国共销售新能源汽车 77.7 万辆，其中新能源乘用车销量居全球第一，同比增长 53.3%。其中纯电动汽车销售 65.2 万辆，占比为 83.9%，同比增长 28.6%，比亚迪汽车公司夺得 2017 年销量冠军，销售 11.37 万辆，北汽集团夺得亚军，销售 10.32 万辆。

由于新能源汽车及节能装置结构新颖、技术先进，目前很多人还不熟悉其结构和工作原理，更不熟悉使用和维修方法，急需相应的教材和教学资源同步跟上。顺应社会和汽车行业需要，我们组织相关学校和专家结合多年的教学经验和实践基础编写了本书第 1 版，并向教育部申报"十二五"职业教育国家规划教材并获得了立项。鉴于近几年新能源汽车迅猛发展，涌现了大量新技术、新标准和新产品，为紧跟形势，特进行第 2 次改版。

本书的编写以教职成［2012］9 号文件《教育部关于"十二五"职业教育教材建设的若干意见》为指导，吸收了近年来新能源汽车的新技术、新成果、新标准和教育改革所取得的新经验，以职业为导向，实际运用为目标，实践技能为主线，以提高学生的综合素质和就业能力为出发点，为求适应校企合作、工学结合、教学做一体化的教学需要进行任务驱动式的内容设计。书中紧密结合国内新能源汽车保有量较大的比亚迪 e6 等车型，将新能源汽车的结构、原理、运用、维护、故障与检测融会贯通，实现了理论知识与实训内容的有机融合，并按照学生的认识规律，从感性到理性，由浅入深地进行内容体系编排。

《新能源汽车结构与维修》第 2 版全书分为 8 个模块、15 个任务，主要讲述纯电动汽车、混合动力电动汽车、燃料电池电动汽车、燃气汽车（CNG 汽车和 LPG 汽车）、太阳能汽车、生物燃料汽车（醇燃料汽车和二甲醚燃料汽车）、超级电容储能汽车、飞轮储能汽车、压缩空气汽车等新能源汽车的基本结构、工作原理与使用维修知识。

本书紧密结合我国新能源汽车生产和维修实际，以实际车型为例，以实际工作任务为引领，以企业实际需求为目标，将专业技能、职业素养与企业文化深度融合，注重思想性、科学性和时代性。书中设置了学习工作页，可通过引导学生做学结合，加强实践技能的培养与训练。

本书提供大量教学资源（含课件、微课视频、动画、学生学习工作页习题解、教学文件等）下载，方便教师授课和学生课外学习。

本书由蔡兴旺教授和康晓清高工担任主编。编写分工如下：蔡兴旺编写任务1至任务4，并对全书进行审阅统稿，康晓清编写任务5、任务6，郑锦汤编写任务7、任务8，张华伟编写任务11，周逊编写任务10、任务12，王斌编写任务13、任务14，廖一峰编写任务15，许见诚编写任务9，李飞、钟锦昌负责新能源汽车的拆解服务。

本书编写及课件制作得到机械工业出版社、广东省教育厅、中国汽车技术研究中心、韶关学院、广州珠江职业技术学院、广州华商职业学院、松山职业技术学院、深圳风向标教育资源公司、韶关市技师学院、韶关市高级技工学校等单位和个人的大力支持与帮助，书中引用了大量汽车网站、汽车教材、论文资料和视频，一并表示深深的谢意。

本书内容新颖，知识面广，但由于作者水平和能力有限，书中误漏之处在所难免，诚恳期望得到同行专家和广大读者批评指正。

《新能源汽车结构与维修》编写组

2018 年 6 月

目 录

模块3　电动汽车驱动电机及其控制系统的结构与维修

模块4　电动汽车辅助系统的结构与维修

模块5　混合动力电动汽车的结构与维修

模块 6　燃料电池电动汽车的结构与维护

模块 7　燃气汽车的结构与维修

模块 8　其他新能源汽车的结构原理

模块1

电动汽车的总体结构与使用维护

任务1　电动汽车的维护

学习目标

1. 掌握电动汽车的定义与分类。
2. 掌握电动汽车的高压安全作业。
3. 熟悉电动汽车的基本结构与工作原理。
4. 学会电动汽车使用注意事项。
5. 掌握电动汽车维护的意义与分类。
6. 学会电动汽车的日常维护。
7. 熟悉电动汽车首次维护、A 级维护和 B 级维护的主要内容。
8. 培养良好的职业道德与安全环保意识。

任务接受

1.1　任务接受

1. 任务描述

客户王先生新买的比亚迪 e6 纯电动汽车已经使用了半年，昨天他接到 4S 店电话，要他今天来 4S 店对车辆进行首次维护。

2. 任务接待

场景由教师预先准备。

（1）客户接待

- 前台接待：您好！有什么需要我们帮助的吗？
- 客户：我昨天接到你们的电话，说我的车已经买了半年了，需要进行保养，我就把车开来了。

（2）汽车初步检查

- 前台接待：好的，请您给我车钥匙，我来试一下。（插入车钥匙，接通起动开关，查看车辆工作情况与行驶里程）
- 前台接待：您的车行驶里程已经达到 5000km，需要进行首次保养，试车感觉总体正常，说明您平时挺会保养车辆的。
- 客户：呵呵，我是老司机了。

- 前台接待：好的，您先填写一下工单。

（3）填写"客户任务工单"

见"学生学习工作单"，由学生填写。

（4）引导客户候车

- 前台接待：请您先到休息室等候，大概需要两个小时。
- 客户：好的。（客户到休息室，接待人员负责倒茶、打开电视机）

（5）任务分配

前台接待将任务分配给维修班组，并移交"客户任务工单"。

提示： 汽车维修与接待一般流程如图 1-1 所示，以后各任务不再重复。

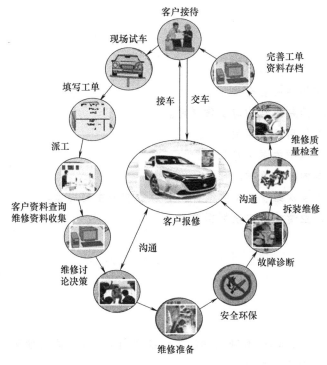

图 1-1 汽车维修与接待一般流程

（6）客户接待注意事项

除按流程完成各项接待任务外，还应注意接待礼仪。总体要求是举止文明、动作优雅、手势得当、表情自然、仪表端庄，与顾客交流的方法与技巧得当。具体包括仪容、仪表与仪态、言谈礼仪和商务礼仪等。

任务准备

1.2 电动汽车的信息收集

1. 电动汽车及其分类

（1）电动汽车

电动汽车（Electric Vehicle，简称 EV）是纯电动汽车、混合动力电动汽车和燃料电池

电动汽车的总称。

（2）电动汽车特点及分类

电动汽车的主要特点是节能、环保、噪声小。根据所使用的动力源不同，可分为纯电动汽车（BEV）、混合动力电动汽车（HEV）和燃料电池电动汽车（FCEV）见表 1-1。

表 1-1　电动汽车分类与特点

类型	纯电动汽车	混合动力电动汽车	燃料电池电动汽车
定义	驱动能量完全由电能提供、由电机驱动的汽车。电机的驱动电能来源于车载可充电储能系统或其他能量储存装置	能够至少从消耗的燃料和可再充电电能储存装置两类车载存储的能量中获得动力的汽车	以燃料电池系统作为单一动力源或以燃料电池系统与可充电储能系统作为混合动力源的电动汽车
特点	无排气污染、噪声小、能源来源广泛、能量转换效率高、结构简单、使用维修方便、可在夜间利用电网的廉价"谷电"进行充电、续驶里程较短，动力蓄电池寿命短、售价较高	排气污染少、节能、续驶里程长、可以利用现有的加油站加油，不必再投资，但长距离高速行驶不省油	零污染、能量转化效率高，但技术复杂、成本过高
应用车型	比亚迪 e6、特斯拉、北汽 EU260 等	丰田普锐斯、比亚迪秦、比亚迪唐、荣威 550 等	奔驰 B 级 F-CELL、丰田 Mirai 等

2. 纯电动汽车的基本结构与工作原理

纯电动汽车（Battery Electric Vehicle）简称 BEV，图 1-2 所示为比亚迪 e6 纯电动汽车，它是国内首款量产的 BEV，还是全球首款用于出租车营运的电动汽车。

（1）BEV 的基本组成

与传统燃油汽车相比，BEV 的动力装置发生变化，其他的如底盘、车身基本相似，本书如无特殊说明，电动汽车重点介绍的是与传统汽车不同的部分，主要有动力蓄电池、驱动电机、控制系统以及电动空调、电动转向、电动制动，俗称"三大、三小"部件。

BEV 动力装置主要由动力蓄电池组、驱动电机、控制系统和安全保护系统等组成（图

图 1-2　比亚迪 e6 纯电动汽车

1-3）。动力蓄电池组是纯电动汽车的动力源，用于驱动电动机，将电能转化为机械能，驱动车辆行驶。控制系统主要对动力蓄电池组进行管理并对电动机进行控制。在纯电动汽车发生紧急情况时，安全保护系统对人及机器进行保护。

BEV 保留了传统汽车的加速踏板、制动踏板和各种操纵手柄等，无需离合器。

（2）BEV 基本工作原理

如图 1-4 所示，电动汽车工作时，传感器将加速踏板、制动踏板位移的行程量转换为电信号，输入中央控制器，经中央控制器处理后发出驱动信号，实现对电动汽车工况的控制。

汽车前进时，动力蓄电池组输出的直流电经电机控制系统变为交流电后供给驱动电机，电机输出的转矩经传动系统驱动车轮。

汽车减速时，车轮带动驱动电机转动，通过电机控制系统使感应电动机成为交流发电机产生电流，再将交流电变为直流电向动力蓄电池组充电（制动再生能量）。同时，BEV 控制系统通过各种传感器、电流检测器对动力蓄电池组、驱动电机进行监控并及时反馈信息和报

图1-3　BEV基本组成

```
┌──────┐   ┌────────────────────┐   ┌──────┐
│ 动力 │   │      控制系统        │   │驱动电机│
│ 蓄   │──→│  电机控制系统        │──→│      │
│ 电   │   ├────────────────────┤   └──────┘
│ 池   │   │  动力蓄电池管理      │   ┌─┐ ←加速
│ 组   │   ├────────────────────┤   │信│
│      │   │  转向控制           │   │号│ ┌──┐
└──────┘   └────────────────────┘   │处│ │  │
┌──────┐   ┌────────────────────┐   │理│ ←制动
│转向系统│←─│  转向控制           │   └─┘
└──────┘   ├────────────────────┤
┌──────┐   │  汽车辅助电器控制    │
│辅助电器│←─│                    │
└──────┘   └────────────────────┘
```

图1-4　BEV基本工作原理

警，并通过电流表、电压表、电功率表、转速表和温度表等仪表进行显示。

温馨提示：纯电动汽车的基本结构原理视频参见教学资源1.1。

（3）比亚迪 e6 纯电动汽车的基本结构原理

比亚迪 e6 纯电动汽车主要动力参数和部分配置见表1-2，结构组成与工作原理如图1-5所示。

表1-2　比亚迪 e6 纯电动汽车主要动力参数和部分配置

项　目	参　数	部　分　配　置
动力蓄电池组	316.8V 铁电池	ESP（车身电子稳定系统）、HHC（坡道保持控制）、HBA（液压制动辅助）、HAS（液压助力系统）、SRS（电子安全气囊）、整车侧气帘、主/副驾驶侧气囊、电子防盗报警系统、动力系统防盗、胎压监测、倒车雷达（6探头）、整车故障诊断系统、转向柱角度可调、P 档锁止机构、电子加速踏板、自发光换档球头、电子档位、定速巡航控制系统、真皮转向盘（音响控制系统+免提电话+仪表控制+倒车影像+巡航）、EHPS（电子液压助力转向系统）、三段式 TFT（薄膜晶体管）屏组合仪表、智能钥匙系统、CAN 总线、数字式自动空调、充电和制动回馈显示系统、预约充电系统、侧回复反射器、AUX+USB2.0+IPod 接口、车载电视、右前影像系统、NAVI 语音电子导航系统、蓝牙、i 系统等
电机形式	永磁同步电机	
最大功率/kW	75	
最大转矩（N·m）	450	
最高车速/（km/h）	140	
0~50km/h 加速时间/s	6	
100km 耗电量/（kW·h）	≤19.5（工况法）	
续驶里程/km	400（综合工况）	

电源接通，汽车前进时，主控电子控制单元（ECU）接收档位控制器、加速踏板和角度传感器等各方面信息，传递给电机控制器，以控制流向驱动电机的电流，此时动力蓄电池组电流通过应急开关、配电箱/继电器之后，一路经过电机控制器向驱动电机供给所需要的电流，从而使驱动电机运转，通过变速器/差速器和传动轴，带动前轮转动，使汽车行进；另一路经过 DC/DC 变换器，将动力蓄电池组 316.8V 高压直流电转换为低压42V，提供给EPS（电动转向系统）使用。同时动力蓄电池组接受动力蓄电池管理器管理，将动力蓄电池组的瞬时电压、电流、温度和存电情况等信息传递给电源管理器，以防止动力蓄电池组过放电或温度过高而损坏。如果发生漏电情况，漏电保护器会起作用。一旦发生紧急短路等情况，熔丝立即熔断实现保护功能。

BEV 的行驶状态主要有起动、起步（低速）、正常行驶、急加速（上坡）、减速（制动）、倒车和停车等（图1-6），起动、起步时要求电机供给大转矩，低速起步；平路正常行驶要求电机提供足够的驱动力和速度，同时能耗最低；急加速和上坡，要求电机提供较大的

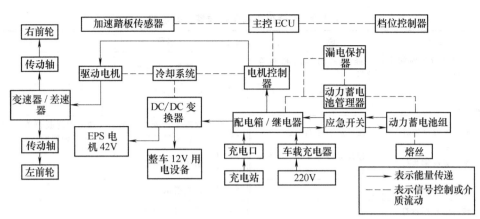

图1-5　比亚迪e6纯电动汽车结构组成与工作原理

驱动力，有较好的超载能力，减速和制动时，要求电动机转化为发电机，回收减速和制动的能量，向动力蓄电池组充电；汽车停车时，电机自动停止。

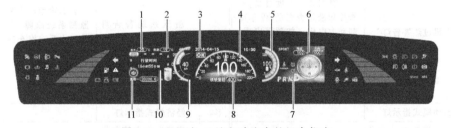

起步（低速）	正常行驶	急加速、上坡	减速、制动	倒车	停车
行驶时主要依靠电机			利用制动能量回收，给蓄电池充电	电机反转	电机自动停止

图1-6　BEV行驶状态

（4）比亚迪e6纯电动汽车组合仪表板结构认识

BEV组合仪表提供了大量行车信息，一定要熟练掌握。比亚迪e6纯电动汽车的组合仪表如图1-7所示，其中仪表板开关组如图1-8所示，组合仪表指示灯与警告灯标志见表1-3。

图1-7　比亚迪e6纯电动汽车的组合仪表

1—车外温度指示　2—车内设定温度指示　3—时间指示　4—车速表　5—蓄电池电量表　6—罗盘指示
7—档位指示　8—续驶里程表　9—功率表　10—能量流程图　11—里程表

图1-8　仪表板开关组

1—里程切换开关　2—预约充电开关　3—模式切换开关　4—危险警告指示灯开关　5—背光亮度调节开关
6—ESC OFF开关（装有时）　7—倒车雷达电源开关

表 1-3 组合仪表指示灯与警告灯说明

标志	名称	说明	标志	名称	说明
	车门及行李舱状态指示灯	提醒关闭车门和行李舱门		危险警告指示灯	
	驾驶人座椅安全带指示灯*	提醒驾驶人应系上安全带		前排乘员座椅安全带指示灯*	提醒前排乘员应系上安全带
	SRS故障警告灯*	建议送服务站检查		前排乘员安全气囊开关状态指示灯*	如果副驾驶位置坐有成年人,打开副驾驶座安全气囊
	充电系统警告灯*	建议立即停车,送服务站检查		示廓灯指示灯	
	前雾灯指示灯			远光指示灯	
	转向信号指示灯			后雾灯指示灯	
	电机冷却液温度过高警告灯*	请将车开到指定维修点,停车冷却动力电机。如频繁出现,建议联系比亚迪相关工作人员		动力系统故障警告灯*	该警告灯常亮时,立即停车送服务站检查,否则将毁坏电机
	制动系统故障警告灯*	如果没有使用驻车制动器,警告灯点亮,可能是制动液位低或真空压力故障、EBD故障、驻车故障等,建议送服务站检查		ABS故障警告灯*	当驻车电源档位处于"OK"时,此警告灯不亮、持续点亮,或驾驶中此警告灯点亮,建议立即停车送服务站维修
	转向系统故障警告灯*	建议送服务站检查		动力蓄电池过热警告灯*	该警告灯点亮时,应停车使电池冷却
	动力蓄电池充电连接指示灯*	充/放电枪已连接好,可以开始充/放电		动力蓄电池电量低警告灯*	请及时给车辆进行充电
	OK指示灯*	指示车辆可行驶,注意周围情况		动力蓄电池故障警告灯*	当整车电源档位处于"OK"时,此警告灯不亮或持续点亮,或在驾驶中此警告灯点亮,建议送服务站检查
	电机过热警告灯*	常亮时表示温度过高,检查冷却液是否充足,停车冷却动力电机。如频繁出现,应立即停车并建议与比亚迪汽车授权服务店联系		胎压系统警告灯(装有时)*	表示轮胎压力异常或胎压监测系统故障,应立即停车并与比亚迪汽车授权服务店联系
	智能钥匙系统警告灯			防盗指示灯	
SPORT	运动模式指示灯		ECO	经济模式指示灯	
	定速巡航主显示指示灯(装有时)		SET	定速巡航主控制指示灯(装有时)	
Pa	倒车雷达开关状态指示灯(装有时)			倒车雷达提示信息(装有时)	
	制动片磨损警告灯*	表示制动片磨损过薄,建议联系比亚迪汽车授权服务店进行检查与更换		电子驻车状态指示灯(装有时)*	表示电子驻车已启动
	ESP故障警告灯(装有时)*	该警告灯常亮时,建议将车辆送到比亚迪汽车授权服务店进行检查 该警告灯闪烁时,ESP系统工作正常		ESP OFF指示灯(装有时)	

注:有"*"的指示标记是保养提示指示灯。

组合仪表信息见表 1-4。

表 1-4　组合仪表信息

名称	标志	含义
车速表		整车电源档位处于"OK"档时,此表指示车辆行驶时速
蓄电池电量表		整车电源档位处于"OK"档时,此表指示当前车辆动力蓄电池预计剩余的电量。当指示条将要或已进入红色区域时,请尽快对车辆进行充电
功率表		显示当前模式下整车的实时功率。在车辆下坡时或靠惯性行驶时,功率指示值可能为负值。此现象表示正在回收能量,回收的能量正在对动力蓄电池进行充电
车外温度指示		显示当前车外的温度,可显示的温度范围为−40~50℃
车内设定温度指示		显示空调当前设定的车内温度。温度设置值低于 18℃ 时显示 Lo;温度设置值高于 32℃ 时显示 Hi
里程表		显示器显示下列信息: 1. 总里程——车辆已行驶的总里程数; 2. 里程一、里程二——清零后至当前路程的里程数; 3. 显示切换:要变换仪表的显示时,迅速按下并释放里程切换开关。每按一次,仪表将循环显示总里程(ODO)—里程一(TRIP A)—里程二(TRIP B)—总里程(ODO); 4. 清零操作:要将短距离里程表调整至零时,先显示出该短距离里程表(TRIP A/TRIP B)的读数,然后按住该按键直至仪表被设定为零为止
时间指示		显示当前日期和时钟
续驶里程表		续驶里程是根据剩余电量并结合车辆行驶工况进行计算显示剩余电量所能支持的行驶距离,该距离可能与实际行驶的距离不同。当续驶里程显示数值过小时,请及时对车辆进行充电

（续）

名　称	标　志	含　义
罗盘指示（装有时）		指示当前车辆行驶方向及当前位置的海拔
能量流程图		指示当前电流的流动方向（出租汽车版）
档位指示		换档杆在某档位时，高亮放大显示当前档位
菜单调节		通过转向盘按键可进入调节菜单 ■ 用于确认选定的菜单项 ■ 用于向上滚动菜单选择条 ■ 用于向下滚动菜单选择条

车辆故障提示信息见表1-5。

表1-5　车辆故障提示信息

故障信息	信息显示	说　明
动力蓄电池电量过低		表示动力蓄电池电量过低，提示用户停止放电
动力系统相关故障		表示动力系统相关故障，应立即停车并与比亚迪汽车授权服务店联系
电机及控制器温度过高		表示电机控制器温度高，应立即停车并与比亚迪汽车授权服务店联系

注：类似还有"请检查制动系统""请检查转向系统""请检查胎压监测系统（装有时）""请检查ABS"等故障信息及行车信息智能提示（详见车辆使用说明书），这极大地方便了行车安全和维修。

3. 电动汽车使用注意事项

（1）阅读领会企业警告

由于电动汽车动力蓄电池组电压很高，高压操作危险，所有车辆制造企业都在使用说明书首页给予警告，比亚迪电动汽车使用安全警告如图1-9所示，在使用前务必认真阅读和领会。

⚠警告

纯电动车的使用注意事项

请按照本手册安全规范进行操作，可以避免电动车高压事故发生并安全舒适地使用本电动车。

✓ 请注意车辆上的安全注意标识。
✓ 为了避免人身伤害，不要接触高电压电缆（橙色）及其接头。
✓ 请遵循高压电零部件所附的警告标签。
✓ 请勿拆卸或更换高压零部件，如位于前机舱中的电机控制器和位于后行李舱的高压配电箱。
✓ 如遇紧急情况，在条件允许情况下拔掉副仪表台下面的紧急维修开关，并妥善保管插头，严禁用手或非绝缘的物体触碰插座。
✓ 本车配有动力蓄电池，具有高压。如果车辆出现故障，请联系比亚迪授权服务店，切不可私自维修，否则可能发生触电危险。

⚠警告

如果发生事故

如果发生紧急危险事故时，请注意如下警告：

✓ 为避免人身伤害，请勿接触任何高压接线及其接头，以及高压零部件。
✓ 切勿触摸裸露的电线。
✓ 请尽快联系比亚迪授权服务店。
✓ 如果车辆底部的电池包损坏，有液体泄漏或流入车辆的某些零部件，切勿触摸这些液体；如果不慎进入皮肤或眼睛，请立即用大量清水冲洗，并立即就医。
✓ 如果车辆失火，使用电火专用灭火器灭火。

图1-9 比亚迪纯电动汽车使用安全警告

（2）纯电动汽车的基本操作

1）起动、起步与驾驶操作分为以下5个步骤：

① 检查车辆周围情况，用电子钥匙打开车门，调整好驾驶座椅，系好安全带，检查完毕后，松开驻车踏板。

② 踩住制动踏板，按下起动按钮，等待OK灯点亮（图1-10），检查蓄电池电量和预估里程。

③ 按下模式选择开关，进入运动模式（图1-11）。

④ 将档位换至D档（前进档，见图1-12，图中N为空档，R为倒档），仪表显示档位灯亮后，慢慢松开制动踏板即可起步。

图1-10 等待OK灯点亮

图1-11 模式选择开关

图1-12 换档手柄

⑤ 车辆行驶过程中，最好选择经济模式，以节约电耗同时尽量避免急加速和急减速，防止造成较大电流冲击，影响动力系统寿命。

2）电动汽车使用方法与传统燃油汽车基本相似，不同点和注意事项有以下 9 点：

① 起动之前应将换档杆置于 P 位，解除驻车制动，完全踩下制动踏板，直到驶离。

② 每次起动后要等待数秒钟，OK 灯点亮后方可运转车辆。

③ 在车停稳之前，不能强行换入 P 位，以免损坏变速器。

⚠ 警告

- 如关闭电动机并换入 N 位后仍让车辆移动，变速器将因无法得到润滑而严重受损。

- 如电动机运转且已换入 R/D 位时，务必踩住制动踏板停止车辆，因为即使在怠速工况下，传动器仍可传递动力，车辆可能缓慢前行。

- 行驶时如换档，切勿踩加速踏板，谨防发生事故。

- 行驶时切勿将换档杆推入 R 位或按下 P 位按钮，谨防发生事故。

- 车辆不得在 N 或 P 档位下沿斜坡下行，即使电动机不运转时也不允许。

- 为了防止车辆无意间移动，车辆停稳后要拉紧驻车制动器，并按下 P 位按钮。

④ 冷却液应按照说明书的要求添加，不能使用纯净水作为冷却液。

⑤ 应避免车辆通过积水很深的路面，避免水浸入动力蓄电池。如比亚迪 e6 纯电动汽车电池托盘离地高度为 138mm，涉水深度不要超过该高度。

⑥ 在电量较低情况下（低于 20%），应避免爬坡行驶，应及时充电。

⑦ 橙色线束均为高压线，非专业人员请不要接触此类线束。如出现故障，请直接联系相关维修企业。

⑧ 新车在最初的 2000km 属于磨合期，严禁高速、大负荷行驶。在起动和驾驶时，避免将加速踏板踩到底，不要以单一的速度长时间地快速或慢速行驶，不要拖曳其他车辆。在最初的 300km 之内，避免紧急制动。

⑨ 长期存放不使用的车辆，请在存放前将动力蓄电池充满。在储存期间，每 6 个月应至少充电一次，慢充使电量超过 50%。

其他使用注意事项请仔细阅读车辆使用说明书。

企业提示： 预防火灾

1. 车内禁止存放易燃易爆物品：在炎热的夏季，停在阳光下的车辆内部温度可高达 70℃，如车内存放有打火机、清洗剂、香水等易燃易爆物品，极易引起火灾甚至爆炸。

2. 吸烟后要确认烟头已完全熄灭：如果烟头在没有完全熄灭的状态下，有可能会引起火灾。

3. 建议定期到比亚迪汽车授权服务店进行检查：对于全车线路也要定期检查，电器和线束的插接件、绝缘及固定位置等是否正常，如果发现问题应及时进行处理。

4. 禁止改装车辆线路、加装电器部件：加装其他用电器（如大功率音响、氙气前照灯等）会造成线路负荷过大，线束容易发热引起火灾。严禁使用超出用电器额定规格的熔丝或其他金属丝代替熔丝。

5. 行车注意事项：车辆在停放期间，尤其是在夏季，一定要注意车底是否有易燃物，比如干草、枯枝树叶或麦秆等，因车辆长时间行驶后电动机等部件温度升高，如果车底有易

燃物，很有可能引起火灾。车辆在行驶过程中，也应尽量避开堆积有干树叶、麦秆、杂草等易燃物的路段，或在经过此类路段后及时停车检查车底是否挂有易燃物等。在停车时，也要尽量避开太阳暴晒的地方。

6. 车上要常备轻便的灭火器，并要掌握使用方法：为保证车辆安全，应在车上配备灭火器，并且要定期检查和更换；同时要熟悉灭火器的使用方法，做到有备无患，以免发生意外时束手无策。

7. 车辆在维修或保养时，需断开低压电池负极线。

8. 请使用本车配套点烟器，禁止用逆变器从点烟器处取电。

温馨提示：

● 为了防止车辆发生意外给您带来的损失，建议您投保商业险（如自燃损失险、全车盗抢险等）。

● 电动汽车的正确使用视频参见教学资源 1.2。

4. 电动汽车的维护意义与分类

电动汽车在使用中必然造成零件磨损、调整参数变化或螺钉松动等问题，如果不及时维护，可能造成不应出现的经济损失和安全事故，按照企业要求进行定期维护，可以有效延长汽车寿命，使汽车的维修费用降到最低，"三分修、七分养"，说明了维护汽车的重要性。

汽车维护的时间与内容随车型不同而不同，应按照使用说明书进行定期维护。我国汽车维护分日常维护、首次维护、A 级维护、B 级维护，基本维护时间与要求见表 1-6。

表 1-6　汽车维护分类

维护分类	维护时间	维护人员	维护内容
日常维护	每天出车前、行车中和收车后	驾驶人	以清洁、补给和安全检视为作业中心（包括汽车外表清洁；各处润滑油、冷却液、制动液、各种工作介质、轮胎及其气压等进行检视补给；对汽车制动、转向、传动、悬架、灯光、信号等安全部位和位置以及发动机运转状态进行检视）
首次维护	行驶 5000km 或 6 个月	企业技术人员	包括日常维护所有内容，另外增加检查更换变速器油；检查制动系统、转向系统、空调、车身。检查安全气囊是否正常；检查前后轮胎定位
A 级维护（小保养）	每行驶 5000km 或 6 个月		包括日常维护所有内容，另外增加检查更换变速器油
B 级维护（大保养）	每行驶 10000km 或 12 个月		包括首次维护所有内容，另外增加更换空调过滤器等内容

注：里程表和月数，以先到者为准。同时还应该根据汽车使用条件的不同有所区别，如，汽车经常在崎岖、泥泞、融雪和多尘路面行驶；经常大负荷工作；在 8km 以内，进行反复短距离行驶；外界气温在 0℃ 以下；长期空转或低速长途行驶，则应提前进行维护。具体各种车型的维护周期应根据使用说明书进行。

有的汽车还要求进行换季维护，一般是在入冬和入夏前气温变化较大时进行。换季维护以更换润滑油和冷却液为主要内容。

5. 比亚迪 e6 纯电动汽车维护计划

比亚迪 e6 纯电动汽车维护计划见表 1-7。

表 1-7 比亚迪 e6 纯电动汽车维护计划

维护时间间隔 / 维护项目	里程表读数或月数(以先到者为准)															
×1000km	12	24	36	48	60	72	84	96	108	120	132	144	156	168	180	192
月数	6	12	18	24	30	36	42	48	54	60	66	72	78	84	90	96
1. 检查紧固底盘固定螺栓	√	√	√	√	√	√	√	√	√	√	√	√	√	√	√	√
2. 检查制动踏板和电子驻车开关	√	√	√	√√	√	√√	√	√	√	√√	√	√√	√	√	√	√√
3. 检查制动摩擦块和制动盘	√	√	√	√	√	√	√	√	√	√	√	√	√	√	√	√
4. 检查制动系统管路和软管	√	√	√	√	√	√	√	√	√	√	√	√	√	√	√	√
5. 制动钳总成导向销		√		√√		√√		√√		√√		√√		√√		√√
6. 检查转向盘、拉杆	√	√	√	√	√	√	√	√	√	√	√	√	√	√	√	√
7. 检查传动轴防尘罩	√	√	√	√	√	√	√	√	√	√	√	√	√	√	√	√
8. 检查球销和防尘罩	√	√	√	√	√	√	√	√	√	√	√	√	√	√	√	√
9. 检查前后悬架装置	√	√	√	√	√	√	√	√	√	√	√	√	√	√	√	√
10. 检查轮胎和重启压力(含 TPMS)	√	√	√	√	√	√	√	√	√	√	√	√	√	√	√	√
11. 检查前轮定位、后轮定位	√	√	√	√	√	√	√	√	√	√	√	√	√	√	√	√
12. 轮胎调换	√	√	√	√	√	√	√	√	√	√	√	√	√	√	√	√
13. 检查车轮轴承有无游隙	√	√	√	√√	√	√√	√	√	√	√√	√	√√	√	√	√	√√
14. 检查车身损坏情况	每年															
15. 检查前舱盖锁及其紧固件	每年															
油品																
16. 检查副水箱内冷却液液面高度	√	√	√	√	√	√	√	√	√	√	√	√	√	√	√	√
17. 检查转向液	√	√	√	√	√	√	√	√	√	√	√	√	√	√	√	√
18. 检查制动液	√	√	√	√	√	√	√	√	√	√	√	√	√	√	√	√

模块1　电动汽车的总体结构与使用维护

（续）

维护时间间隔　　维护项目	里程表读数或月数（以先到者为准）															
×1000km	12	24	36	48	60	72	84	96	108	120	132	144	156	168	180	192
月数	6	12	18	24	30	36	42	48	54	60	66	72	78	84	90	96
19. 更换驱动电机冷却液	每4年或100000km更换长效有机酸型冷却液，以先到者为准															
20. 更换制动液	每2年或40000km更换一次															
21. 更换转向液	每4年或100000km更换一次															
22. 减振器油	免更换															
23. 检查和更换变速器内的齿轮油	首保6个月或5000km更换，后续24个月或48000km更换															
高压																
24. 检查高压模块故障码（记录后清除）	√	√	√	√	√	√	√	√	√	√	√	√	√	√	√	√
25. 检查动力蓄电池托盘、防撞杆	√	√	√	√	√	√	√	√	√	√	√	√	√	√	√	√
26. 检查动力总成是否有漏液、磕碰	√	√	√	√	√	√	√	√	√	√	√	√	√	√	√	√
27. 检查高压线束或插接件是否松动，引脚是否烧蚀	√	√	√	√	√	√	√	√	√	√	√	√	√	√	√	√
28. 检查高压模块外观检是否变形、是否有油液	√	√	√	√	√	√	√	√	√	√	√	√	√	√	√	√
29. 检查各充电连接器接口处是否有异物、烧蚀等情况	√	√	√	√	√	√	√	√	√	√	√	√	√	√	√	√
30. 容量测试及校正	每6个月或72000km															
31. 检查高压系统模块是否有软件更新，有则更换	√	√	√	√	√	√	√	√	√	√	√	√	√	√	√	√

（续）

维护时间间隔 \ 维护项目	里程表读数或月数（以先到者为准）															
×1000km	12	24	36	48	60	72	84	96	108	120	132	144	156	168	180	192
月数	6	12	18	24	30	36	42	48	54	60	66	72	78	84	90	96
电器																
32. 检查灯具灯泡、LED是否正常点亮	√	√	√	√	√	√	√	√	√	√	√	√	√	√	√	√
33. 检查前照灯调光功能是否正常	√	√	√	√	√	√	√	√	√	√	√	√	√	√	√	√
34. 更换普通滤网	√	√	√	√	√	√	√	√	√	√	√	√	√	√	√	√
35. 更换空调冷却液	每 4 年或 100000km 更换长效有机酸型冷却液，以先到者为准															
36. 近光初始下倾度校准	每隔 10000km 校准一次															
37. 安全气囊模块及ECU、传感器	每 10 年或 100000km 更换一次															

注：1. 在检查第 1 项时，如发现底盘部件有异常损坏请及时更换。

2. 为了使动力蓄电池处于最佳状态，需要定期（至少 6 个月或 72000km）对车辆进行满充满放，达到蓄电池自我校正的目的，也可以联系比亚迪汽车授权服务店测试与校正容量。

3. 符号"√"表示必要时进行检查、修正或更换，符号"√̌"表示严酷使用条件下所增加的维护项目。

"严酷使用条件"规格，仅适用于在严酷使用条件下使用的汽车。严酷使用条件包括下列各项：

① 经常在多尘的地区行驶或经常暴露在含盐分的空气中。

② 经常在颠簸、有积水的路面或山路上行驶。

③ 在寒冷地区行驶。

④ 频繁地使用制动器、经常紧急制动。

⑤ 经常作为牵引拖车。

⑥ 作为出租汽车使用。

⑦ 在 32℃以上，在交通拥挤的市区行驶时间超过总行驶时间的 50%。

⑧ 在 30℃以上，以 120km/h 或更高车速行驶的时间超过总行驶时间的 50%。

⑨ 超负荷行驶。

6. 电动汽车的日常维护注意事项

电动汽车的日常维护由驾驶人自己进行，维护时应该注意以下问题（以比亚迪 e6 纯电动汽车为例）：

（1）开车前的检查

① 检查电量是否充足。

② 蓄电池接头是否紧固，有否腐蚀。

③ 轮胎螺钉是否紧固，轮胎气压是否正常，磨损是否严重。

④ 地面上是否有异常液体。

⑤ 检查冷却液、制动液是否需要添加，是否渗漏。

⑥ 检查门锁、儿童锁功能是否正常。

⑦ 检查安全带功能是否正常。

（2）起动车辆后的检查

观察仪表故障灯是否点亮。

（3）行车中的检查

检查转向是否轻便，有无异响，检查制动是否灵敏有效。

1.3 电动汽车的维护准备

1. 维护计划（表1-7）

2. 维护设备与材料准备（表1-8）

表1-8 维护设备与材料准备

名　　称	数　　量	名　　称	数　　量
比亚迪 e6 纯电动汽车	1辆	前驱变速器齿轮油	3.5L，齿轮油型号 SAE80W-90（当环境温度低于−15℃时，采用 SAE75W-90）
汽车举升机	1台	后驱变速器齿轮油	1.5L，齿轮油型号 ATF220
汽车四轮定位仪	1台	冷却液	四季冷却液1罐
轮胎气压表	1个	制动液	1罐
百分表	1个	空调滤芯	1个
千分尺（0~25mm）	1把	空调制冷剂	1罐
常规拆装工具	1套	工具盆	1套
600V 绝缘手套	1套	手套、抹布等	1批

🔧 任务实施

1.4 电动汽车的首次维护

1. 电动汽车维修注意事项

电动汽车高压系统电压高达 500V，维修时务必严格按照规程进行，以免出现人身和设备事故。比亚迪 e6 纯电动汽车高压系统维修警告如图1-13所示。

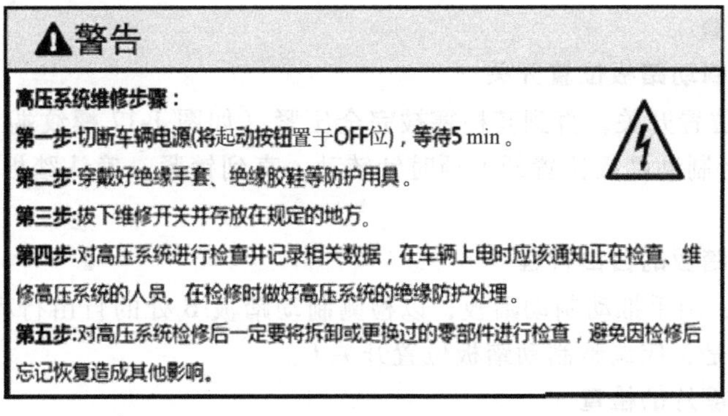

> **⚠警告**
>
> **高压系统维修步骤：**
> **第一步：** 切断车辆电源（将起动按钮置于OFF位），等待5 min。
> **第二步：** 穿戴好绝缘手套、绝缘胶鞋等防护用具。
> **第三步：** 拔下维修开关并存放在规定的地方。
> **第四步：** 对高压系统进行检查并记录相关数据，在车辆上电时应该通知正在检查、维修高压系统的人员。在检修时做好高压系统的绝缘防护处理。
> **第五步：** 对高压系统检修后一定要将拆卸或更换过的零部件进行检查，避免因检修后忘记恢复造成其他影响。

图1-13 比亚迪 e6 纯电动汽车高压系统维修警告

2．冷却液与管路检查

1）检查冷却液管路有无损伤，是否锁紧。

2）检查溢水壶内冷却液液面高度是否在上限（MAX）和下限（MIN）之间（如图1-14所示的 A、B 之间），必要时添加规定的冷却液。

温馨提示：在打开散热器盖之前，要确认散热器、电机、DC/DC 变换器、电机控制器已经冷却，否则打开散热器盖会喷出冷却液，导致严重烫伤。

3．变速器油更换

检查更换前、后驱变速器齿轮油，新变速器磨合完成后，需要更换规定型号的新齿轮油。更换时先打开放油螺钉（图1-15）放油，之后拧紧螺钉，打开螺钉，注入新齿轮油。

在平时使用中，要检查变速器油量，可拧开螺钉，用手指小心触摸里面的油位，正常油位应达到螺钉孔的边缘（图1-16），否则应该添加。

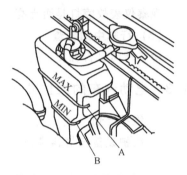

图 1-14 冷却液液面高度检查

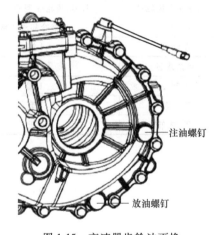

图 1-15 变速器齿轮油更换

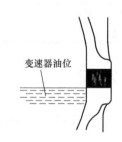

图 1-16 变速器油位检查

4．底盘螺钉的紧固检查

检查紧固底盘各处的螺钉应紧固，无松动。

5．制动系统检查

（1）检查调整制动踏板位置开关

压下制动踏板位置开关，直到其柱塞被完全压紧（如图1-17螺纹端 A 与踏板臂上的衬垫 B 接触），然后将制动踏板位置开关顺时针转动，直到锁紧。确认踏板松开后制动指示灯熄灭。

（2）检查制动踏板的自由行程

断开整车电源，用手推动制动踏板，以检测制动踏板 B 处的自由行程 A 是否为 1～5mm（图1-18），如果不是，应调整制动踏板位置开关 C。

（3）前制动摩擦片的检查

1）举升车辆前部，利用安全支撑，在合适的位置将其支撑，拆下前轮。

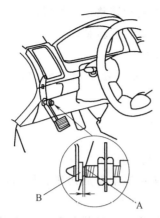

图 1-17 检查调整制动踏板位置开关

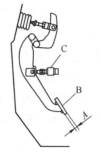

图 1-18 制动踏板自由行程检查调整

2）检查内侧摩擦片和外侧摩擦片的厚度（垫片厚度不计）。摩擦片标准厚度为 12.1~12.5mm，维修极限为 2mm。

（4）前制动盘检测

1）拆下前轮后，拆下制动片。

2）使用千分尺，在距制动盘外缘 10mm（图 1-19）、间隔大约为 45°的 8 个点处测量制动盘的厚度，其标准值为 27.9~28.1mm，如果小于 26mm，则应更换制动盘。

（5）后制动摩擦片的检测

1）举升车辆后部，利用安全支撑，在合适的位置将其支撑，拆下后轮。

2）检查内侧摩擦片 A 和外侧摩擦片 B 的厚度（见图 1-20，垫片厚度不计）。摩擦片厚度标准值为 11.1~11.5mm，维修极限为 2mm。如果摩擦片厚度小于维修极限，则应将整套摩擦片更换。

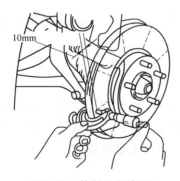

图 1-19 前制动盘检测

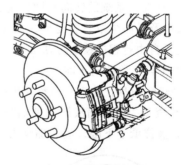

图 1-20 后制动摩擦片检测

（6）后轮制动盘的检测

1）拆下后轮后，拆下制动片。

2）使用千分尺，在距制动盘外缘 10mm、间隔大约为 45°的 8 个点处测量制动盘的厚度，其标准值为 15.9~16.1mm，如果小于 14mm，则应更换制动盘。

（7）制动软管、管路及制动液的检查

1）检查制动软管是否损坏、老化、泄漏、相互干扰和扭曲。

2）检查制动管路是否损坏、锈蚀及泄漏，还应检查制动管路是否被碰弯。

3）检查软管、管路接头和连接处是否出现泄漏，必要时重新紧固。

4）检查制动主缸和 ABS 调制器装置是否破损或泄漏。

5）检查制动液是否正常（制动主缸储液罐的液位必须处于最大液位标志处，见图 1-21），必要时补充或更换。

6）检查制动液是否有空气，如有按照以下步骤排气：

① 将一段干净的排放管接在排放螺钉上。

② 由助手缓慢踏压制动踏板几次，然后施加持续不变的压力。

③ 从左后方开始，松开制动器排气螺钉，让空气从系统中释放出来，然后牢固地拧紧排气螺钉。

④ 按图 1-22 所示顺序，依次对每个车轮进行上述操作，直到排放管中出来的制动液中见不到气泡为止。

⑤ 再次将制动主缸储液罐注满，使液面达到 MAX（最高液位）标线。

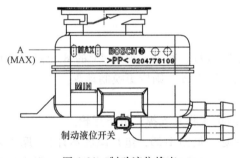

图 1-21　制动液位检查

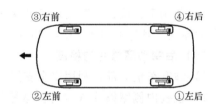

图 1-22　制动液排气顺序

6. 转向系统检查

1）检查转向系统的转向盘回位是否正常，自由行程是否正确，拉杆、传动轴及其防尘罩、球头销及其防尘罩是否变形、损坏。

转向盘自由行程的检查方法如下：

① 停车且轮胎朝向正前方。

② 轻转转向盘，检查转向盘自由行程。如图 1-23 所示，转向盘最大自由行程为 30mm。

2）检查动力转向储液罐的油面高度，应处于 MAX（上限）和 MIN（下限）之间（图 1-24）。若液位低于下限，应添加动力转向液，使液位上升至上限液位。

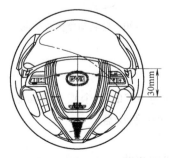

图 1-23　转向盘自由行程的检查

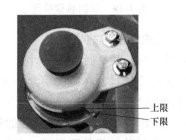

图 1-24　动力转向储液罐的油面高度检查

7. 行驶系统检查

1) 检查悬架装置工作是否正常。

2) 检查轮胎表面是否磨损严重或损坏。磨损情况可以根据轮胎面磨损指示标志（图 1-25），如果看到 2 个或更多花纹出现磨损标志，就应更换轮胎。轮胎表面出现割伤、断裂、露出帘布层等均应更换轮胎。更换轮胎一般要求同时更换 4 个，或至少要同时更换 2 个，更换轮胎还必须做动平衡试验。

采用轮胎气压表检查轮胎气压是否正常（落地胎正常气压是 250kPa，备胎正常气压是 240kPa）；同时检查气门嘴盖是否完好。

温馨提示：轮胎气压表检测应该在冷胎时进行或停车 3h，或行驶距离不超过 1.5km 时进行，否则检测数据不准确。

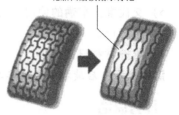
轮胎面磨损指示标记

图 1-25 轮胎面磨损指示标志

3) 在汽车四轮定位仪上检查前后轮定位是否正常。

4) 检查车辆轴承有无游隙，必要时进行调整。

8. 空调检查

1) 检查空调制冷及制热是否正常，必要时补充制冷剂。

2) 更换空调空气滤清器。

9. 其他检查

1) 检查安全气囊是否正常。

2) 检查车身有无损坏。

温馨提示：比亚迪 e6 纯电动汽车首次维护操作视频参见教学资源 1.3。

1.5 电动汽车的维护质量检查与交车

1. 车辆维护质量检查

车辆维护质量检查由质检员进行，按照维护质量检查表逐项检查并签名（表 1-9）。

表 1-9 维护质量检查表

序号	项　　目	检查结果	质检员签名
1	故障结论判断	正确	＊＊＊
2	故障排除情况	已经排除	＊＊＊
3	是否按要求进行维护	…	…
4	是否按要求记录相关内容	…	…
5	5S 检查	…	…
6	全面完成工单任务情况	…	…
7	维护建议	…	…
8	试车检查	正常	＊＊＊
9	工单、资料填写存档	…	…

2. 交车

1) 前台将填报完整的任务工单一份交给客户，详细介绍故障诊断排除情况；

2) 客户试车；

3) 征求客户对本次维护服务的意见；

4) 引导客户结账；

5) 交代维护车辆的使用注意事项；

6) 送客户；

7) 维护材料归档保管。

温馨提示： 后续各任务的车辆维护质量检查与交车程序可参照实施，不再重复。

任务总结

1. 电动汽车是纯电动汽车、混合动力电动汽车和燃料电池电动汽车的总称。其主要特点是节能、环保、噪声小。

2. 电动汽车根据使用动力源不同分为纯电动汽车（BEV）、混合动力电动汽车（HEV）和燃料电池电动汽车（FCEV）。BEV 是驱动能量完全由电能提供、由电机驱动的汽车，电机的驱动电能源于车载可充电储能系统或其他能量储存装置；HEV 是能够至少从消耗的燃料和可再充电电能储存装置两类车载储存的能量中获得动力的汽车；FCEV 是以燃料电池系统作为单一动力源或者是以燃料电池系统与可充电储能系统作为混合动力源的电动汽车。

3. BEV 动力装置主要由动力蓄电池组、驱动电机、控制系统及安全保护系统等组成。当汽车行驶时，电池组输出的直流电经电机控制系统变为交流电后供入驱动电机，电动机输出的转矩经传动系统驱动车轮。当汽车减速时，车轮带动驱动电机转动，通过电机控制系统使感应电动机成为交流发电机产生电流，再将交流电变为直流电向电池组充电。

4. BEV 的行驶状态主要有起动、起步、正常行驶、急加速（上坡）、减速（制动）、倒车和停车等模式。

5. 使用 EV 前，一定要仔细阅读车辆使用说明书，使用时要密切注意组合仪表各项信息，及时发现存在的问题并排除。

6. 要注意电动汽车与传统汽车使用时的不同之处，尤其要注意高压安全。

7. 电动汽车按照企业要求进行定期维护，可以有效延长汽车寿命，使汽车的维修费用降到最低。

8. 电动汽车维护分日常维护、首次维护、A 级维护、B 级维护。

9. 日常维护由驾驶人进行，主要维护内容是以清洁、补给和安全检视为作业中心。

10. 首次维护由企业进行，主要维护内容包括日常维护所有内容，另外增加检查更换变速器油，检查制动系统、转向系统、空调、车身，还需检查安全气囊是否正常，检查前后轮胎定位等。

11. A 级维护由企业进行，内容包括日常维护所有内容，另外增加检查更换变速器油；B 级维护也由企业进行，内容包括首次维护所有内容，另外增加更换空调滤芯等内容。

学生学习工作页

1. 每 2 人为 1 组,1 人扮演客户,1 人扮演前台接待,完成客户来企业进行首次维护的接待过程,并在小组或班级演示,接受师生评议。

2. 根据工作任务,完成下表任务工单填写:

车主姓名		联系电话	
车型		车牌号	
车辆识别码(VIN)			
发动机号		底盘号	
购车时间		行驶里程/km	
通信地址		日期	

故障现象描述:

检查维修建议:

故障结论:

维修记录:

1. 维修过程简介:

2. 更换或维修零部件:

3. 维修工时:

取车付款: 现金　　　　银行卡	维修负责人: 收款人:

1. 填空

(1)电动汽车是指＿＿＿＿＿＿＿＿＿＿＿＿＿＿＿＿＿＿＿＿＿＿的总称。其主要特点是＿＿＿＿＿、＿＿＿＿＿、＿＿＿＿＿。

(2)电动汽车根据使用动力源不同分为＿＿＿＿＿＿＿、＿＿＿＿＿＿＿和＿＿＿＿＿＿＿＿＿。

(3)BEV 是＿＿＿＿＿＿＿＿＿＿＿＿＿＿＿＿汽车,HEV 是＿＿＿＿＿＿＿＿＿＿＿＿＿＿＿＿＿＿汽车,FCEV 是＿＿＿＿＿＿＿＿＿＿＿＿＿＿＿＿＿＿＿＿＿＿＿＿＿＿汽车。

(4)BEV 的行驶状态主要有＿＿＿＿、＿＿＿＿、＿＿＿＿、＿＿＿＿、＿＿＿＿、＿＿＿＿、＿＿＿＿和＿＿＿＿模式。

(5)BEV 减速制动时,动力蓄电池组处于＿＿＿电状态。

2. 下图是纯电动汽车组成示意图,请在方框中填上部件名称,并简述其基本工作原理。

（续）

3. 比亚迪 e6 纯电动汽车的组合仪表如下图所示，请在下表中写出各序号部件名称。

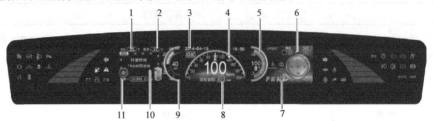

序号	名　　称	序号	名　　称
1		7	
2		8	
3		9	
4		10	
5		11	
6			

4. 请在下表中写出电动汽车仪表板显示的标志所对应的名称。

标志	名　　称	标志	名　　称
⚡		🔋	
OK		🔌	
🔋		🔋!	

5. 对比传统汽车，说明使用电动汽车时应该注意哪些问题。

三、电动汽车维护

1. 填空

（1）我国电动汽车维护分_____、_____、_____、_____ 4 类。

（2）日常维护每天出车前、行车中和收车后由_____进行，主要维护内容是以_____、_____和_____为作业中心。

（3）电动汽车维护时间，以_____或_____先到者为准，同时还应该根据汽车使用条件的不同有所区别，如汽车经常在_____、融雪、多尘路面行驶；经常_____工作；在 8km 以内，进行_____行驶；外界气温在_____以下；长期_____行驶，则应提前进行维护。

2. 简述电动汽车日常维护的注意事项。

四、电动汽车维护综合测评

以小组为单位，对比亚迪 e6 纯电动汽车进行首次维护，制作海报在全班交流，进行综合测评。

电动汽车动力蓄电池及其管理系统的结构与维修

任务2 动力蓄电池故障警告灯亮的故障诊断与维修

学习目标

1. 掌握动力蓄电池的主要性能指标。
2. 熟悉动力蓄电池的分类、基本结构与工作原理。
3. 学会动力蓄电池常见故障与一般检测。
4. 能够进行动力蓄电池的拆装维修。
5. 培养合作实训、严谨工作的职业道德与安全环保意识。

任务接受

客户报修：我的比亚迪 e6 纯电动汽车，行驶中组合仪表中动力蓄电池故障警告灯突然点亮，我想让你们店检修一下。

任务接待参见任务1的1.1。

任务准备

2.1 电动汽车动力蓄电池系统的信息收集

1. 动力蓄电池的作用与主要性能指标

动力蓄电池是为电动汽车动力系统提供能量的蓄电池，是 BEV 行驶时的唯一驱动能源，对汽车运行起决定性作用。动力蓄电池的主要性能指标有：

（1）电压

电压是指动力蓄电池正负极之间的电位差，单位是 V。根据检测工况不同，分为如下 5 种：

1）标称电压：是指由厂家指定的用于标识电池的适宜的电压近似值。

2）开路电压：是指蓄电池在开路条件下的端电压。随着电池放电程度的增加或电池性能的下降，开路电压会随之下降。

3）负载电压：是指蓄电池接上负载后处于放电状态下的端电压。放电电流越大，负载电压越低；随着蓄电池放电程度的增加，负载电压也会随之下降。

4）充电截止（终止）电压：是指蓄电池正常充电时允许达到的最高电压。

5）放电截止（终止）电压：是指蓄电池正常放电时允许达到的最低电压。

根据动力蓄电池检测对象不同，有单体蓄电池电压、蓄电池模块电压和电池包电压。

单体蓄电池是直接将化学能转换为电能的基本单元装置，通常包括电极、隔膜、电解质、外壳和端子，并被设计成可充电。也称为电芯。

蓄电池模块是指一个以上单体蓄电池的串并联组合，也称作蓄电池组。

电池包通常包括蓄电池组、蓄电池管理系统、蓄电池箱及相应附件，具有从外部获得电能并可对外输出电能的单元。

（2）内阻

内阻是指蓄电池中电解质、正负极群、隔膜等电阻的总和。蓄电池内阻越大，蓄电池自身消耗掉的能量越多，蓄电池的使用效率越低，在充电时发热越多。随着蓄电池使用次数增多，由于电解液消耗及蓄电池内部化学物质活性降低，蓄电池内阻会有不同程度的升高。

（3）容量

容量是指在一定放电条件下完全充电的蓄电池所能释放出的总容量，它是放电电流和放电时间的乘积，单位为 A·h 或 mA·h（1A·h = 1000mA·h）。

额定容量是指在规定条件下测得并由制造商标明的电池容量。根据测试条件不同，容量分为常温放电容量、常温倍率放电容量（能量型）、常温倍率放电容量（功率型）、常温倍率充电性能、低温（-20℃）放电容量、高温（55℃）放电容量、常温荷电保持与容量恢复能力等，GB/T 31486—2015 对动力蓄电池模块的测试方法和判定标准的规定见表2-1。

表2-1　各种容量的测试方法和判定标准

容量分类	测试方法	判定标准
常温[1]放电容量	1C[2]充电至截止电压,1C放电至截止电压,计算放电容量。重复5次测试,取平均值数据	（1）计算容量在企业所规定额定值的100%～110%之间 （2）所有样品的计算容量极差（最大和最小容量差）不得超过5%（一致性要求）
常温倍率放电容量（能量型[3]）	常温下以1C充满电,以3C放电（最大电流不超过400A）至某一单体达到截止电压,计算放电容量	计算容量不低于额定值的90%
常温倍率放电容量（功率型[4]）	常温下以1C充满电,以8C放电（最大电流不超过400A）至某一单体达到截止电压,计算放电容量	计算容量不低于额定值的80%
低温（-20℃）放电容量	常温下以1C充满电,在-20℃温度下存储24小时,在-20℃下以1C放电至某一单体达到截止电压,计算放电容量	计算容量不低于额定值的70%（锂电池）或80%（镍氢电池）
高温（55℃）放电容量	常温下以1C充满电,在55℃温度下存储5小时,在55℃下以1C放电至某一单体达到截止电压,计算放电容量	计算容量不低于额定值的90%

[1] 常温：指环境温度（25±2）℃。

[2] C：充放电倍率（充放电电流/电池额定容量）。如额定容量100A·h的电池，1C表示充电或放电电流是100A（100A·h的1倍率）。

[3] 能量型电池：室温下，最大允许持续输出电功率（W）和1C倍率放电能量（W·h）的比值低于10的蓄电池。主要应用于纯电动汽车、插电式/增程式混合动力汽车。能量型动力蓄电池系统要求存储的能量多（比能量），高低温性能好，循环寿命好。

[4] 功率型电池：室温下，最大允许持续输出电功率（W）和1C倍率放电能量（W·h）的比值不低于10的蓄电池。主要应用于混合动力电动汽车，起到能量回收和动力辅助输出的作用，要求倍率性能突出（比功率大），内阻小，发热量低，循环寿命长。

（4）能量

在一定的放电条件下，蓄电池所输出的能量的单位是 W·h 或 kW·h，主要有以下 2 种衡量方式：

1）额定能量：指室温下完全充电的蓄电池，以 1 小时率电流放电达到放电终止电压时所能放出的能量（单位是 W·h）。

2）能量密度（比能量）：指从蓄电池的单位质量或单位体积所获取的电能，用 W·h/kg（质量能量密度）、W·h/L（体积能量密度）来表示。

（5）功率

功率是指在一定的放电条件下，蓄电池在单位时间所输出的电能（W 或 KW）。

功率密度（比功率）：从蓄电池的单位质量或单位体积所获取的输出功率。用 W·h/kg（质量功率密度）、W·h/L（体积功率密度）来表示。

（6）效率

效率分为库仑效率与能量效率。

库仑效率（安时效率）：指放电时从蓄电池中释放的容量与同循环过程中充电容量的比值。

能量效率（瓦时效率）：指放电时从蓄电池中释放的能量与同循环过程中充电能量的比值。

（7）循环寿命

循环寿命指电池在保持电池性能前提下，在指定的充放电终止条件下，以特定的充放电制度进行充放电，动力蓄电池在不能满足寿命终止标准前所能进行的循环数。

根据试验条件不同，循环寿命分为标准循环寿命和工况循环寿命。GB/T 31484—2015 对这 2 种循环寿命的测试方法和判定标准的规定见表 2-2。

表 2-2　循环寿命的测试方法和判定标准

检验项目	测 试 方 法	判 定 标 准
标准循环寿命	1C 充电，1C 放电，放电深度为 100% DOD（或企业所规定条件）	容量衰减到初始值的 80% 时，循环测试 >1000 次，或容量衰减到初始值的 90% 时，循环测试 >500 次
工况循环寿命	采用新的工况循环图谱，分为功率型和能量型，测试工况区分乘用车和商用车	依据企业所规定数据

（8）荷电保持

荷电保持是指在开路状态下，电池储存的电量在一定环境条件下的保持能力，即通常讲的自放电，一定程度的自放电属于正常现象。自放电主要由电池材料、制造工艺、储存条件等多方面的因素决定。通常温度越高，自放电率越大。

（9）安全防护

安全防护包括各种安全要求（振动、机械冲击、跌落、翻滚、碰撞、挤压、温度冲击、湿热循环、海水浸泡、外部火烧、盐雾腐蚀、高海拔安全、过温保护、短路保护、过充电保护、过放电保护）以及各种操作安全要求等。

目前常见动力蓄电池性能比较见表 2-3。

表2-3 常见动力蓄电池性能比较

项 目	磷酸铁锂蓄电池	锰酸锂蓄电池	铅酸蓄电池	镍氢蓄电池
单位电压/V	3.2	3.7	2	1.25
比能量/(W·h/kg)	110~130	120~150	30~50	70~120
循环寿命/次	>2000	600~1000	250~350	600~800
高温性能(>55℃)	优异	一般	一般	较好
-10℃容量保持率	70%	80%	60%~70%	70%~80%
最佳放电倍率(C)	1	1	0.2	0.5
最大放电倍率(C)	30	30	20	30
常温28天自放电率(%)	10	10	5	30
充放电效率(%)	99	99	80	90
过充性能	较好	差	好	差
安全性	好	较好	好	较好
环保性能	无污染	无污染	污染	轻污染

2. 电动汽车常见动力蓄电池分类

动力蓄电池分类见表2-4。

表2-4 常见动力蓄电池分类

分类方法	种 类	含 义
按工作介质分	锂离子蓄电池	利用锂离子作为导电离子,在阳极和阴极之间移动,通过化学能和电能互相转化实现充放电的电池
	金属氢化物镍蓄电池(镍氢蓄电池)	正极使用镍氧化合物,负极使用可吸收释放氢的储氢合金,以氢氧化钾为电解质的蓄电池
	铅酸蓄电池	正极活性物质使用二氧化铅,负极活性物质使用铅,并以硫酸溶液为电解液的蓄电池
	超级电容器	略
按封装形式分	圆柱形电池	具有圆柱形电池外壳和连接元件(电极)的蓄电池
	方形电池	具有长方体电池外壳和连接元件(电极)的蓄电池
	软包电池	具有复合薄膜制成的电池外壳和连接元件(电极)的蓄电池
按性能分	高能量型蓄电池	以高能量密度为特点,主要用于高能量输出的动力蓄电池
	高功率型蓄电池	以高功率密度为特点,主要用于瞬间高功率输出、输入的动力蓄电池

3. 常用动力蓄电池的结构原理

电动汽车目前广泛使用的动力蓄电池有锂离子蓄电池和镍氢蓄电池等。

(1) 锂离子蓄电池

锂是世界上最轻的金属,锂离子蓄电池是指锂离子嵌入化合物为正、负极的二次电池。1990年锂离子蓄电池由索尼公司首先推向市场。相对于传统的铅酸蓄电池与镍氢蓄电池,其性能最为优越,号称"终极电池",受到市场的广泛青睐。它具有工作电压高(单体标称电压高达3.6V,是镍氢蓄电池的3倍,是铅酸蓄电池的2倍),比能量大(高达150W·h/kg,是镍氢蓄电池的2倍,是铅酸蓄电池的4倍,因此重量轻,是相同能量的铅酸蓄电池的

1/3~1/4），循环寿命长（循环次数可达 2000 次，寿命为铅酸蓄电池的 2~3 倍，使用年限为 5~8 年），自放电率低（每月不到 5%，是镍氢蓄电池的 1/6），允许工作温度宽（20~55℃），无记忆性，不存在有毒物质，对环境无污染，能够制造成任意形状，尤其是电池主要材料锂（Li）、锰（Mn）、铁（Fe）、钒（V）等，在我国都是富产资源，特别适合我国发展。比亚迪汽车公司开发的磷酸铁锂蓄电池，受到巴菲特的极大重视，他不惜投入巨资参股。锂离子蓄电池目前的主要问题是成本较高，安全性能有待进一步完善。

1）基本结构如图 2-1 所示。锂离子蓄电池负极一般是可大量储锂的碳素材料，正极是含锂的过渡金属氧化物或磷化物，电解液是锂盐的有机溶液。

正极一般选择相对锂而言电位大于 3V 且在空气中稳定的嵌锂过渡金属氧化物，如钴酸锂（$LiCoO_2$）、磷酸铁锂（$LiFePO_4$）、镍酸锂（$LiNiO_2$）、锰酸锂（$LiMn_2O_4$）等。

负极材料则选择电位尽可能接近锂电位的可嵌入锂化合物，如各种碳材料包括天然石墨、合成石墨、碳纤维、中间相小球碳素等和金属氧化物等。

电解质采用 $LiPF_6$ 的乙烯碳酸脂（EC）、丙烯碳酸脂（PC）和低黏度二乙基碳酸脂（DEC）等烷基碳酸脂搭配的混合溶剂体系。

隔膜采用聚烯微多孔膜如 PE、PP 或它们的复合膜，尤其是 PP/PE/PP 三层隔膜不仅熔点较低，而且具有较高的抗穿刺强度，起到了热保险作用。

外壳采用钢或铝材料，盖体组件具有防爆断电的功能。

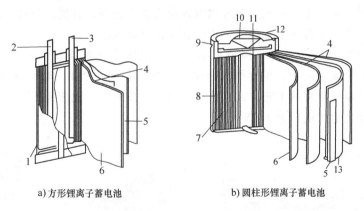

a)方形锂离子蓄电池　　　　　　b)圆柱形锂离子蓄电池

图 2-1　锂离子蓄电池结构

1—外壳　2—负极端子　3—正极端子　4—隔膜　5—负极板　6—正极板　7—绝缘体　8—负极柱
9—密封圈　10—顶盖　11—正极　12—安全排气阀　13—负极

2）工作原理如图 2-2 所示。当蓄电池充电时，锂离子从正极中脱嵌，经过电解质嵌入负极，负极处于富锂状态。放电时则相反。Li^+ 在两个电极之间往返嵌入和脱嵌，被形象地称为"摇椅电池"。

$$\text{正极} \qquad LiCoO_2 \underset{\text{充电}}{\overset{\text{放电}}{\rightleftharpoons}} Li_{1-x}CoO_2 + xLi^+ + xe^-$$

$$\text{负极} \qquad 6C + xLi^+ + xe^- \underset{\text{充电}}{\overset{\text{放电}}{\rightleftharpoons}} Li_xC_6$$

$$\text{总反应} \qquad LiCoO_2 \underset{\text{充电}}{\overset{\text{放电}}{\rightleftharpoons}} Li_{1-x}CoO_2 + Li_xC_6$$

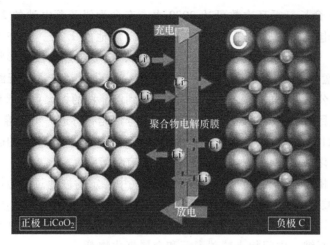

图 2-2 锂离子蓄电池工作原理

（2）镍氢蓄电池（Ni-MH）

镍氢蓄电池是早期的镍镉蓄电池的替代产品，它是目前最环保的电池之一，以能吸收氢的金属代替镉，不再使用有毒的镉，可以消除重金属元素给环境带来的污染问题。镍氢蓄电池相比于铅酸蓄电池和镍镉蓄电池有着更大的能量密度比（表 2-1），能有效地延长车辆的行驶时间，同时镍氢蓄电池的记忆效应比镍镉蓄电池小得多，这使镍氢蓄电池在电动汽车中得到大量使用，如丰田普锐斯电动汽车用的就是镍氢蓄电池。

1）基本结构如图 2-3 所示，镍氢蓄电池正极活性物质为氢氧化镍（称氧化镍电极），负极活性物质为金属氢化物，也称贮氢合金（电极称贮氢电极），电解液为氢氧化钾溶液。由活性物质构成电极极片的工艺方式主要有烧结式、拉浆式、泡沫镍式、纤维镍式、嵌渗式等工艺。单体蓄电池的电压为 1.2V。

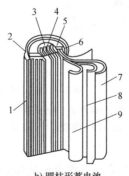

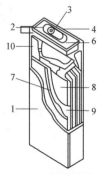

a) 普锐斯电动汽车镍氢蓄电池   b) 圆柱形蓄电池   c) 方形蓄电池

图 2-3 镍氢蓄电池的结构

1—电池盒（－） 2—绝缘衬垫 3—盖帽（＋） 4—安全排气口 5—封盘 6—绝缘圈

7—负极 8—隔膜 9—正极 10—绝缘体

镍氢蓄电池中的金属氢化物的"金属"部分实际上是金属互化物（在一定条件下，金属相互化合而形成的化合物）。许多种类的金属互化物都已被运用，它们主要分为两大类。最常见的是 AB5 一类，A 是稀土元素的混合物或者再加上钛（Ti），B 则是镍（Ni）、钴

（Co）、锰（Mn）等。而一些高容量电池"含多种成分"的电极则主要由 AB2 构成，这里的 A 则是钛（Ti）或钒（V），B 则是锆（Zr）或镍（Ni），再加上一些铬（Cr）、钴（Co）、铁（Fe）等。所有这些化合物扮演的都是相同的角色即可逆地形成金属氢化物。当电池充电时，氢氧化钾（KOH）电解液中的氢离子（H^+）会被释放出来，由这些化合物将它吸收，避免形成氢气（H_2），以保持蓄电池内部的压力和体积；当蓄电池放电时，这些氢离子便会经由相反的过程回到原来的地方。

2）工作原理如图 2-4 所示。

充电时，负极析出氢气，贮存在容器中，正极由氢氧化亚镍变成 NiOOH 和 H_2O；放电时，氢气在负极上被消耗掉，正极由氢氧化镍变成氢氧化亚镍。

$$\text{正极} \qquad Ni(OH)_2 + OH^- - e \underset{\text{放电}}{\overset{\text{充电}}{\rightleftharpoons}} NiOOH + H_2O$$

$$\text{负极} \qquad H_2O + e \underset{\text{放电}}{\overset{\text{充电}}{\rightleftharpoons}} 1/2H_2 + OH^-$$

$$\text{总反应} \qquad Ni(OH)_2 \underset{\text{放电}}{\overset{\text{充电}}{\rightleftharpoons}} NiOOH + 1/2H_2$$

除上面介绍的 2 种蓄电池外，还有铅酸蓄电池、镍镉蓄电池、镍锌蓄电池、钠硫蓄电池、钠氯蓄电池、锌空气电池、铝空气电池等，在电动汽车用得相对较少，限于篇幅，在此不做介绍。

4. 比亚迪 e6 纯电动汽车动力蓄电池

比亚迪 e6 纯电动汽车采用磷酸铁锂（$LiFePO_4$）蓄电池，简称铁电池，也是锂离子蓄电池的一种，它通过上下盖密封形成蓄电池包，放置在汽车底部（图 2-5）。

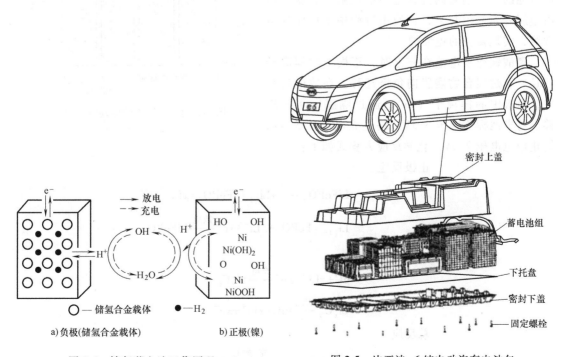

a）负极（储氢合金载体）　　b）正极（镍）

○ — 储氢合金载体　　● — H_2

图 2-4　镍氢蓄电池工作原理

图 2-5　比亚迪 e6 纯电动汽车电池包

蓄电池组由 11 个模块 96 个单体蓄电池组成（图 2-6），每个单体电池电压为 3.3V，总电压 316.8V，蓄电池容量达 220A·h，一次充电 65kW·h，可以使续驶里程达到 400km。

a) 单体蓄电池

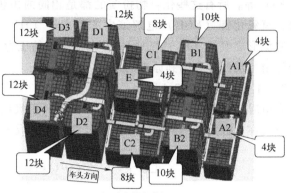

b) 动力蓄电池组

图 2-6 比亚迪 e6 纯电动汽车动力蓄电池

单体蓄电池内部结构如图 2-7 所示，左边是橄榄石结构的 $LiFePO_4$ 作为蓄电池的正极，由铝箔与蓄电池正极连接，中间是聚合物的隔膜，它把正极与负极隔开，但锂离子（Li^+）可以通过，而电子（e^-）不能通过，右边是由碳（石墨）组成的蓄电池负极，由铜箔与蓄电池的负极连接。蓄电池的上下端之间是蓄电池的电解质，蓄电池由金属外壳密闭封装，在使用过程中不用添加电解液，实现真正的免维护。

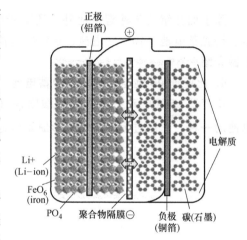

图 2-7 比亚迪 e6 纯电动汽车单体
蓄电池内部结构

磷酸铁锂蓄电池在充电时，正极中的锂离子（Li^+）通过聚合物隔膜向负极迁移；在放电过程中，负极中的锂离子（Li^+）通过隔膜向正极迁移。蓄电池标称电压 3.3V，终止充电电压 3.6V，终止放电电压 2.0V。化学反应方程式如下：

正极反应

$$LiFePO_4^- \xrightarrow{充电} Li_{(1-x)}FePO_4 + xLi^+ + xe^-$$

$$Li_{(1-x)}FePO_4 + xLi^+ + xe^- \xrightarrow{放电} LiFePO_4$$

负极反应

$$6C + xLi^+ + xe^- \xrightarrow{充电} Li_xC_6$$

$$Li_xC_6 \xrightarrow{放电} 6C + xLi^+ + xe^-$$

总反应

$$LiFePO_4 + 6C \xleftrightarrow{充/放电} Li_{(1-x)}FePO_4 + Li_xC_6$$

磷酸铁锂蓄电池的充放电特性如图 2-8 所示，可见其平台电压稳定，输出功率也稳定，且随着电流的增大，平台电压变化小，但充放电两端变化快，极化大，所以使用时应该注意蓄电池不能产生过充电和过放电状态。

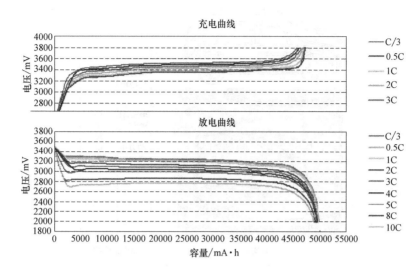

图 2-8　动力蓄电池充放电特性

动力蓄电池的低温放电特性如图 2-9 所示，可见磷酸铁锂蓄电池可以在 -20℃ 下工作，但是输出能量要降低 35% 左右。

磷酸铁锂蓄电池的总体特点可以归纳如下：

1）高效率输出：标准放电为 2～5C、连续高电流放电可达 10C，瞬间脉冲放电（10s）可达 20C；高倍率放电电压平稳，特别适用于汽车使用。

2）高温时性能良好：外部温度 65℃ 时内部温度则高达 95℃，蓄电池放电结束时温度可达 160℃，蓄电池的结构安全、完好。

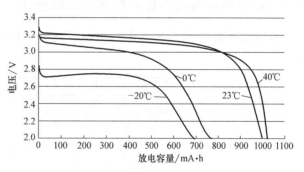

图 2-9　动力蓄电池低温放电特性

3）即使蓄电池内部或外部受到伤害，蓄电池不燃烧、不爆炸、安全性最好。

4）极好的循环寿命，国家要求蓄电池循环 500 次以上，保证蓄电池容量在 80% 以上，比亚迪动力蓄电池经过 4000 次循环，其放电容量仍大于 75%。

5）过放电到 0V 也无损坏。

6）可快速充电。

7）低成本。

8）对环境无污染。

9）蓄电池寿命长，满足电动车行驶 60 万 km，使用 10 年。

10）其缺点是低温性能差，和其他蓄电池一样，也需面对电池的一致性问题。

5. 比亚迪 e6 纯电动汽车维修开关

为了方便动力蓄电池等高压部件维修安全，比亚迪 e6 纯电动汽车设置了手动维修开关（图 2-10），它安装在动力蓄电池组中间，在进行高压零部件维修时，务必先拔下维修开关。

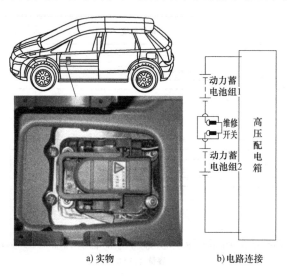

a) 实物　　　　　　　　　b) 电路连接

图 2-10　维修开关

温馨提示：特斯拉电动汽车动力蓄电池的基本结构原理视频参见教学资源 2.1。

2.2　动力蓄电池故障警告灯亮的故障分析

根据比亚迪 e6 纯电动汽车结构原理，动力蓄电池方面的故障可能原因分析如图 2-11 所示。

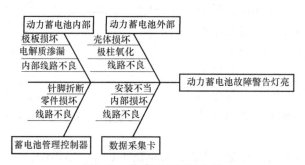

图 2-11　故障可能原因分析

2.3　动力蓄电池系统维修准备

1. 维修计划

1）外部直观检查。

2）采用比亚迪 VDS1000 诊断系统诊断故障。

3）采用万用表等一般仪器检测。

4）确定故障原因和零部件。

5）针对存在的问题进行拆装维修。

2. 维修设备与材料准备（表 2-5）

表 2-5　比亚迪 e6 纯电动汽车维修设备与材料

名　称	数　量	名　称	数　量
比亚迪 VDS1000 诊断系统	1 台	胶枪	1 把
万用表	1 台	600V 绝缘手套	1 双
常规拆装工具	1 套	手套、抹布等	1 批
力矩扳手	1 把（135N·m）	电工胶布	2 卷
双柱举升机	1 台（举升质量≥3500kg）	防弧面罩	1 套
液压车	1 台（载质量 1000kg）	工作台	1 台

3. 环境要求

要求场地通风、干燥。地面整洁无水迹、油迹，远离高压设备。

任务实施

2.4　动力蓄电池系统故障检查

企业警告如图 2-12 所示。

1. 外部直观检查

直观检查动力蓄电池包紧固螺栓是否松动，接头是否脱落、松动，极柱是否氧化，表面是否脏污，各高压导线有否损坏等现象，如有应予排除。目测检查蓄电池包壳体是否破损或变形、有裂纹，密封是否完整，外部是否有漏液，如有应更换壳体或蓄电池组。

⚠ **警告**

高压系统维修步骤：

第一步：切断车辆电源（将起动按钮置于 OFF 位），等待 5min。

第二步：穿戴好绝缘手套、绝缘胶鞋等防护用具。

第三步：拔下维修开关并存放在规定的地方。

第四步：对高压系统进行检查并记录相关数据，在车辆上电时应该通知正在检查、维修高压系统的人员。在检修时做好高压系统的绝缘防护处理。

第五步：对高压系统检修后一定要将拆卸或更换过的零部件进行检查，避免因检修后忘记恢复造成其他影响。

图 2-12　企业警告

2. 用比亚迪 VDS1000 诊断系统进行故障诊断

（1）比亚迪 VDS1000 诊断系统外观（图 2-13）

图 2-13　比亚迪 VDS1000 诊断系统外观

（2）比亚迪 VDS1000 诊断系统功能

1）无线或有线车辆诊断。

2）自动进行整车故障扫描。

3）故障码智能关联（关联维修手册、互联网案例库）。

4）可视化波形整车数据监测。

5）诊断过程回放重现。

6）诊断维修统计和查询。

7）智能判断整车程序更新。

8）在线实时技术支持（文本、语音、视频）。

9）故障码、维修手册、维修案例查询。

10）统计分析。

（3）比亚迪 VDS1000 远程诊断系统结构组成（图 2-14）

（4）比亚迪 VDS1000 远程诊断系统使用

温馨提示：比亚迪 VDS1000 诊断系统使用视频参见教学资源 2.2。

（5）用比亚迪 VDS1000 诊断系统进行故障诊断步骤

1）将诊断仪连接 DLC3 诊断口（如果提示通信错误，则可能是车辆 DLC3 诊断口问题，也可能是诊断仪问题。可以将诊断仪连接另一辆汽车的 DLC3 诊断口，如果可以显示，则原车 DLC3 诊断口有问题，需更换。若不显示，则说明诊断仪有问题）。

2）整车接通 ON 档，进入蓄电池管理器故障码诊断（表 2-6）。

3）针对故障进行调整、维修或更换。

4）确认测试，结束。

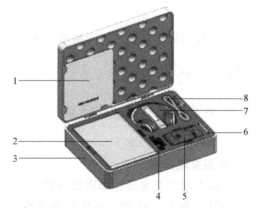

图 2-14 比亚迪 VDS1000 远程诊断系统结构组成
1—产品说明书 2—诊断电脑 3—笔记本配件及 VDCI 线束
4—摄像头 5—VDCI 6—无线网卡 7—听诊器及组件
8—听诊器线束

表 2-6 故障码

编号	DTC	描述	编号	DTC	描述
1	P1A9000	单节蓄电池电压严重过高	9	P1A9800	电流霍尔采样异常故障
2	P1A9100	单节蓄电池电压一般过高	10	P1A5300	严重漏电故障
3	P1A9200	单节蓄电池电压一般过低	11	P1A5400	一般漏电故障
4	P1A9300	单节蓄电池电压严重过低	12	P1A9900	蓄电池组过流警告
5	P1A9400	单节蓄电池温度严重过高	13	U029C00	蓄电池管理器与 VTOG 通信故障
6	P1A9500	单节蓄电池温度一般过高	14	U029800	蓄电池管理系统与 DC 通信故障
7	P1A9600	单节蓄电池温度一般过低	15	P1A9A00	蓄电池管理系统初始化错误
8	P1A9700	单节蓄电池温度严重过低			

3. 用万用表进行终端诊断

如果没有比亚迪 VDS1000 诊断设备，也可以用万用表进行部分检测。

（1）动力蓄电池漏电检测

万用表电压档，正表笔触蓄电池"＋"极，负表笔触壳体，得到电压 $U_{正}$（图 2-15a）；

 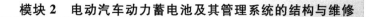

之后正表笔触电池"–"极，负表笔触壳体，得到电压 $U_负$，比较 $U_正$ 和 $U_负$，选择大的继续检测；在两表笔之间并联 $100\text{k}\Omega$ 电阻（图 2-15b），测得 U_2 值，再计算

$$\frac{\dfrac{U_正\;U_2}{U_2}R}{316}$$

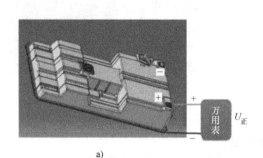
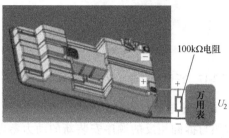

图 2-15　动力蓄电池漏电检测

如果计算结果大于 $>500\Omega/U$，说明不漏电，如果计算结果 $\leqslant 500\Omega/U$，说明漏电，应酌情检修动力蓄电池壳体或更换动力蓄电池。

（2）蓄电池管理线束端输入电压

先断开动力蓄电池管理连接器，再测量线束端输入电压是否正确。

（3）其他故障检测

插回动力蓄电池管理连接器，测量动力蓄电池各端子值，具体操作结合任务 3 进行。

2.5　动力蓄电池系统的维修

如果发现动力蓄电池（包括单体蓄电池、蓄电池模块或蓄电池包）损坏，应该进行更换。比亚迪 e6 纯电动汽车蓄电池包电压高达 316.8V，维修时务必严格按照企业要求的作业步骤进行。

1. 动力蓄电池包拆卸

1）拆卸前准备：将起动按钮置于 OFF 档，戴上绝缘手套，拔下维修开关（图 2-16），放在其他位置，由专人看管，断开 12V 蓄电池负极。

温馨提示：比亚迪 e6 纯电动汽车高压维修开关的拔插视频参见教学资源 2.3。

2）拆卸动力蓄电池包的外部连接，拆卸动力蓄电池接线柱时注意锁紧装置的拆卸与安装（图 2-17）。拆卸任何高压配线后，立刻用绝缘胶带将外露金属绝缘。

3）采用举升机举升车辆，将液压车安放于动力蓄电池下方（图 2-18）。

4）拆卸动力蓄电池包各紧固螺钉，拆卸动力蓄电池包。

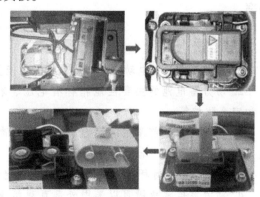

图 2-16　拔下维修开关

图 2-17　拆卸动力蓄电池接线柱

图 2-18　放置液压车

2. 动力蓄电池包安装

按照与拆卸相反的顺序安装新的动力蓄电池包。

装配时注意：维修开关、正负极、采样线对准车身口，且不能与车身干涉。蓄电池盖与托盘、车身密封有效，装配结束后，与车身结合处要紧密。

温馨提示： 特斯拉电动汽车动力蓄电池智能更换视频参见教学资源 2.4。

吉利电动汽车动力蓄电池智能换电站视频参见教学资源 2.5。

3. 报废蓄电池处理

报废蓄电池含有锂、镍、铅等金属和电解液，随意废弃会导致环境污染和材料资源浪费，因此应予以回收处理，应严格按照《电动汽车动力蓄电池回收利用技术政策（2015 年版）办法》实施。

废旧动力蓄电池贮存应有专门的场所，贮存场所应符合法律法规要求及当地消防、环保、安全部门的有关规定，并设有警示标志，且应设在易燃、易爆等危险品仓库及高压输电线路防护区域以外。贮存应避免高温、潮湿，保证通风良好，正负极触头应采取绝缘防护。

废旧动力蓄电池运输应遵守国家有关电池包装运输法规和标准要求，采用恰当的包装方式。

废旧动力蓄电池应送交相关环保处理企业处理，先梯级利用（将废旧动力蓄电池应用到其他领域的过程，可以一级利用，也可以多级利用），后再生利用（对废旧动力蓄电池进行拆解、破碎、冶炼等处理，以回收其中有价元素为目的的资源化利用过程），提高资源利用率。

任务总结

1. 动力蓄电池为电动汽车动力系统提供能量的蓄电池，是 BEV 行驶时的唯一驱动能源。

2. 动力蓄电池的主要性能指标有电压、容量、能量、功率、效率、循环寿命、荷电保持和安全防护等。

3. 电动汽车目前常用的动力蓄电池有锂离子蓄电池和镍氢蓄电池。尤其是锂离子蓄电池具有工作电压高、比能量大、循环寿命长、自放电率低、允许工作温度宽、无记忆效应，不存在有毒物质，对环境无污染等优点而被电动汽车广泛应用。

4. 动力蓄电池故障可以采用外部直观检查、专用诊断设备和万用表进行检测，尤其是采用专用诊断设备，快捷、准确。

5.动力蓄电池的检测与维修务必按照国家标准和企业要求，严格遵守高压系统维修操作规程，确保安全。

6.报废蓄电池应妥善存放和回收处理。

学生学习工作页

一、动力蓄电池基本知识

1.填空

(1)单体蓄电池：＿＿＿＿＿＿＿＿＿＿＿＿＿＿＿＿＿＿＿＿＿＿＿＿＿＿＿＿＿＿＿。

(2)蓄电池模块：＿＿＿＿＿＿＿＿＿＿＿＿＿＿＿＿＿＿＿＿＿＿＿＿＿＿＿＿＿＿＿。

(3)蓄电池包：＿＿＿＿＿＿＿＿＿＿＿＿＿＿＿＿＿＿＿＿＿＿＿＿＿＿＿＿＿＿＿＿。

(4)标称电压：＿＿＿＿＿＿＿＿＿＿＿＿＿＿＿＿＿＿＿＿＿＿＿＿＿＿＿＿＿＿＿＿。

(5)开路电压：＿＿＿＿＿＿＿＿＿＿＿＿＿＿＿＿＿＿＿＿＿＿＿＿＿＿＿＿＿＿＿＿。

(6)负载电压：＿＿＿＿＿＿＿＿＿＿＿＿＿＿＿＿＿＿＿＿＿＿＿＿＿＿＿＿＿＿＿＿。

(7)放电截止(终止)电压：＿＿＿＿＿＿＿＿＿＿＿＿＿＿＿＿＿＿＿＿＿＿＿＿＿＿。

(8)充电截止(终止)电压：＿＿＿＿＿＿＿＿＿＿＿＿＿＿＿＿＿＿＿＿＿＿＿＿＿。

(9)蓄电池内阻：＿＿＿＿＿＿＿＿＿＿＿＿＿＿＿＿＿＿＿＿＿＿＿＿＿＿＿＿＿＿。

(10)蓄电池容量：＿＿＿＿＿＿＿＿＿＿＿＿＿＿＿＿＿＿＿＿＿＿＿＿＿＿＿＿＿＿。

(11)额定容量：＿＿＿＿＿＿＿＿＿＿＿＿＿＿＿＿＿＿＿＿＿＿＿＿＿＿＿＿＿＿＿。

(12)常温放电容量：＿＿＿＿＿＿＿＿＿＿＿＿＿＿＿＿＿＿＿＿＿＿＿＿＿＿＿＿＿。

(13)充放电倍率＝＿＿＿＿＿＿＿＿＿＿＿＿＿＿＿＿＿＿＿＿＿＿＿＿＿＿＿＿＿＿。

(14)能量密度(比能量)：＿＿＿＿＿＿＿＿＿＿＿＿＿＿＿＿＿＿＿＿＿＿＿＿＿＿。

(15)功率密度(比功率)：＿＿＿＿＿＿＿＿＿＿＿＿＿＿＿＿＿＿＿＿＿＿＿＿＿＿。

(16)库仑效率(安时效率)：＿＿＿＿＿＿＿＿＿＿＿＿＿＿＿＿＿＿＿＿＿＿＿＿＿。

(17)能量效率(瓦时效率)：＿＿＿＿＿＿＿＿＿＿＿＿＿＿＿＿＿＿＿＿＿＿＿＿＿。

(18)循环寿命：＿＿＿＿＿＿＿＿＿＿＿＿＿＿＿＿＿＿＿＿＿＿＿＿＿＿＿＿＿＿＿。

(19)荷电保持：＿＿＿＿＿＿＿＿＿＿＿＿＿＿＿＿＿＿＿＿＿＿＿＿＿＿＿＿＿＿＿。

(20)动力蓄电池按工作介质分有＿＿＿＿蓄电池、＿＿＿＿蓄电池、＿＿＿＿蓄电池和＿＿＿＿蓄电池。

(21)动力蓄电池按封装形式分有＿＿＿＿蓄电池、＿＿＿＿蓄电池和＿＿＿＿蓄电池。

(22)动力蓄电池按性能分有＿＿＿＿蓄电池和＿＿＿＿蓄电池等。

2.检索我国关于报废动力蓄电池处理的相关文件，并说说你的看法。

二、锂离子蓄电池结构原理

1.下图是方形锂离子蓄电池的结构图,请将图中各序号的零部件名称填入右侧相应的序号中,并说明其基本工作原理。

1—　　　　　4—

2—　　　　　5—

3—　　　　　6—

2.填空

比亚迪e6纯电动汽车采用＿＿＿＿＿＿＿＿蓄电池。蓄电池组由＿＿＿个模块＿＿＿＿个单体蓄电池组成,每个单体蓄电池＿＿＿＿V,总电压＿＿＿＿V,蓄电池容量达＿＿＿＿A·h,一次充电＿＿＿＿kW·h,可以使续驶里程达到＿＿＿＿＿＿km。

（续）

三、动力蓄电池检测维修
1. 写出电动汽车高压系统维修的操作步骤。 2. 分析比亚迪 e6 纯电动汽车动力警告灯点亮的可能原因。 3. 写出用比亚迪 VDS1000 诊断系统进行故障诊断步骤。 4. 采用万用表进行动力蓄电池漏电检测。
四、动力蓄电池拆装维修
分小组拆装比亚迪 e6 纯电动汽车动力蓄电池包。
五、动力蓄电池系统综合测评
以小组为单位,给比亚迪 e6 纯电动汽车动力蓄电池警告灯点亮的故障进行检测与维修,制作海报进行全班交流,然后综合测评。

任务3 行驶中动力突然中断的故障诊断与维修

学习目标

1. 掌握动力蓄电池管理系统的基本作用和总体组成。
2. 熟悉动力蓄电池管理系统的结构原理。
3. 学会动力蓄电池管理系统的常见故障检测与诊断。
4. 能够进行动力蓄电池管理器和漏电传感器的拆装更换。
5. 培养良好的职业道德与安全环保意识。

任务接受

客户报修:比亚迪 e6 纯电动汽车行驶中突然动力中断,组合仪表出现动力系统故障警告灯亮,并显示"请检查动力系统"字样,要求服务站给予维修。

任务接待参见任务 1 的 1.1。

任务准备

电动汽车动力系统故障牵涉众多系统,本任务重点讨论动力蓄电池管理系统引起的故障。

3.1 电动汽车动力蓄电池管理系统的信息收集

1. 动力蓄电池管理系统的作用

动力蓄电池管理系统（Battery Management System, 简称 BMS）, 是监视动力蓄电池的状态（温度、电压、荷电状态等）, 可以为动力蓄电池提供通信、安全、电芯均衡及管理控制, 并提供与应用设备接口的系统。根据 QC/T 897—2011 标准要求, BMS 具有以下功能:

(1) 监测

实时采集监测和显示电源系统的状态参数,包括总电压、总电流、单体蓄电池的电压与温度、漏电信号等。

（2）计算

根据检测的数据，计算荷电状态、健康状态、放电及充电功率限制、电池寿命、车辆剩余续驶里程等；

荷电状态 SOC（stage-of-charge）是指当前蓄电池中按照规定放电条件可以释放的能量占可用容量的百分比。

（3）通信

BMS 内部和外部都需要通过可靠的通信方式发送数据信息，使车辆协调运行。

（4）保护

涵盖故障诊断和处理两方面内容，包括（过压、欠压、过流、低温、高温、漏电、短路等），及时报警和安全保护。

锂离子蓄电池的过压、欠压往往是由过充和过放引起，应严格防止。因为锂离子蓄电池放电时，不允许锂离子完全移到负极，以保证下次充电时锂离子畅通嵌入通道，否则锂离子蓄电池寿命就会急剧缩短，所以不能过放电，应严格控制放电的终止电压；充电时，也不允许过充，因为过充会导致正极板中的锂离子失去太多，造成晶格坍塌，使蓄电池寿命缩短。

（5）优化

优化主要是蓄电池组的各单体蓄电池电压和温度的平衡，否则将导致蓄电池的"木桶效应"（图 3-1），即某一节蓄电池短板，将导致所有蓄电池按照短板蓄电池性能计算，大大降低了蓄电池组的性能和寿命。

（6）其他

BMS 还有如高压互锁、蓄电池预充控制等功能。

2. 动力蓄电池管理系统的组成架构

（1）BMS 基本组成

动力蓄电池管理系统包括硬件和软件两部分。

硬件一般由主控模块、高压模块和分布测量模块组成，各模块间采用 CAN 总线通信，如图 3-2 所示。

图 3-1　木桶效应

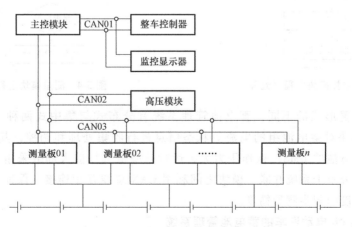

图 3-2　动力蓄电池管理系统基本组成

分布测量模块采用专用芯片进行电压采集、温度采集和均衡管理，采用 CAN 收发器模

块来与主控模块通信，每个分布测量模块可进行多路信号采集、均衡控制和温度监测。

高压模块负责总电压、总电流采集与绝缘电阻计算以及上传数据至主控模块。

主控模块包括系统电源、输入检测、继电器控制和通信接口等电路，有 3 路 CAN 接口，分别与整车控制器、监控显示器、高压模块控制、分布测量模块板进行 CAN 通信，并为高压模块控制板和分布测量模块提供 12V 直流电源。主控模块通过内部 CAN 获取高压模块的总电压、总电流、绝缘电阻数据和分布测量模块的单体蓄电池电压与温度数据，根据获得的数据计算 SOC，单体蓄电池欠压与过压报警（可切断充放电回路），蓄电池组欠压与过压报警（可切断充放电回路），温度过高与过低报警（可切断充放电回路），SOC 过高与过低报警（可切断充放电回路），绝缘电阻过高与过低报警（可切断充放电回路），充放电电流过高与过低报警（可切断充放电回路）；通过 I/O 端口检测输入信息（比如钥匙状态）进行输出控制；通过整车 CAN 总线发送电池组工作状态参数到 EVC（整车控制器）或组合仪表；通过充电 CAN 总线控制充电机充电（设置充电电流与电压），通过内部 CAN 向远程监控模块发送监控数据。

软件分别对主控模块和测量模块的各功能单元编写软件程序，然后联结起来构成整个系统程序。主控模块主程序流程如图 3-3 所示，上电后对系统进行自检和初始化，然后进入总电压和电流测试、SOC 估算、数据存储和发送等功能的主循环。测量模块主程序流程如图 3-4 所示，上电后对系统进行自检和初始化，然后进入单体蓄电池电压和节点温度采集、均衡控制、数据存储和发送主循环。

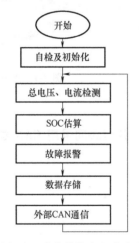

图 3-3　主控模块主程序流程

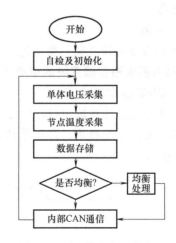

图 3-4　测量模块主程序流程

根据系统布置形式的不同，蓄电池管理系统有分布式与集中式两种。集中式是通过 BMS 中心处理模块对蓄电池组的电流等状态信息进行收集处理和调控，其处理能力有限，对有大量单体蓄电池的 BMS，操作压力大，运行效率低。目前大部分采用分布式，即结构分散布置，多个分布子系统并联，模块之间利用 CAN 总线互相连接，保证了对动力蓄电池电压、电流和温度的同步测量精度。

（2）比亚迪 e6 电动汽车的蓄电池管理系统

比亚迪 e6 纯电动汽车 BMS 架构如图 3-5 所示，主要包括蓄电池管理器、信号（电压、电流、温度）采集系统、高压配电装置（各种接触器、熔丝等）、漏电传感器、车载充电系统、充放电控制系统、车载网络（CAN）等，在汽车上的分布如图 3-6 所示。

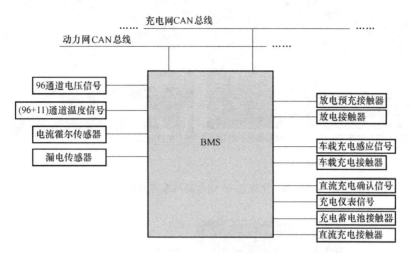

图 3-5　比亚迪 e6 纯电动汽车 BMS 架构

蓄电池管理器（图 3-7）通过支架固定在汽车后部，通过电压采样线和温度采样线（每个单体蓄电池都有一根电压采样线和一根温度采样线，比亚迪 e6 纯电动汽车有 96 个单体，就各有 96 根电压和温度采集线）采集各单体蓄电池的电压和温度信息，通过插接件端口引入电源，通过通信端口与车辆 ECU 交换数据。

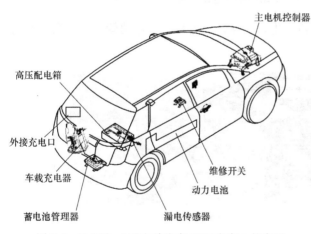

图 3-6　比亚迪 e6 纯电动汽车 BMS 在车上的布置

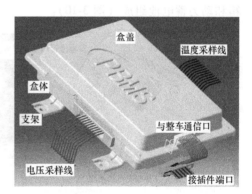

图 3-7　比亚迪 e6 纯电动汽车蓄电池管理器

高压配电箱是整车的高压配电装置，实现动力蓄电池大电流的接通、断开和分配，相当于一个大型电闸，主要由多个接触器（继电器）组成，其外部和内部结构如图 3-8 所示。

温馨提示：比亚迪 e6 纯电动汽车高压配电箱的结构视频参见教学资源 3.1。

漏电传感器（图 3-9）用于检测动力蓄电池组与车身之间的漏电电流，把检测结果传递给 BMS。

车载充电系统包含交流和直流两部分，交流充电用于家庭充电和交流充电桩，通过车载充电器将家用 220V 交流转为 330V 直流高压给动力蓄电池充电；直流充电是通过充电站的充电柜将直流高压直接给动力蓄电池充电。

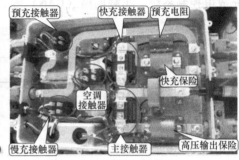

a) 外部结构   b) 内部结构

图 3-8　比亚迪 e6 纯电动汽车高压配电箱

漏电传感器

图 3-9　比亚迪 e6 纯电动汽车漏电传感器

车载充电系统主要由车载充电器、直流充电口、交流充电口、蓄电池管理器、高压配电箱和动力蓄电池组成（图 3-10）。

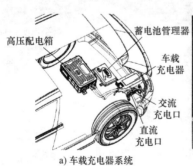

a) 车载充电器系统   b) 车载充电器

图 3-10　比亚迪 e6 纯电动汽车充电系统

比亚迪 e6 纯电动汽车蓄电池管理系统电路如图 3-11 所示。

3. 动力蓄电池管理系统的工作原理

（1）数据采集基本原理

数据采集包括单体蓄电池的电压、电流、温度和蓄电池组的总电压、总电流，它是所有控制、保护和显示的基础。

1）单体蓄电池的电压采集。目前普遍采用专用集成电路（Application Specific Integratend Circuit，ASIC）来完成，检测电路如图 3-12 所示。如比亚迪 e6 纯电动汽车通过 96 根电压采样子线，采集各单体蓄电池的电压信息。

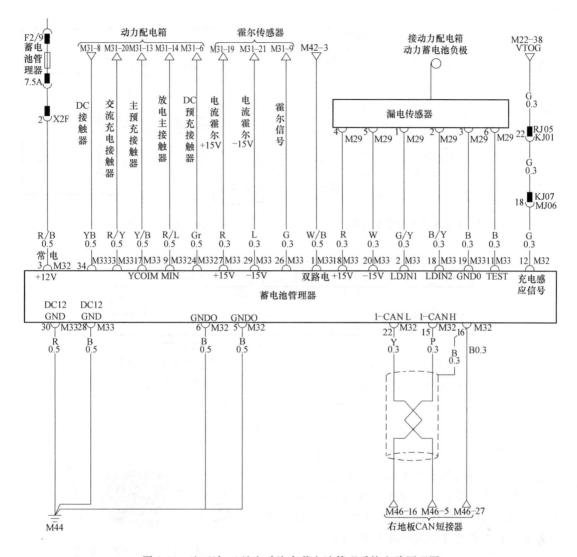

图 3-11　比亚迪 e6 纯电动汽车蓄电池管理系统电路原理图

2）蓄电池包总电压检测　单体蓄电池的电压采样有一定的时间差异性，无法与蓄电池传感器数据实现精确对齐，必须通过采集蓄电池包总电压进行 SOC 计算。在诊断继电器时，又需要蓄电池包内外电压一起比较，所有测量蓄电池包电压至少有两路即 U_0 和 U_1（图 3-13）。

3）单体蓄电池的温度采集　蓄电池由于存在内阻，工作时温度会升高，在 $-10℃\sim10℃$ 和 $40℃$ 高温附近，对蓄电池性能影响较大。温度检测普遍采用热敏电阻温度传感器进行，采集电路如图 3-14 所示。

4）蓄电池包温度采集　用于检测蓄电池包出入口温度，采集电路与单体蓄电池类似。一旦发现温度过高，蓄电池 ECU 就会通过冷却风扇控制器控制冷却风扇电动机运转散热。

5）电流检测　因为蓄电池包内的单体蓄电池通过串联给整车供电，所以电流检测一般只需要一个工具。测量工具主要有智能分流器或霍尔电流传感器。

智能分流器（图 3-15）实际上是一个阻值很小的电阻，当直流电流通过电阻时，在电阻两端产生电压降，用来检测总电流的大小。

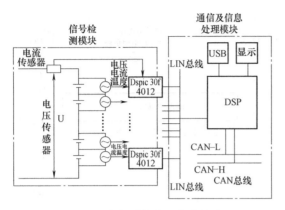

图 3-12 数据采集专用集成电路

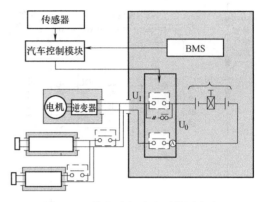

图 3-13 蓄电池包总电压检测电路

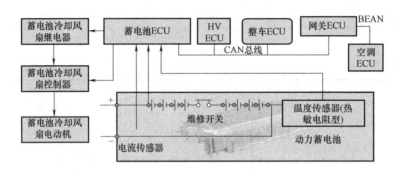

图 3-14 单体蓄电池温度检测电路

霍尔电流传感器根据霍尔效应原理（图 3-16a）制造而成，即当电流垂直于外磁场通过导体时，载流子发生偏转，垂直于电流和磁场的方向会产生一附加电场，从而在导体的两端产生电势差，电势 U_H 的大小与电流和磁感应强度成正比，即

图 3-15 电流智能分流器

$$U_H = KIB\sin\alpha$$

式中 K——霍尔系数，取决于材质、温度和尺寸；

I——电流；

B——磁感应强度；

α——电流和磁场方向的夹角。

由于这种电流测量方法属于非接触式，所以电动汽车的电流检测普遍采用该方法（图 3-16b）。

（2）SOC 估算原理

蓄电池 SOC 大小与电池容量衰减、自放电、电池一致性、放电时的电流和温度等众多因素有关。其估算方法较多，有安时计量法（比亚迪 e6

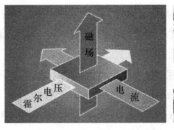

a) 霍尔效应

b) 霍尔电流传感器

图 3-16 霍尔效应及其霍尔电流传感器

纯电动汽车常用)、放电试验法、开路电压法、卡尔曼滤波法、神经网络法、内阻法和线性模型法，各种方法都要特定的优缺点（表 3-1），是目前电动汽车研究的一个热点。

表 3-1　动力蓄电池 SOC 估算方法比较

序号	SOC 计算方法	优　点	缺　点
1	放电试验法	准确、可靠	须中断，时间长
2	安时计量法	计算较为简单	相对误差较大
3	开路电压法	在数值上接近电池电动势	需要长时间静置
4	线性模型法	模型简单	不够准确
5	内阻法	与 SOC 关系密切	测量困难
6	卡尔曼滤波法	适合非线性模型	需准确的模型算法
7	神经网络法	精度比较高	需大量训练方法和数据

（3）健康状态（SOH）估算

动力蓄电池的健康状态是指动力蓄电池当前的容量能力，即在一定条件下，动力蓄电池所能充入或放出的电量与蓄电池标称容量的百分比。随着蓄电池充放电次数及搁置时间累积，蓄电池内部电极材料相变、电解液的分解、活性物质的溶解、固体电解质界面膜（SEI）的形成、正极界面阻抗的增长，都会导致电池容量能力降低。

根据采集的动力蓄电池电压、电流、内阻和电量等众多参数，通过建模和程序计算，可以得到 SOH 估算值。SOH 建模方法目前有电化学模型、电路模型及经验模型等，也是目前的研究热点。

（4）蓄电池组管理优化原理

通过对蓄电池组的各单体蓄电池、电流和温度等进行均衡控制，从而把蓄电池组控制在最佳效率和最佳寿命区（图 3-17）。

蓄电池组的均衡控制分为充电均衡、放电均衡和动态均衡。充电均衡是在充电过程中后期，单体电压达到或超过截止电压时，均衡电路开始工作，减小单体电流，以限制单体蓄电压使它不高于充电截止电压；放电均衡是在蓄电池组输出功率时，通过补充电能限制单体蓄电压使它不低于预设的放电终止电压；与充电均衡和放电均衡不同，动态均衡不论在充电状态、放电状态，还是浮置状态，都可以通过能量转换的方

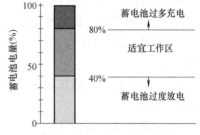

图 3-17　蓄电池适宜工作区

法实现电池组中单体蓄电池电压的平衡，实时保持相近的荷电程度，尽管单体之间初始容量有差异，工作中却能保证相对的充放电强度和深度的一致性，渐进达到共同的寿命终点。

根据均衡过程中电路对能量的消耗情况不同，电池组的均衡控制又可分为能量耗散型和能量非耗散型。能量耗散型通过给蓄电池组中每个单体蓄电池并联一个电阻来进行放电分流，从而实现均衡，是一种最简单、最实用的蓄电池均衡方法，但会导致出现能量损耗和散热问题。

能量耗散型一般有两种类型：

1）恒定分流电阻均衡电路。每个单体蓄电池始终都并联一个分流电阻，其电路如图

3-18所示。

2）带开关控制的分流电阻均衡电路。如图 3-19 所示，通过选用一定阻值的电阻对选定的电压最高的动力蓄电池单体进行放电，直至与电压最低的动力蓄电池单体相匹配。

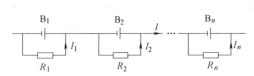

图 3-18　恒定分流电阻均衡电路

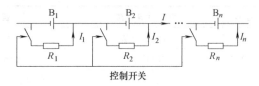

图 3-19　带开关控制的分流电阻均衡电路

能量非耗散型电路采用电容、电感作为储能元件。利用常见的电源变换电路作为拓扑基础，采取分散或集中的结构，实现单向或双向的充电方案，它具有均衡效率高、均衡电流大等特点，但结构原理复杂，成本较高，此处不展开介绍。

（5）预充控制原理

因为电动汽车的电机控制器和空调控制器等都含有电容，如果没有预充电控制电路，动力蓄电池的主正、主负继电器直接与电容 C 闭合，电池组电压在 300V 以上，而电容两端电压为 0V，相当于瞬间短路，易导致主正、主负继电器损坏。

预充电控制电路如图 3-20 所示，R_S 取 100Ω。供电时，BMS 首先控制主负继电器和预充继电器，主正继电器断开，接通瞬间，电流经 R_S 流入电容 C 的电流在预充继电器、主负继电器的容量范围内，回路安全。待电容 C 充电达到目标要求后，此时电容两端已存较高电压（接近蓄电池电压），继电器两端压差较低，此时结合就没有大电流冲击，BMS 控制预充继电器断开，结合主正继电器，高压接入。有些是在控制器内设有缓冲电阻，基本原理是一样的。

（6）动力蓄电池的热管理

热管理的主要功能有：

1）准确测量和监控电池的温度。

2）蓄电池组温度过高时有效散热和通风。

3）低温条件下快速加热，使蓄电池组改善工作条件。

4）有效排放有害的气体。

5）保证蓄电池组温度场的均匀分布。

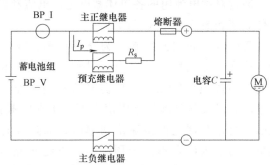

图 3-20　预充电控制电路

蓄电池的热管理分为降温管理和升温管理。

1）降温管理　根据介质不同，降温方式分成空气冷却、液体冷却和相变材料（如石蜡）等方式。

空气冷却结构简单、成本低，但换热系数低、散热慢。结构有串联（图 3-21）和并联（图 3-22）两种。串联散热越靠后温度会越高，导致蓄电池组温度不均衡。并联散热则不会。

液体冷却与空气冷却相比，散热系数更高，散热快，但需要设置专门的冷却液循环系统。对于直接接触式的冷却系统，冷却液通常采用矿物油、乙二醇等。

相变材料冷却的方法较为昂贵，因此较少采用。

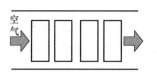

图 3-21　串联式空气散热方式

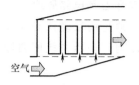

图 3-22　并联式空气散热方式

2）升温管理。对于锂离子蓄电池，−10℃下蓄电池负极石墨的嵌入能力下降，活性变差，这时大电流充电很可能出现蓄电池热失控，甚至发生安全事故。因此当蓄电池管理系统监测到电池温度过低时，就会发出控制信息，通知充电机进行小电流充电。同时，在低温下蓄电池内阻增加，蓄电池容易发热，当温度达到正常时，热管理系统应该及时通知充电机恢复正常模式充电。锂离子蓄电池热管理流程如图 3-23 所示。

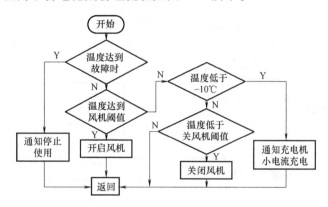

图 3-23　锂离子蓄电池热管理流程图

（7）绝缘电阻检测原理

在蓄电池管理系统内，需要对整个蓄电池系统和高压系统进行绝缘检测，以判断漏电情况。比较简单的方法是利用电桥来测量总线正极和负极对地的绝缘电阻，绝缘电阻检测电路如图 3-24 所示。

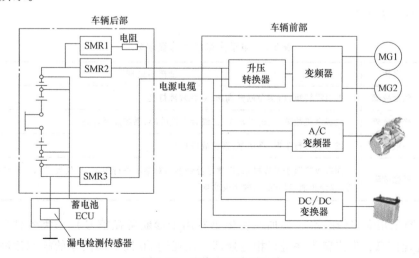

图 3-24　绝缘电阻检测电路

（8）高压互锁电路原理

高压互锁是用来确认高压系统的完整性和安全性，当高压总线上电之前即主、副继电器闭合之前，高压系统回路断开或完整性被破坏时，高压互锁就会采取安全措施（如断电等）。

高压互锁主要通过插接器的低压连接回路完成，高压互锁电路如图3-25所示。

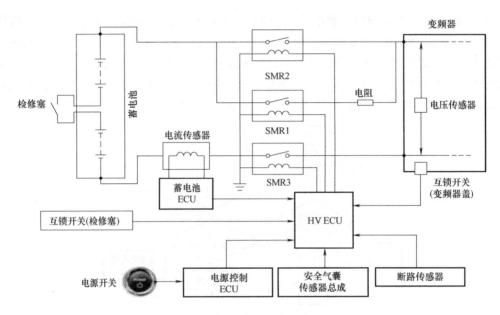

图3-25　高压互锁电路

（9）故障诊断与安全保护原理

一个蓄电池包由上百节单体蓄电池组成，电压高达300V，一旦发现异常应快速诊断并采取相应保护措施，记录、上报故障码和预警，并通过多重保护机制确保电池系统安全。当蓄电池系统出现严重故障时，高压接触器必须快速切断以保护蓄电池和整车高压安全。电动汽车故障等级见表3-2。

表3-2　电动汽车故障等级划分

等级	名称	故障后处理
一级	致命故障	电机零转矩,1s紧急断开高压,系统故障灯亮
二级	严重故障	二级电机故障,电机零转矩;二级蓄电池故障,系统故障灯亮
三级	一般故障	进入如跛行工况/降功率,系统故障灯亮
四级	轻微故障	四级故障属于维修提示,但整车控制器不对整车进行限制,只仪表显示。四级能量回收故障,仅停止能量回收,行驶不受影响

故障诊断采用众多传感器（如加速度传感器用于诊断碰撞信号）采集各种信号，通过BMS分析处理信息，发出警告并进行相应处理。比亚迪e6纯电动汽车的故障诊断及其处理功能见表3-3。

表 3-3　比亚迪 e6 纯电动汽车的故障诊断及其处理功能

故障状态	EMS 故障诊断状况	EMS 硬件反应	整车系统反应
模块温度大于 65℃	1 级故障：一般高温警告	无	电池管理系统发出告警后，整车的其他控制器模块可以根据具体故障内容启动相应的故障处理机制（如仪表显示警告标志）
模块（单体）蓄电压大于 3.85V	1 级故障：一般高压警告		
模块（单体）蓄电压小于 2.6V	1 级故障：一般低压警告		
充电电流大于 300A	1 级故障：充电过流警告		
放电电流大于 450A	1 级故障：放电过流警告		
绝缘电阻小于设定值	1 级故障：一般漏电警告		
模块温度大于 70℃	2 级故障：严重高温警告	关断直流动力回路	
模块（单体）蓄电压大于 4.1V	2 级故障：严重高压警告	关断直流动力回路	
模块（单体）蓄电压小于 2.0V	2 级故障：严重低压警告	关断直流动力回路	
绝缘电阻小于设定值	2 级故障：严重漏电警告	不允许放电	

3.2　动力突然中断的故障分析

　　根据比亚迪 e6 纯电动汽车结构原理，行驶中动力突然中断的故障可能原因分析如图 3-26 所示。

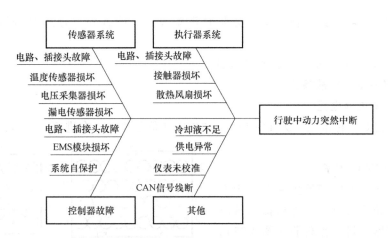

图 3-26　故障可能原因分析

3.3　动力蓄电池管理系统维修准备

1. 维修计划

1）外部直观检查。

2）采用比亚迪 VDS1000 诊断系统诊断故障。

3）采用万用表等一般仪器检测。

4）确定故障原因和零部件。

5）针对存在的问题进行拆装维修。

2. 维修设备与材料准备（表3-4）

表3-4 维修设备与材料

名　　称	数量	名　　称	数量
比亚迪 VDS1000 诊断系统	1台	600V 绝缘手套	1双
汽车万用表	1台	手套、抹布等	1批
常规拆装工具	1套	动力蓄电池管理系统零部件(传感器、执行器、插接头等)	1批

任务实施

3.4 动力蓄电池管理系统故障的检查

1. 外部直观检查

1）检查各传感器插接头是否松动，必要时重新拔插，检查外部连线是否损坏，必要时更换。

2）检查蓄电池管理器各端子插接头是否松动，必要时重新拔插，检查外部连线是否损坏，必要时更换。

3）检查采集线接头是否松动，必要时重新拔插，检查外部线束是否损坏，必要时更换。

4）检查风扇插接头是否松动，必要时重新拔插，检查外部连线是否损坏，必要时更换。

5）检查冷却液是否不足，必要时添加。

2. 用仪器设备进行故障诊断

（1）检查蓄电池电压

用万用表检查，标准电压为 11~14V，如果电压低于 11V，在进行下一步之前请先充电或更换蓄电池。

（2）检查 ECU 端子

断开动力蓄电池管理器插接器，用万用表测量线束端输入电压；之后接回蓄电池管理器插接器，测量各端子（图3-27），其正常值见表3-5。

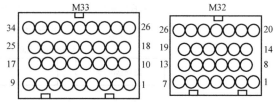

图 3-27　测量蓄电池管理器端子

表3-5 各端子正常值

连接端子	端子描述	线色	条件	正常值
M32-1~车身地	12VDC	W/B	电源置于 ON 档/充电	11~14V
M32-3~车身地	常电 12VHC	R/B	常电	11~14V
M32-4~车身地	直流充电感应信号（预留）	P	充电	小于 1V
M32-5~车身地	车身地	B	始终	小于 1V
M32-6~车身地	车身地	B	始终	小于 1V
M32-14~车身地	充电柜 CAN H（预留）	P	电源置于 ON 档	2.5~3.5V

（续）

连接端子	端子描述	线色	条件	正常值
M32-15～车身地	整车 CAN H	B	电源置于 ON 档	2.5～3.5V
M32-16～车身地	整车 CAN 屏蔽地	L	始终	1.5～2.5V
M32-17～车身地	快充电仪表信号（预留）	W	充电	小于 1V
M32-18～车身地	交流充电感应信号	G/Y	充电	小于 1V
M32-19～车身地	维修开关信号（预留）	G	电源置于 ON 档	小于 1V
M32-20～车身地	充电柜 CAN L（预留）	G/B	充电	1.5～2.5V
M32-21～车身地	充电柜 CAN 屏蔽地（预留）	始终	小于 1V	始终
M32-22～车身地	整车 CAN L	V	电源置于 ON 档	1.5～2.5V
M33-2～车身地	一般漏电信号	G/Y	一般漏电	小于 1V
M33-9～车身地	放电主接触器	B/L	起动	小于 1V
M33-10～车身地	严重漏电信号	B/Y	严重漏电	小于 1V
M33-11～车身地	漏电自检信号 TEST	R	起动	小于 1V
M33-17～车身地	主预充接触器	R	起动	小于 1V
M33-18～车身地	漏电传感器+15V 电源	R	起动	约 15V
M33-19～车身地	漏电 GND	B	始终	小于 1V
M33-20～车身地	漏电传感器-15V	B	起动	约-15V
M33-24～车身地	DC 预充接触器	Y	起动/充电	约-15V
M33-25～车身地	直流充电接触器（预留）	R	充电	小于 1V
M33-26～车身地	电流霍尔信号	G	电流信号	—
M33-27～车身地	电流霍尔+15V 电源	R	起动	约+15V
M33-28～车身地	接触器 GND	B	始终	小于 1V
M33-29～车身地	电流霍尔-15V 电源	L	起动	约-15V
M33-30～车身地	接触器 GND	B	始终	小于 1V
M33-33～车身地	交流充电接触器	G/B	充电	小于 1V
M33-34～车身地	DC 接触器	Y/B	起动	小于 1V

温馨提示：比亚迪 e6 纯电动汽车 M32、M33、M34 插接头的拆装与检测视频参见教学资源 3.2。

（3）用诊断仪读取故障码

采用比亚迪 VDS1000 诊断系统诊断故障，仪器设备使用方法常见任务 3。

将诊断仪连接 DLC3 诊断口，整车电源位于 ON 档，进入蓄电池管理器故障码诊断（表3-6）。如有故障码，应检查对应的故障码。如无故障码，应全面检查系统。

（4）蓄电池管理模块电源电路检查

蓄电池管理模块电源电路如图 3-28 所示。

1）用万用表检查 F2/9 熔丝，有问题则更换熔丝。

2）检查线束，断开 M33 插接器，电源置于 ON 档，正常值见表 3-7。

表3-6 故障码

编号	DTC	描 述	编号	DTC	描 述
1	P1A9000	单节蓄电池电压严重过高	24	P1AA300	蓄电池管理器电源输入过高
2	P1A9100	单节蓄电池电压一般过高	25	P1AA400	蓄电池管理器电源输入过低
3	P1A9200	单节蓄电池电压一般过低	26	P1AA500	大电流拉断接触器
4	P1A9300	单节蓄电池电压严重过低	27	P1AA600	电流霍尔-15V 供电异常
5	P1A9400	单节蓄电池温度严重过高	28	P1AA700	电流霍尔 15V 供电异常
6	P1A9500	单节蓄电池温度一般过高	29	P1AAA00	蓄电池管理器和漏电传感器通信故障
7	P1A9600	单节蓄电池温度一般过低			
8	P1A9700	单节蓄电池温度严重过低	30	P1AAB00	接收到电机控制器断开接触器命令
9	P1A9800	电流霍尔采样异常故障	31	P180000	0 号采集器通信超时
10	P1A5300	严重漏电故障	32	P180100	1 号采集器通信超时
11	P1A5400	一般漏电故障	33	P180200	2 号采集器通信超时
12	P1A9900	蓄电池组过流警告	34	P180300	3 号采集器通信超时
13	U029C00	蓄电池管理器与 VTOG 通信故障	35	P180400	4 号采集器通信超时
14	U029800	蓄电池管理系统与 DC 通信故障	36	P180500	5 号采集器通信超时
15	P1A9A00	蓄电池管理系统初始化错误	37	P180600	6 号采集器通信超时
16	P1A9B00	后碰硬线信号 PWM 异常警告	38	P180700	7 号采集器通信超时
17	P1A9C00	后碰系统故障	39	P180800	8 号采集器通信超时
18	P1A9D00	主控 ECU CAN 碰撞报警	40	P180900	9 号采集器通信超时
19	P1A9E00	前碰 ECU CAN 碰撞报警	41	P180A00	电压采样故障
20	P1A9F00	后碰 ECU CAN 碰撞报警	42	P180B00	温度采样故障
21	P1AA000	后碰硬线警告	43	P180C00	BIC 均衡硬件严重失效
22	P1AA100	主预充失败	44	P180D00	BIC 均衡硬件一般失效
23	P1AA200	DC 预充失败	45	P180E00	蓄电池严重不均衡

表3-7 电源电路检查

端 子	线色	正常值	端 子	线色	正常值
M33-5～车身地	B	小于 1Ω	M33-28～车身地	B	小于 1Ω
M32-3～车身地	R/B	11～14V	M33-30～车身地	B	小于 1Ω
M33-6～车身地	B	小于 1Ω	M33-1～车身地	W/R	11～14V

如阻值正常，则说明电源电路正常，否则应检查或更换线束。

（5）霍尔传感器故障检查

霍尔传感器电路如图3-29所示。

1）检查传感器电源（高压配电箱） 断开 M31 插接器（图3-30），电源置于 OK 档，用万用表检查线束端子值。正常值见表3-8。

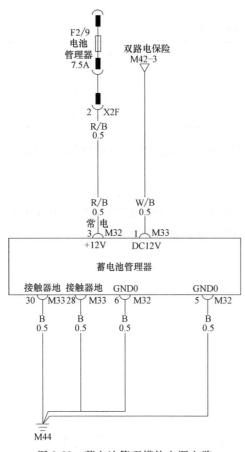

图 3-28　蓄电池管理模块电源电路

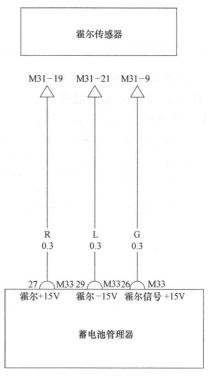

图 3-29　霍尔传感器电路

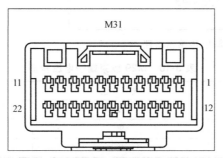

图 3-30　M31 插接器

表 3-8　线束端子电压值

端　　　　子	线　　色	正　常　值
M31-19～车身地	R	约 +15V
M31-21～车身地	L	约 -15V
M31-9～车身地	G	0～V

2）如端子值正常，则更换总电流传感器。

3）如端子值不正常，应进一步检查线束，断开 M31 及 M33 插接器，检查线束端子间

阻值，正常值见表3-9。

表3-9 线束端子间电阻值

端　子	线　色	正　常　值
M31-19～M33-27	Y/B	小于1Ω
M31-21～M33-29	P	小于1Ω
M31-9～M33-26	Y	小于1Ω

4）阻值正常，则更换蓄电池管理器，否则更换蓄电池管理器至高压配电箱的线束。

（6）漏电传感器故障检查

漏电传感器电路如图3-31所示。

1）检查传感器是否异常，断开M29插接器（图3-32），电源置于ON档，用万用表检查线束端子值，正常值见表3-10。如端子值正常，则应更换漏电传感器。

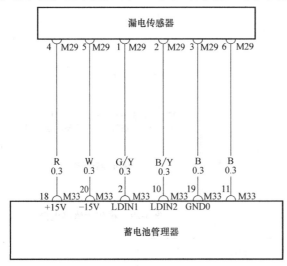

图3-31　漏电传感器电路

图3-32　M29插接器

表3-10　M29线束端子电压检测

端　子	线　色	正　常　值
M29-4～车身地	R	约+15V
M29-5～车身地	W	约-15V
M29-3～车身地	B	0V

2）如端子值不正常，则应继续检查线束，断开M29及M33插接器，检查线束端子间阻值，正常值见表3-11。如端子值正常，则应更换蓄电池管理器。如端子值不正常，则应更换蓄电池管理器至高压配电箱的线束。

表3-11　线束端子电阻检测

端　子	线　色	正　常　值
M29-1～M33-2	G/Y	小于1Ω
M29-2～M33-10	B/Y	小于1Ω
M29-3～M33-19	B	小于1Ω

（续）

端　　子	线　　色	正　常　值
M29-4～M33-18	R	小于 1Ω
M29-5～M33-20	W	小于 1Ω
M29-2～M29-1	—	大于 10kΩ
M29-2～M29-5	—	大于 10kΩ
M29-2～M29-6	—	大于 10kΩ

（7）动力蓄电池管理模块通信故障

动力蓄电池管理模块电路如图 3-33 所示。

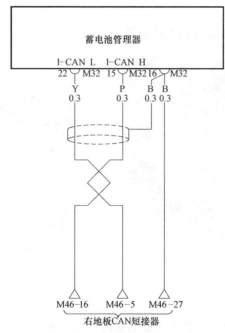

图 3-33　动力蓄电池管理模块电路

检查 CAN 线，断开 M32 插接器，用万用表检查线束端子值，正常值见表 3-12。

表 3-12　线束端子检测

端　　子	线　　色	正　常　值
M32-15～M32-22		约 120Ω
M32-16～车身地	W/B	0V

如端子值正常，说明 CAN 线正常，否则应更换 CAN 线。

3.5　动力蓄电池管理系统的维修

根据上述检查结果，采用相应措施进行维修和复查验证。下面对动力蓄电池管理器和漏电传感器的拆装介绍如下：

1. **动力蓄电池管理器拆装**（图 3-34）

1）拆卸右侧护板。

2）拆卸动力蓄电池管理器，断开 3 个插接器，拆卸 2 个螺母和 1 个螺栓，取下动力蓄电池管理器。

3）按与拆卸相反的步骤安装动力蓄电池管理器。

2. **漏电传感器拆装**（图 3-35）

1）拆卸后排座椅总成。

2）拆卸高压配电箱盖板。

3）拆卸高压配电箱。

4）拆卸漏电传感器，断开漏电传感器上 2 个插接器，拆卸 2 个固定螺母，取下漏电传感器。

5）按与拆卸相反的步骤安装漏电传感器。

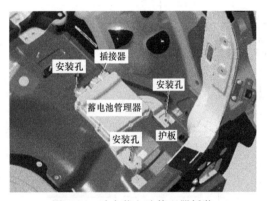

图 3-34　动力蓄电池管理器拆装

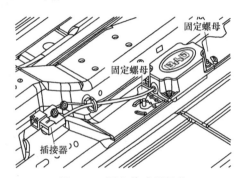

图 3-35　漏电传感器拆装

任务总结

1. 蓄电池管理系统（BMS）是监视蓄电池的状态（温度、电压、荷电状态等），可以为蓄电池提供通信、安全、电芯均衡及管理控制，并提供与应用设备接口的系统。其主要功能是实时采集监测和显示电源系统的状态参数（总电压、总电流、单体蓄电池的电压与温度、漏电信号、SOC 等），根据检测数据，计算 SOC、SOH 值，可靠的通信功能，进行电池的故障诊断、报警和安全保护（过压、欠压、过流、低温、高温、漏电、短路等保护），实施电池的优化管理等。

2. 动力蓄电池管理系统主要由硬件和软件两部分组成。硬件一般由主控模块、高压模块和分布测量模块组成。软件分别对主控模块和测量模块的各功能单元编写软件程序，而后联结起来构成整个系统程序。

3. 动力蓄电池的电压采集目前普遍采用 ASIC 专用集成电路来完成，电池温度检测普遍采用热敏电阻温度传感器进行，电流检测采用霍尔电流传感器进行，SOC 估算可采用安时积分法等多种方法进行。

4. 蓄电池组管理优化原理主要是均衡控制蓄电池组的各单体蓄电池、电流和温度，从而把蓄电池组控制在最佳效率和最佳寿命区工作；预充控制采用预充继电器有效降低瞬时高

电压冲击；动力蓄电池的热管理分降温管理和升温管理，降温管理根据介质不同有空气冷却、液体冷却和相变材料，升温管理通过小电流充电保护逐步升温进行。

5. 电池组绝缘电阻检测是利用电桥来测量总线正极和负极对地的绝缘电阻；高压互锁是在高压总线上电之前，高压系统回路断开或完整性被破坏时采取的安全措施；故障诊断原理与普通电控汽车相似。

6. 动力蓄电池管理系统故障外部直观检查主要有各传感器插接头及其外部连线、电源管理器各端子插接头及其外部连线、各采集线接头及其外部线束、风扇插接头及其外部连线是否松动、损坏的检查，还有冷却液的检查。

7. 动力蓄电池管理系统故障尽量采用专用设备进行检测，通过读取故障码和数据流进行判断。结合万用表检测各端子的电压、电阻等参数，可以更具体地判断故障部位和零部件好坏。

8. 根据外部和仪器设备检测结果，采取相应措施进行拆装维修。

学生学习工作页

一、动力蓄电池管理系统作用与基本结构原理

1. 填空

(1) 动力蓄电池管理系统英文简称是＿＿＿＿＿＿＿＿。

(2) 锂离子蓄电池的过充和过放会引起锂离子蓄电池＿＿＿＿＿＿急剧下降。

(3) 电池的"木桶效应"是指＿＿＿＿＿＿＿＿＿＿＿＿＿＿＿＿＿＿＿＿＿＿＿。

(4) 根据布置形式的不同,蓄电池管理系统有＿＿＿＿＿＿＿式与＿＿＿＿＿＿＿式。

(5) 动力蓄电池的健康状态是指＿＿＿＿＿＿＿＿＿＿＿＿＿＿＿＿＿＿＿＿＿＿＿

＿＿＿＿＿＿＿＿＿＿＿＿＿＿＿＿＿＿＿＿＿＿＿＿＿＿＿＿＿＿＿＿＿＿＿＿。

(6) 蓄电池组管理优化原理主要是指＿＿＿＿＿＿＿＿＿＿＿＿＿＿＿＿＿＿＿＿＿

＿＿＿＿＿＿＿＿＿＿＿＿＿＿＿＿＿＿＿＿＿＿＿＿＿＿＿＿＿＿＿＿＿＿＿＿。

(7) 蓄电池组的均衡控制分为＿＿＿＿＿＿＿、＿＿＿＿＿＿＿、＿＿＿＿＿＿＿。

(8) 动力蓄电池的热管理分＿＿＿＿＿＿＿管理和＿＿＿＿＿＿＿管理。

2. 动力蓄电池管理系统有哪些作用?

3. 下图是动力蓄电池管理系统的基本组成,请在"?"处填写相应文字。

```
┌───┐     ┌──────┐
│ ? ├─CAN01─┤  ?   │
└─┬─┘     └──────┘
  │
  │        ┌──────┐
  │        │  ?   │
  │        └──────┘
  │
  │  ┌─?─┐ ┌──────┐
  │  │   ├─┤  ?   │
  │  └───┘ └──────┘
  │
  │──CAN03──────────────────────
  │
┌─┴─┐ ┌──────┐ ┌──────┐ ┌──────┐
│ ? │ │测量板02│ │ ……  │ │测量板n│
└───┘ └──────┘ └──────┘ └──────┘
```

4. 动力蓄电池数据采集专用集成电路如图所示,请在"?"处填上零部件名称。

（续）

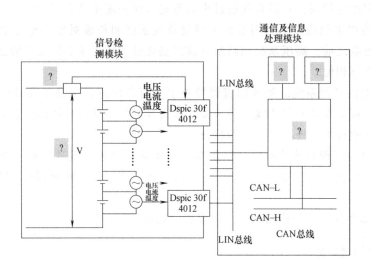

5. 蓄电池组预充电控制电路如下图所示，请在"?"处填上零部件名称。

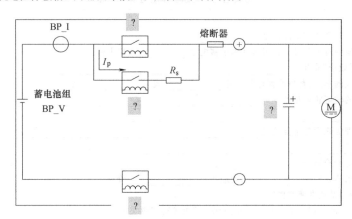

6. 动力蓄电池高压互锁电路如下图所示，请在"?"处填上零部件名称。

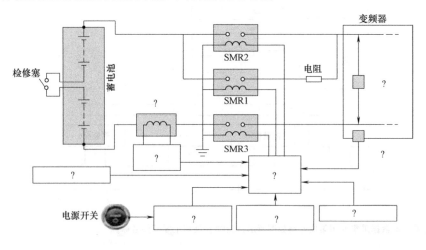

（续）

二、动力蓄电池管理系统故障检测				

1. 分析比亚迪 e6 纯电动汽车行驶中动力突然中断的故障可能原因。
2. 叙述比亚迪 e6 纯电动汽车动力蓄电池管理系统故障的外部直观检查内容。
3. 将比亚迪 e6 纯电动汽车上用万用表测量电池管理器 M32、M33 各端子的正常要求值填入下表。

连接端子	端子描述	线色	条件	正常值
M32-1～车身地	12V 直流电	W/B	电源 ON 档/充电	
M32-3～车身地	常电 12VHC	R/B	常电	
M32-4～车身地	直流充电感应信号（预留）	P	充电	
M32-5～车身地	车身地	B	始终	
M32-6～车身地	车身地	B	始终	
M32-14～车身地	充电柜 CAN H（预留）	P	电源 ON 档	
M32-15～车身地	整车 CANH	B	电源 ON 档	
M32-16～车身地	整车 CAN 屏蔽地	L	始终	
M32-17～车身地	快充电仪表信号（预留）	W	充电	
M32-18～车身地	交流充电感应信号	G/Y	充电	
M32-19～车身地	维修开关信号（预留）	G	电源 ON 档	
M32-20～车身地	充电柜 CAN L（预留）	G/B	充电	
M32-21～车身地	充电柜 CAN 屏蔽地（预留）	始终	小于 1V	
M32-22～车身地	整车 CANL	V	电源 ON 档	
M33-2～车身地	一般漏电信号	G/Y	一般漏电	
M33-9～车身地	放电主接触器	B/L	起动	
M33-10～车身地	严重漏电信号	B/Y	严重漏电	
M33-11～车身地	漏电自检信号 TEST	R	起动	
M33-17～车身地	主预充接触器	R	起动	
M33-18～车身地	漏电传感器+15V 电源	R	起动	
M33-19～车身地	漏电 GND	B	始终	
M33-20～车身地	漏电传感器-15V	B	起动	
M33-24～车身地	DC 预充接触器	Y	起动/充电	
M33-25～车身地	直流充电接触器（预留）	R	充电	
M33-26～车身地	电流霍尔信号	G	电流信号	
M33-27～车身地	电流霍尔+15V 电源	R	起动	
M33-28～车身地	接触器 GND	B	始终	
M33-29～车身地	电流霍尔-15V 电源	L	起动	
M33-30～车身地	接触器 GND	B	始终	
M33-33～车身地	交流充电接触器	G/B	充电	
M33-34～车身地	DC 接触器	Y/B	起动	

4. 画出比亚迪 e6 纯电动汽车蓄电池管理模块电源电路，并说明其电路故障检查方法。
5. 画出比亚迪 e6 纯电动汽车霍尔传感器电路，并说明其电路故障检查方法。

（续）

6. 画出比亚迪 e6 纯电动汽车漏电传感器电路，并说明其电路故障检查方法。 7. 画出比亚迪 e6 纯电动汽车动力蓄电池管理模块电路，并说明其电路故障检查方法。	
三、动力蓄电池管理系统拆装维修	
分组拆装比亚迪 e6 纯电动汽车动力蓄电池管理器和漏电传感器，并说明其拆装步骤。	
四、动力蓄电池管理系统综合测评	
以小组为单位，给比亚迪 e6 纯电动汽车电池管理系统行驶中动力突然中断的故障进行检测与维修，制作海报进行全班交流，并进行综合测评。	

任务 4　电动汽车无法充电的故障诊断与维修

学习目标

1. 掌握电动汽车充电系统的基本作用和充电方式。
2. 熟悉电动汽车充电系统的总体组成与结构原理。
3. 学会给电动汽车充电。
4. 学会电动汽车充电系统检修的规程。
5. 能够进行电动汽车充电系统常见故障的检修。
6. 培养良好的职业道德与安全环保意识。

任务接受

客户报修：比亚迪 e6 纯电动汽车在直流充电桩上无法进行充电，请求服务站给予维修。
任务接待参见任务 1 的 1.1。

任务准备

4.1　电动汽车充电系统的信息收集

1. 电动汽车充电系统作用及其充电方式

（1）充电系统的作用

充电系统的作用是给电动汽车动力蓄电池及时补充能量，并能根据动力蓄电池电量情况和充电时的环境状态，及时调整充电电流。

（2）充电方式

电动汽车充电方式主要有以下 4 种（表 4-1）。

表 4-1　电动汽车充电方式

充电方法	充电端口	充电连接器	电源	充电说明	充电时间
充电站 直流充电				在公共充电站 充电	SOC 从 10%～100% 充电 所需时间约为 2h

（续）

充电方法	充电端口	充电连接器	电源	充电说明	充电时间
C10 充电柜直流充电				使用家用 C10 充电柜充电	SOC 从 10%～100% 充电所需时间约为 6~7h
充电桩交流充电				在公共交流充电桩上充电	SOC 从 10%～100% 充电所需时间约为 20h
家用交流充电				使用交流充电连接装置（三芯转七芯）在家用 220V 50Hz，10A 标准单相两极带接地插座上充电	电量 SOC 从 10%～100% 充电所需时间约为 38h

还有一种车辆之间相互充电的方式，有这种配置的车辆可用。

2. 电动汽车充电系统的基本组成

以比亚迪 e6 纯电动汽车充电系统为例，主要由交流充电口、直流充电口、动力蓄电池组、高压配电箱、蓄电池管理系统和车载充电机等组成（图 4-1），它们主要集中在汽车尾部行李舱下。

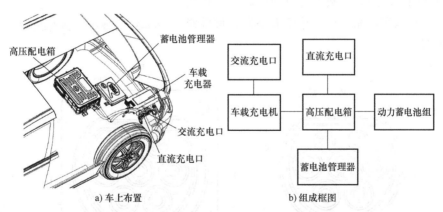

a) 车上布置　　　　　　　b) 组成框图

图 4-1　比亚迪 e6 纯电动汽车充电系统组成

比亚迪 e6 纯电动出租汽车的充电系统组成略有不同，因为其充电方式为交流充电，主要通过交流充电桩接入交流充电口，通过双向逆变充放电式电机控制器，将三相 380V 交流电转为与蓄电池电压相匹配的直流高压电给动力蓄电池充电。充电系统主要由交流充电口、直流充电口、动力蓄电池组、双向逆变充放电式电机控制器总成、蓄电池管理器、高压配电箱等组成（图 4-2）。

（1）充电口

比亚迪 e6 纯电动汽车蓄电池充电接口一般在汽车侧面，有交流充电口和直流充电口

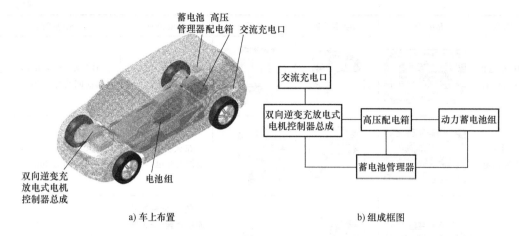

a) 车上布置   b) 组成框图

图 4-2 比亚迪 e6 纯电动出租汽车充电系统组成

（图 4-3）。左侧是直流充电口，通过充电站的充电柜将直流高压直接通过直流充电口给动力蓄电池充电；右侧是交流充电口，通过家用插头或交流充电桩接入交流电，通过车载充电机将家用 220V 交流电转为 330V 直流高压给动力蓄电池充电。

充电口端子设计已经标准化。交流充电口包含 7 个端子（图 4-4），直流充电口包含 8 个端子（图 4-5），其中 A+和 A-为非车载充电机向电动汽车提供低压电源。出租汽车的充电口结构略有不同，待维修时再做出说明。

图 4-3 比亚迪 e6 纯电动汽车充电口

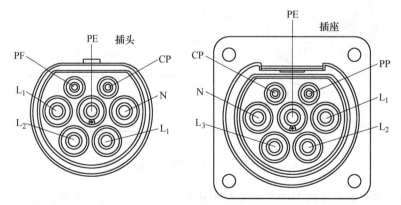

图 4-4 交流充电口插头和插座端子布置图

PE—保护接地 PP—控制确认 2 L_1、L_2、L_3—三相交流电 N—中线 CP—控制确认 1

出于安全考虑，在充电接口连接过程中，端子连接顺序为：保护搭铁，直流电源正与直流电源负、低压辅助电源正、低压辅助电源负，充电通信；在脱开的过程中则顺序相反。电动汽车的车辆控制装置能够通过测量检查点的峰值电压判断充电插头与充电插座是否充分连接。

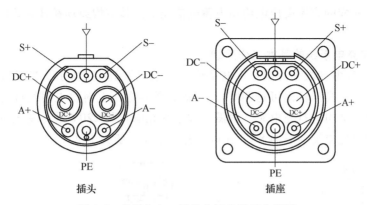

插头　　　　　　　　　插座

图 4-5　直流充电口插头和插座端子布置图

▽—充电 CAN 屏蔽　S+—充电通信 CAN-H　DC+—直流电源正　A+—低压辅助电源正
PE—保护搭铁端子　A-—低压辅助电源负　DC-—直流电源负　S-—充电通信 CAN-L

（2）车载充电机

车载充电机的作用是将家用 220V 交流电转为 330V 直流高压给动力蓄电池充电。其侧面与背面如图 4-6 所示。

a) 侧面图

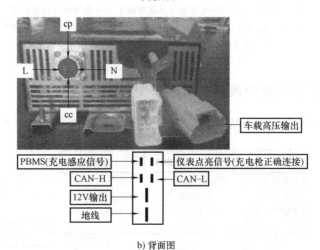

b) 背面图

图 4-6　车载充电机

（3）双向逆变充放电式电机控制器

比亚迪 e6 纯电动出租汽车采用双向逆变充放电式电机控制器，将三相 380V 交流电转为

与蓄电池电压相匹配的直流高压电给动力蓄电池充电。其结构原理在任务 5 电机控制系统中介绍。

3. 电动汽车充电系统的基本工作原理

以比亚迪 e6 纯电动汽车为例，充电系统工作原理如图 4-7 所示，当通过直流充电口对电池组进行充电时，高压输出可达 400V，直接利用其电压差对蓄电池组进行充电；当通过交流充电口对蓄电池组进行充电时，则需通过车载充电机将 220V 进行变压后再对蓄电池组进行充电，家用充电电流一般为 8A，充电桩充电电流一般为 14A。

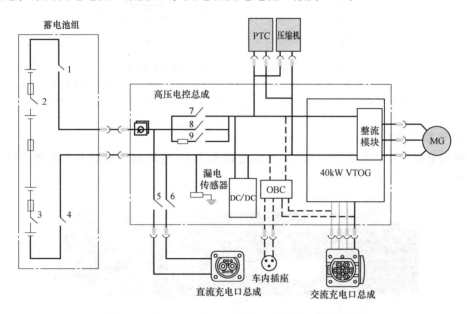

图 4-7　比亚迪 e6 纯电动汽车充电系统工作原理图

1—正极接触器　2—电池组分压接触器 1　3—电池组分压接触器 2
4—负极接触器　5—直流充电正极接触器　6—直流充电负极接触器
7—主接触器　8—交流充电接触器　9—预充接触器

4.2　电动汽车无法充电的故障分析

根据比亚迪 e6 纯电动汽车结构原理，故障可能原因分析如图 4-8 所示。

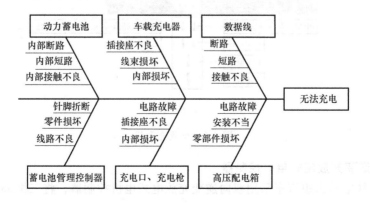

图 4-8　故障可能原因分析

4.3　电动汽车充电系统维修准备

1．维修计划

1）外部直观检查。

2）采用万用表等一般仪器检测。

3）采用比亚迪 VDS1000 诊断系统诊断故障。

4）确定故障原因和零部件。

5）针对存在问题进行拆装维修。

6）确认故障现象不再出现。

2．维修设备与材料准备（表 4-2）

表 4-2　比亚迪 e6 纯电动汽车不充电的维修设备与材料

名称	数量	名称	数量
比亚迪 VDS1000 诊断系统	1 台	600V 绝缘手套	1 双
汽车万用表	1 台	手套、抹布等	1 批
常规拆装工具	1 套	电工胶布等	2 卷
充电桩	1 套	工作台	1 台

任务实施

4.4　电动汽车充电系统故障的检查

1．外部直观检查

直观检查动力蓄电池组充电系统外部有否损坏、漏液，各高压导线有否损坏、接头有否脱落、松动等现象，并予以排除。

2．用仪器设备进行故障诊断

（1）检查蓄电池电压

用万用表检查，标准电压为 11~14V，如果电压低于 11V，在进行下一步之前请充电或更换蓄电池。

（2）确认充电盒是否故障

如果有，则排查充电盒故障。如果没有，进一步全面分析与诊断车辆故障。下面以比亚迪 e6 纯电动出租汽车为例，说明故障诊断过程，其电路原理图如图 4-9 所示，高压配电箱低压接插器端子诊断定义见任务 3。

（3）M31 端子检查

用万用表检测，各端子正常值见表 4-3。如端子值不正常，则应更换线束。如端子值正常，则应进一步检查。

（4）故障码检测

用比亚迪 VDS1000 诊断系统（设备结构原理及其使用方法见任务 2）检测 VTOG 故障码（表 4-4）。

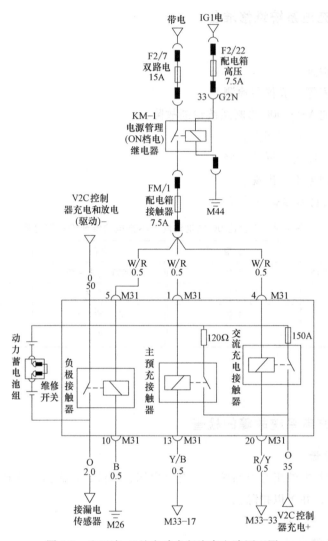

图 4-9　比亚迪 e6 纯电动出租汽车电路原理图

表 4-3　M31 端子正常值

连接端子	端子描述	条　　件	正常值
1～车身地	ON 档电源	充电或电源 ON 档	11～14V
2～车身地	ON 档电源	充电或电源 ON 档	11～14V
3～车身地	ON 档电源	电源 ON 档	11～14V
4～车身地	双路电	充电或电源 ON 档	11～14V
5～车身地	双路电	充电或电源 ON 档	11～14V
6～车身地	DC 预充控制	DC 预充时	小于 1V
8～车身地	DC 接触器控制	充电或电源 ON 档	小于 1V
9～车身地	电流霍尔信号	电流信号	—
10～车身地	车身地	始终	小于 1V

（续）

连接端子	端子描述	条　件	正常值
12～车身地	仪表常电	ON 档	11～14V
13～车身地	预充接触器控制	起动	小于 1V
14～车身地	正极接触器控制	电源 OK 档	小于 1V
15～车身地	PTC 接触器控制	打开空调	小于 1V
16～车身地	烧结监测正	电源 OFF 档	11～14V
17～车身地	烧结监测负	电源 OFF 档	小于 1V
19～车身地	+15V 电源	充电或电源 ON 档	约+15V
20～车身地	交流充电接触器控制	交流充电	小于 1V
21～车身地	-15V 电源	充电或电源 ON 档	约-15V

表 4-4　VTOG 故障码

序号	故障码	故障定义	序号	故障码	故障定义
1	P1B0000	驱动 IPM 故障	26	P1B3D00	GTOV 交流电流斜率异常
2	P1B0100	旋变故障	27	P1B3E00	GTOV 交流电压斜率异常
3	P1B0200	驱动欠压保护故障	28	P1B3F00	GTOV 母线电压瞬时过高
4	P1B0300	主接触器异常故障	29	P1B4000	GTOV 母线电压过高
5	P1B0400	驱动过压保护故障	30	P1B4100	GTOV 母线电压过低
6	P1B0500	IPM 散热器过温故障	31	P1B4200	GTOV 母线电压斜率异常
7	P1B0600	档位故障	32	P1B4300	GTOV 母线电压霍尔异常
8	P1B0700	加速异常故障	33	P1B4400	GTOV 电池电压过高
9	P1B0800	电机过温故障	34	P1B4500	GTOV 电池电压过低
10	P1B0900	电机过流故障	35	P1B4600	GTOV 电池电压斜率异常
11	P1B0A00	电机缺相故障	36	P1B4700	GTOV 直流电流过流保护
12	P1B0B00	EEPROM 失效故障	37	P1B4800	GTOV 直流电流斜率保护
13	P1B3000	电机过温-模拟量	38	P1B4900	GTOV 直流电流霍尔异常
14	P1B3100	IGBT 过热	39	P1B4A00	GTOV 直流电流瞬时过高
15	P1B3200	GTOV 电感温度过高	40	P1B4B00	GTOV-IPM 保护
16	P1B3300	GTOV 三相电压瞬时过高	41	P1B4C00	GTOV 可恢复故障连续触发
17	P1B3400	GTOV 三相电压过高	42	P1B4D00	GTOV 可恢复故障恢复超时
18	P1B3500	GTOV 三相电压过低	43	P1B4E00	电网交流漏电
19	P1B3600	GTOV 捕获异常	44	U025F00	与 P 档电机控制器通信故障
20	P1B3700	GTOV 三相电缺相	45	U029E00	与主控通信故障
21	P1B3800	GTOV 三相电压相序错误	46	U011100	与蓄电池管理器通信故障
22	P1B3900	GTOV 交流电压霍尔异常	47	U025E00	与 ACM 通信故障
23	P1B3A00	GTOV 交流电流霍尔异常	48	U029D00	与 ESP 通信故障
24	P1B3B00	GTOV 交流过流	49	U012100	与 ABS 通信故障
25	P1B3C00	GTOV 交流电流采样异常			

（5）充电口总成高低压线束检查

根据故障表，可进一步检查充电口总成高低压线束，方法如下：

1）电源置于OFF档，拔开维修开关。

2）用万用表测量充电口（图4-10）及高低压线束（VTOG外接高压线布局见图4-11，VTOG低压插接器插孔编号见图4-12）导通情况，正常值见表4-5。如果异常，进一步检查是否插好插接器，或者相关线束是否损坏。如果正常，进入下一步。

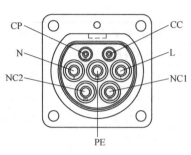

图4-10 充电口

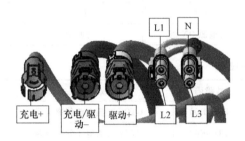

图4-11 VTOG外接高压线布局

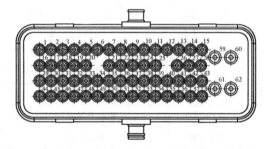

图4-12 VTOG低压插接器插孔编号

表4-5 充电口及其线束检测

端子(左为充电口)	条件	正常值	可能故障部件
CC～车身地	OFF	≈5V	线束、VTOG
PE～车身地	OFF	<1Ω	线束
N～N(VTOG高压)	OFF	<1Ω	线束
L～L1(VTOG高压)	OFF	<1Ω	线束
L～L2(VTOG高压)	OFF	<1Ω	线束
L～L3(VTOG高压)	OFF	<1Ω	线束
CC～52(VTOG低压)	OFF	<1Ω	线束
CP～23(VTOG低压)	OFF	<1Ω	线束

（6）读取VTOG数据流

1）按正常充电的流程，插上充电枪，刷卡充电。连接充电枪，准备充电。

2）用诊断仪读VTOG数据流，见表4-6。

（7）检查其他低压信号

1）按正常充电的流程，插上充电枪。

2）用万用表测量VTOG低压信号情况（VTOG低压插接器插孔编号见图4-12），其正常值见表4-7。如果异常，请检查相关线束；如果正常，则应更换VTOG总成。

表4-6 读取VTOG数据流

	模块	数据流	值	否/可能故障	符合
A	VTOG		有数据流更新	BCM/线束（电源，CAN线）	B

（续）

模块	数据流		值	否/可能故障	符合
B	VTOG	充、放电系统工作状态	充电准备就绪		C
			充电开始		C
			充电结束		已充满
			充电暂停		充电盒/三相线故障
			充电停止		故障
			默认驱动状态		CC 信号/VTOG 故障
C	电池管理器	充电接触器状态	吸合	充电感应信号/BMS	D
D	电池管理器	漏电报警/电压过高报警/温度过高报警	正常	蓄电池包/采集器/蓄电池管理器	E
E	VTOG	充电母线电压	与蓄电池管理器总电压差值不超过 20V，（220~400V）	配电箱、高压线束、蓄电池管理器	F
F	VTOG	交流 A 相电压	（1±20%）220V	VTOG 采样故障/电网/高压线束	G
		交流 B 相电压	（1±20%）220V		
		交流 C 相电压	（1±20%）220V		
G	VTOG	充、放电系统故障状态	正常	根据数据流查相关部件	下一步

表 4-7　VTOG 低压信号情况

端子（左为充电口）	条件	正常值	异常可能故障部件	可能故障现象
36~车身地	连接充电枪	低电平	线束、VTOG	管理器无预充
37~车身地	连接充电枪	低电平	线束、VTOG	仪表不显示充电状态
51~车身地	连接充电枪	低电平	线束、VTOG、BCM	无双路电、无法进入充电

4.5　电动汽车充电系统的使用与维修

1. 给电动汽车充电

以比亚迪 e6 纯电动汽车的家庭用交流充电为例，充电步骤如下：

1）电源置于 OFF 档，按下即时充电（预约充电开启时）按键。

2）打开充电口舱门（图 4-13），打开充电口盖。

3）连接供电插头（要求家用充电插座为 220V、50Hz、10A 标准单相两极带接地），控制盒点亮 ready 指示灯。

4）连接车辆端交流充电器（图 4-14），仪表点亮充电指示灯，开始充电。

5）结束充电，直接断开车辆端交流充电器，按下开关，拔出交流充电器。

6）拔下供电插头，关闭充电口盖和充电口舱门。

图 4-13　打开充电口舱门

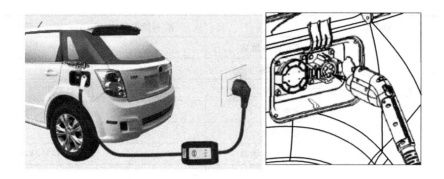

图 4-14　连接车辆端交流充电器

7）整理充电连接装置，充电结束。

警告

- 请选择在相对较安全的环境下充电（如避免有液体、火源等环境）。
- 请勿修改或拆卸充电端口和充电设备，否则可能导致充电故障，引起火灾。
- 充电前请确保车辆充电口和充电连接器端口内没有水或外来物，及金属端子没有生锈或腐蚀造成的破坏或影响，如果有此情况发生，请勿充电。因为不正常的端子连接可能导致短路或电击，威胁生命安全。
- 如果在充电时发现车里散发出一种不同寻常的气味或烟，请立即停止充电。
- 为了避免造成严重的人身伤害，车辆正在充电时，要有以下预防意识：
- 请勿接触充电端口或充电连接器内的金属端子。
- 当有闪电时，请勿给车辆充电或触摸车辆，闪电击中可能导致充电设备损坏，造成人身伤害。
- 充电结束后，请勿以湿手或站在水里时去断开充电器，因为这样可能引起电击，造成人身伤害。
- 车辆行驶前请确保充电连接器从充电口断开。
- 如果您想在车内使用任何医学设备，在使用之前请和制造商确认充电是否影响设备的正常工作，充电时可能导致设备的不正常操作，造成人身伤害。

注意

- 当仪表SOC指示条进入警戒红格时，表明动力蓄电池电量已不足。建议在电量降至警戒红格时即去充电，可以确保不会因电量不足进而无动力搁浅，不建议在电量耗尽后再进行充电，因为那样会影响电池的使用寿命。
- 家用交流充电（装有时）是使用车辆配备的交流充电连接装置进行充电的。专用电路是为了避免线路破坏或由于给蓄电池充电时的大功率导致线路跳闸保护，如果没有使用专用线路，可能影响线路上其他设备的正常工作。如果一个专用线路已经不能满足使用要求，应由专业电工来安装。
- 为了避免对充电设备造成破坏：
- 请勿在充电口盖打开的状态下关闭充电口舱门。

- 请勿用力拉或扭转充电电缆。
- 请勿使充电设备承受撞击。
- 请勿在温度高于 50℃ 的环境下存放或使用充电设备。
- 请勿把充电设备放在靠近加热器或其他有热源的地方。
- 当外部电网断电不超过 24h，会自动重新启动充电系统充电，不用重新连接充电器。
- 充电时，请勿停留在车辆内。
- 如果您有一个医学设备，请和制造商确认充电时对车内的医学设备是否有影响。充电时电源档位需处于"OFF"档，电源为"OK"档时不能充电.禁止电源为"OK"档时充电。
- 充电对，行李舱内的高压配电箱处于工作状态，此时会发出几次继电器吸合的"咔哒"声，属于正常现象。
- 充电时请离开充电车辆并严格按照充电站的要求进行充电。
- 当动力蓄电池电量充满后，系统会自动停止充电。
- 停止充电时应先将充电柜或充电桩关闭，再断开充电器；家用交流充电时应先断开交流充电器，再断开插座端电源。
- 起动车辆前请确保充电器已经断开，充电口盖和充电口舱门已经关闭，因为充电器锁止机构没有完全锁止状态下，车辆可能也可以上"OK"档，并能够挂档行驶，有损坏充电设备及车辆的风险。充电口盖未关闭，水或外来物质有进入充电口端子的风险，影响正常使用。
- 当环境温度低于 0℃ 时，充电时间要比正常时间要长，充电能力较低，具体充电时间以仪表显示时间作为参考。
- 如果车辆长时间不使用，为了延长动力蓄电池的使用寿命，每 3 个月对车辆充放电一次。
- 为方便使用，仪表上会提示预计充满电时间。不同温度、电量、充电设施等情况下，充满电时间可能有一定偏差，属于正常现象。
- 如果充电口舱门因天气等原因导致冻住，请使用热水或不高于 100℃ 的加热装置将冰融化后再开启充电口舱门，请勿强行打开。

2. 高压配电箱与 VTOG 控制器拆装维修

拆卸维修前，需先使起动开关处于 OFF 档，拔掉紧急维修开关，并且使蓄电池断电。

（1）高压配电箱拆装更换

1）拆卸后座椅。

2）拆卸配电箱车身盖板，断开所有高低压插接器。

3）拆卸配电箱支架四个螺栓（图 4-15），取出高压配电箱。

4）按规范对高压配电箱进行检测，视情进行修复或更换。

5）按照拆卸相反次序安装高压配电箱。

（2）VTOG 控制器检修流程

1）打开前舱盖。

2）打开 5 个固定螺栓（图 4-16），断开高低压插接器。

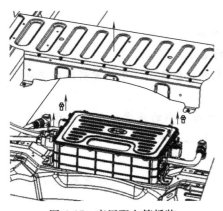

图 4-15　高压配电箱拆装

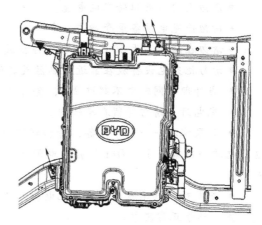

图 4-16　VTOG 控制器拆装

3）断开搭铁线束。

4）断开水管及其固定支架。

5）断开电机三相线，取出 VTOG 控制器。

6）按规范检测 VTOG 控制器，视情进行修复或更换。

7）按照与拆卸相反的顺序安装 VTOG 控制器。

温馨提示：比亚迪 e6 纯电动汽车充电系统的结构与检修视频参见教学资源 4.1。

任务总结

1. 充电系统的作用是给电动汽车动力蓄电池及时补充能量，并能根据动力蓄电池电量情况和充电时的环境状态，及时调整充电电流。

2. 常见的充电方式有充电站直流充电、C10 充电柜直流充电、充电桩交流充电和家用交流充电。

3. 电动汽车充电系统一般由充电口、动力蓄电池组、蓄电池管理系统和车载充电机等组成。

4. 直流充电口对蓄电池组进行充电时，直接利用其电压差对蓄电池组进行充电；当通过交流充电口对蓄电池组进行充电时，则需通过车载充电机将 220V 进行变压后再对蓄电池组进行充电。

5. 充电系统故障检查采用外观检查、专用设备读取故障码和数据流，结合万用表检测各端子的电压、电阻等参数来判断故障部位和零部件。

6. 充电系统使用维修主要有给电动汽车充电、高压配电箱和 VTOG 控制器拆装检修。

学生学习工作页

一、充电系统结构与工作原理
1. 填空 （1）充电系统作用是给电动汽车_____及时补充能量,并能根据动力蓄电池电量情况和充电时的环境状态,及时调整_____。 （2）充电方式常见的有_____充电、_____充电、_____充电和_____充电。

（续）

（3）电动汽车一般都设有交流充电口和直流充电口。交流充电口主要通过_____或_____接入交流进行充电。直流充电口主要通过_____的_____将直流高压给动力蓄电池充电。

（4）车载充电机作用是将_____转为_____给动力蓄电池充电。

2. 下图是比亚迪 e6 纯电动汽车充电系统在车上的布置图，请在图框中填写零部件名称。

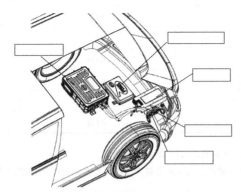

3. 下图是比亚迪 e6 纯电动汽车充电系统工作原理图，请将图框中序号 1~9 的零部件名称填写在下表中，并说明其基本工作原理。

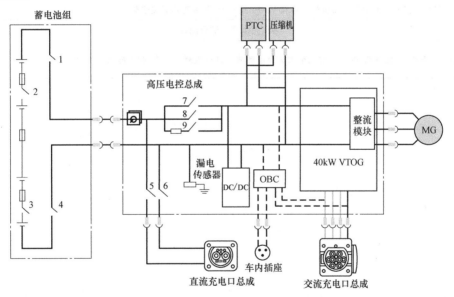

序号	名　称	序号	名　称	序号	名　称
1		4		7	
2		5		8	
3		6		9	

二、充电系统故障检测

1. 分析比亚迪 e6 纯电动汽车无法充电的故障可能原因。

2. 采用万用表检测 M31 各端子电压值，并与正常值比较，分析不正常的原因。

3. 采用万用表检测充电口及其线束导通情况，将实测值填入下表，并与正常值比较，分析不正常的原因。

（续）

端子	正常值	实测值
CC~车身地	≈5V	
PE~车身地	<1Ω	
N~N(VTOG 高压)	<1Ω	
L~L1(VTOG 高压)	<1Ω	
L~L2(VTOG 高压)	<1Ω	
L~L3(VTOG 高压)	<1Ω	
CC~52(VTOG 低压)	<1Ω	
CP~23(VTOG 低压)	<1Ω	

4. 写出读取 VTOG 数据流的方法步骤,分析可能存在的故障。

5. 分组练习检修比亚迪 e6 纯电动汽车高压配电箱和 VTOG 控制器的流程,并说明其步骤。

三、充电系统使用与维修

1. 分组给电动汽车充电。

2. 拆装比亚迪 e6 纯电动汽车高压配电箱和 VTOG 控制器,并说明其拆装步骤。

四、充电系统综合测评

以小组为单位,给比亚迪 e6 纯电动汽车无法充电的故障进行检测与维修,制作海报进行全班交流。

模块3

电动汽车驱动电机及其控制系统的结构与维修

任务5 驱动电机及控制器温度高故障的诊断与维修

学习目标

1. 掌握电动汽车驱动电机的基本作用、分类与主要性能指标。
2. 掌握驱动电机控制系统的主要功能。
3. 理解驱动电机及其控制系统的基本结构与工作原理。
4. 熟悉比亚迪 e6 纯电动汽车驱动电机及其控制系统的具体结构原理。
5. 学会电动汽车驱动电机及其控制系统的常见故障检测与诊断。
6. 能够进行电动汽车驱动电机及其控制系统的拆装维修。
7. 培养良好的职业道德与安全环保意识。

任务接受

客户报修：比亚迪 e6 纯电动汽车行驶中组合仪表出现"电机及控制器温度高"字样，要求服务站给予维修。

任务接待参见任务 1 的 1.1。

任务准备

5.1 电动汽车驱动电机及其控制系统的信息收集

1. 电动汽车驱动电机及其控制系统的基本作用

（1）驱动电机的基本作用

驱动电机为车辆行驶提供驱动力的电动机，是电动汽车的动力装置。

（2）驱动电机控制系统的主要功能

1）限制交流电的最高输出电流和直流电的最高输出电压。

2）控制电机正向驱动、反向驱动、正转发电、反转发电。

3）根据目标转矩进行最优运转控制，具有限幅和平滑处理功能。

4）通过 CAN 与其他控制模块通信，接收并发送相关的信号，间接控制车上相关系统正常运行。

5）控制电机的动力输出，同时对电机进行保护（电压跌落、过温保护、防止电机飞车等）。

6）制动能量回馈控制。

7）自身内部故障的检测和处理。

8）可以通过电机控制器直接从充电网上对车辆进行交流充电，也可以通过电机控制器把蓄电池包的高压直流电通过控制器变换后放到充电网上。

2. 驱动电机的主要性能指标

驱动电机的主要性能指标主要有以下 15 个：

1）额定功率：是指在额定条件下的输出功率。单位为 kW。

2）持续功率：是指规定的最大的、长期工作的功率。

3）峰值功率：是指在规定的持续时间内电机的最大输出功率。

4）额定电压：是指电机额定运行时，外加于定子绕组上的线电压，单位为 V。额定电压允许偏差 5%。当工作电压高于额定电压时，电机容易发热；当工作电压低于额定电压时，引起输出转矩减小、转速下降、电流增加，也会使绕组过热。

5）额定电流：是指电机在额定电压和额定输出功率时，定子绕组的线电流，单位为 A。

6）额定频率：我国电力网的频率为 50Hz，因此除外销产品外，国内电机的额定频率都为 50Hz。

7）额定转速：是指电机在额定功率下的转速，单位为 r/min。电动汽车所采用的感应电机转速一般为 8000~12000r/min。

8）额定转矩：电机在额定功率和额定转速下输出的转矩。

9）峰值转矩：电机在规定的持续时间内允许输出的最大转矩。

10）额定效率：是指电机在额定情况下运行时的效率，为额定输出功率与额定输入电功率的比值。电机在其他工况运行的最大效率为峰值效率，整体效率越高越好。电动汽车还要求在车辆减速和制动时实现能量回收，再生制动回收的能量一般可达到总能量的 10%~15%。

11）额定功率因数：对于交流电机，定子相电流比相电压滞后一个角度，其余弦值就是异步电机的功率因数。三相异步电机的功率因数较低，在额定负载时为 0.7~0.9，而在轻载和空载时更低，空载时只有 0.1~0.2。因此，必须正确选择电机的容量，防止"大马拉小车"，并力求缩短空载时间。

12）绝缘等级：是按电机绕组所用的绝缘材料在使用时容许的极限温度来分级的。所谓极限温度，是指电机绝缘结构中最热点的最高容许温度，其技术数据见表 5-1。

表 5-1 电机绝缘等级

绝缘等级	A	E	B	F	H
极限温度/℃	105	120	130	155	180

13）功率密度：单位质量的电机可输出的功率，单位是 kW/kg，功率密度越大越好。

14）过载能力：电机的实际使用载荷（功率、转矩、电流等）超过电机额定值的现象称为电机过载。电动汽车电机应具有较大的起动转矩和较宽的调速性能，可以使汽车有良好的起动性能和加速性能，以获得所需要的起动、加速、行驶、减速、制动时的功率与转矩。

15）其他指标：除了上述指标以外，电机还要求可靠性好，耐温和耐潮性能强，运行时噪声低、振动小、能够在较恶劣的环境下长时间工作、结构简单、适合大批量生产、使用维修方便、价格便宜。

3. 驱动电机的分类

电动汽车所采用的驱动电机种类繁多（图 5-1），目前主要有感应电动机、永磁电动机、

直流电动机、开关磁阻电动机等，它们的主要性能见表 5-2。

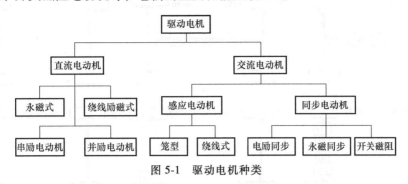

图 5-1　驱动电机种类

表 5-2　不同驱动电机的基本性能比较

项目	直流电动机	感应电动机	永磁电动机	开关磁阻电动机
功率密度	低	中	高	较高
过载能力（%）	200	300～500	300	300～500
峰值效率（%）	85～89	94～95	95～97	90
负荷效率（%）	80～87	90～92	85～97	78～86
功率因数（%）	—	82～85	90～93	60～65
恒功率区	—	1∶5	1∶2.25	1∶3
转速范围/（r/min）	4000～6000	12000～20000	4000～100000	＞15000
可靠性	一般	好	优	好
结构的坚固性	差	好	一般	优
电动机外形尺寸	大	中	小	小
电动机重量	重	中	轻	轻
控制操作性能	最好	好	好	好
控制器成本	低	高	高	中

4. 电动汽车动力系统架构

电动汽车动力系统架构形式多样，BEV 动力结构形式如图 5-2 所示。

在图 5-2a 中，电机、固定速比的变速器和差速器一起构成了 BEV 动力系统。该动力系统结构利用电机低速阶段恒转矩和大范围转速变化中所具有的恒功率特性，采用固定速比的减速器替换多速的减速器，取消了离合器，减小了机械传动装置的体积和重量，简化了驱动系统控制；但该系统结构的缺点是无法对变工况下电机工作效率进行优化，同时，为了满足车辆加速、爬坡和高速工况要求，通常需要选择功率较大的电机。

在图 5-2b 中，电机替代了传统汽车中的内燃机，并与离合器、变速器及差速器一起组成了类似传统汽车动力驱动系统。电机替代内燃机输出驱动动力，通过离合器可以实现电机驱动力与驱动轮的断开或连接，变速器还提供不同的传动比，以变更转速—功率（转矩）曲线匹配载荷的需要，差速器用来实现转弯时车辆两侧车轮以不同转速驱动。

在图 5-2c 中，电机、固定速比的减速器和差速器进一步集成甚至可组合成单个部件，与车轮相连的半轴直接与该组合相连，驱动系统进一步简化和小型化，目前是 BEV 中最常

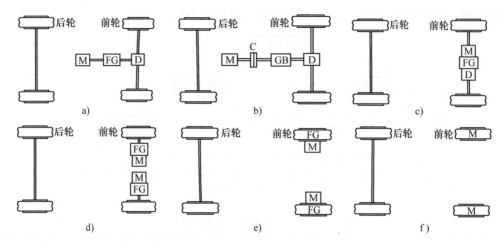

图 5-2　BEV 动力结构形式

a—无离合器单档驱动　b—传统驱动　c—传动装置与差速器集成固定档驱动
d—双电动带轴固定档驱动　e—双电动固定档直接驱动　f—双轮毂电机驱动

见的一种驱动形式。

在图 5-2d 中，机械差速器被取消，驱动车辆是靠两台电机通过固定速比减速器驱动各自侧的车轮，当车辆转弯时，靠电子差速器控制电机以不同的转速运转，从而实现车辆正常转弯。

在图 5-2e 中，驱动电机和固定速比的行星齿轮减速器安装于车轮中，可以进一步简化驱动系统。行星齿轮减速的主要作用是降低电机转速、增大驱动转矩。

在图 5-2f 中，完全舍弃了电机和驱动轮之间的机械连接装置，用电机直接驱动车轮，也称轮毂电机，电机的转速控制等价于轮速控制。

轮毂电机有外转子式和内转子两类。

外转子式采用低速外转子电机（图 5-3），电机的最高转速为 1000~1500r/min，无减速装置，车轮的速度与电机相同。采用低速外转子速度电机，则可以完全去掉变速装置，外转子就安装在车轮轮缘上，而且电机转速和车轮转速相等，因而就不需要减速装置。

内转子式（图 5-4）则采用高速内转子电机，配备固定传动比的行星减速器，也称轮边减速器，为获得较高的功率密度，电机转速可高达 10000r/min。所选用的行星轮变速机构的速度比为 10∶1，而车轮的转速范围则降为 0~1000r/min。随着更为紧凑的行星轮减速器的出现，内转子式轮毂电机在功率密度方面比低速外转子式更具竞争力。

对于 BEV，如果采用双电机或四台电机驱动，

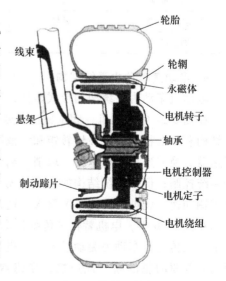

图 5-3　外转子轮毂电机

由于每台电机的转速可以有效地独立调节控制，实现电子差速，在这种情况下，电动汽车可

以不用机械差速器。电子差速器比机械差速器体积小，质量轻，在汽车转弯时可以实现精确的电子控制，提高电动汽车的性能。

　　还有一种特殊的电动汽车动力驱动结构——双电机四轮驱动系统，如图5-5所示。前轮和后轮都是由电机通过差速器来驱动，在不同工况下可以使用不同的电机驱动车辆，或是按照一定的转矩分配比例联合使用两台电机共同驱动车辆，从而使得驱动系统效率最大。

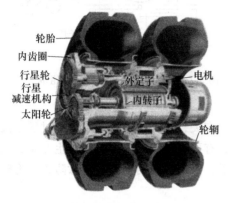

图 5-4　内转子轮毂电机

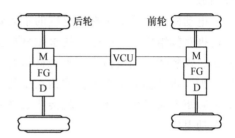

图 5-5　双电机四轮驱动系统

D—差速器　FG—固定速比减速器

M—电机　VCU—整车控制单元

5. 电动汽车常见驱动电机的结构与控制原理

（1）直流电动机的结构原理

　　直流电动机主要有直流有刷电动机和永磁无刷直流电动机两种。早期电动汽车通常采用直流有刷电动机，该电动机的优点是控制简单、技术成熟、系统简单、成本低廉。目前仍有少量电动汽车使用直流有刷电动机。但是，该电动机在车辆上使用存在明显的缺点：功率密度低、效率低，由于电刷和机械换向器的存在导致电动机的可靠性低。此外，机械换向器限制了直流有刷电动机的容量、电压和转速。鉴于以上缺陷，新研制的电动汽车已基本上不再考虑直流有刷电动机，普遍采用永磁无刷直流电动机。

　　永磁无刷直流电动机（图5-6）是一种用电子电路取代电刷和机械换向器的直流电动机，它的最大特点是具有直流电动机的良好外特性，而没有换向器和电刷组成的机械接触结

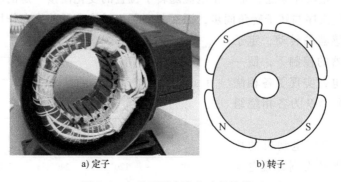

a) 定子　　　　　　　　　　b) 转子

图 5-6　永磁无刷直流电动机结构

构，所以运行可靠、寿命长、维修简便，具有更高的能量密度和更高的效率。

1）永磁无刷直流电动机的结构　永磁无刷直流电动机主要由电动机本体、位置传感器和电子开关线路组成，如图5-7所示。

电动机本体由定子和转子组成。

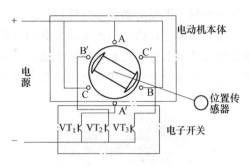

图 5-7　永磁无刷直流电机结构组成

定子采用叠片结构并在槽内铺设绕组的方式，绕组一般制成多相（三相、四相或五相），多做成三相对称星形接法，与三相异步电动机十分相似。

电动机的转子上装有已充磁的永久磁钢，按一定极对数组成。目前采用的永磁材料主要有钕铁硼、铁氧体、铝镍钴等。永磁材料的特性通常与温度有关，如果永磁体的温度超过居里温度，则其磁性会完全消失。磁钢在受到剧烈振动之后，有可能引起其内部磁畴发生变化，磁畴的磁矩方向发生变化后，就会造成磁钢退磁甚至失磁，所以在使用中应该注意防止热退磁和振动退磁。

位置传感器用于检测电动机转子的位置，将转子磁钢的位置信号转换成电信号，为开关电路提供正确的换相信息。常见的有电磁式、光电式位和磁敏位置传感器。

电子开关线路由功率电子器件和集成电路等组成，其功能是：接受电动机的起动、停止、制动信号，以控制电动机的起动、停止和制动；接受位置传感器信号和正反转信号，用来控制逆变桥各功率管的通断，产生连续转矩；接受速度指令和速度反馈信号，用来控制和调整转速；提供保护和显示等。

三相定子绕组分别与电子开关线路中相应的功率开关器件联结，A、B、C 相绕组分别与功率开关管 VT_1、VT_2、VT_3 相接。位置传感器跟踪转子，与电动机转轴相联结。

2）永磁无刷直流电动机的工作原理　当定子绕组的某一相通电时，该电流与转子永久磁钢的磁极所产生的磁场相互作用而产生转矩，驱动转子旋转，再由位置传感器将转子磁钢位置变换成电信号去控制电子开关线路（图5-8），从而使

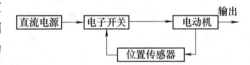

图 5-8　永磁无刷直流电动机工作原理框图

定子各相绕组按一定次序导通，定子相电流随转子位置的变化而按一定的次序换相。由于电子开关线路的导通次序与转子转角同步，因而起到了机械换向器的换向作用。

随着位置传感器的转动，定子绕组在位置传感器的控制下，便一相一相地依次供电，实现了各相绕组电流的换相。图5-9为各相绕组导通示意图。

3）永磁无刷直流电动机的控制　电动机控制器是无刷直流电动机正常运行并实现各种调速伺服功能的指挥中心，它主要完成以下功

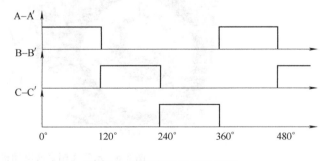

图 5-9　各相绕组导通示意图

能：对各种输入信号进行逻辑综合，为驱动电路提供各种控制信号，产生脉宽调制信号，实现电动机的换向、调速、正反转、限流、短路、过电流、欠电压等故障保护功能。采用微机控制，永磁无刷直流电动机控制原理如图 5-10 所示。

4）直流电动机的转速控制　普遍采用直流斩波器（将输入的直流电压以一定的频率通断，从而改变输出的平均电压的变换器）控制方式，因其体积小、重量轻、效率高、可控制性好，而且根据所选的加速度，能平稳加速到理想的速度。图 5-11 所示为用于直流电动机速度控制的一象限直流斩波器。

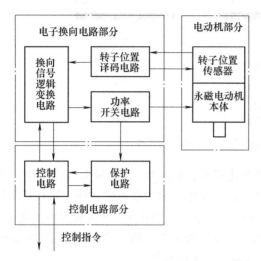

图 5-10　永磁无刷直流电动机控制原理示意图

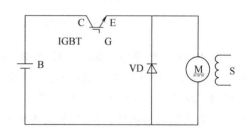

图 5-11　一象限直流斩波器

四象限运行是指用 X 轴表示电动机转速，用 Y 轴表示电流，第一象限就是电动状态。四象限是指正向电动、正向发电、反向电动、反向发电。

一象限直流斩波控制的工作原理是电流经蓄电池正极输出，经绝缘栅极双极型晶体管（Insulated Gate Bipolar Transistor，IGBT）的集电极 C 和发射极 E，再经电刷进入电动机 M 的转子，电动机的定子 S 可以是线圈也可以是永磁体。驾驶人踏下加速踏板时，实际上就是电路在控制 IGBT 管门极 G 的 PWM 波占空比加大，汽车减速时，若定子 S 为永磁，则电机转为发电机发电，但发出的电流无法经 IGBT 将电流充入蓄电池。VD 是在 IGBT 关闭时给转子提供的放电回路。要想在第二象限工作，则可在 IGBT 的 GE 间反加一个大功率二极管，这时电机再生制动的能量就可以返回蓄电池了。

5）IGBT 结构原理与使用：

① IGBT 结构。IGBT 是 MOSFET（金属氧化物半导体场效应晶体管）与 GTR（大功率晶体管）的复合器件。它既有 MOSFET 易驱动的特点，又具有功率晶体管电压、电流容量大等优点。其频率特性介于 MOSFET 与功率晶体管之间，可正常工作于几十千赫频率左右，故在较高频率的大、中功率应用中占据了主导地位。

如图 5-12 所示，GTR 是 N^+、P、N^-、N^+ 四层半导体组成，无 SiO_2 绝缘层；MOSFET 是 N^+、P、N^-、N^+ 四层半导体组成，但有 SiO_2 绝缘层；IGBT 是 N^+、P、N^-、N^+、P^+ 五层半导体组成，有 SiO_2 绝缘层；图 5-12 中黑色箭头代表正电子．白箭头代表负电子，仅有电子流动的为单极性管，有正负电子流动的为双极性管。

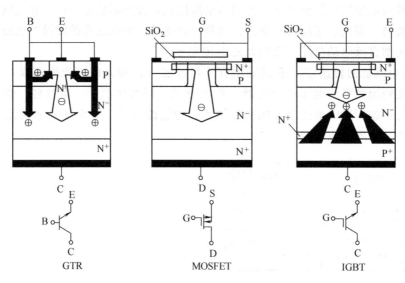

图 5-12　GTR、MOSFET、IGBT 等电子元件结构比较

② IGBT 工作原理。如图 5-12 所示，GTR 有集电极 C、基极 B、发射极 E 三个电极，当 B、E 间通过一个小电流．则在 C、E 间有大电流流过，是电流放大电流的器件；MOSFET 有漏极 D、栅极 G、源极 S 三个极，当 G、S 之间施加一个电压，则在 D、S 间有大电流流过，是电压放大电流的器件；IGBT 是集电极 C、栅极 G、发射极 E 三个极，当 G、E 之间施加一个电压，则在 C、E 间有大电流流过，是利用电压放大电流的器件。

IGBT 通过栅极驱动电压来控制的开关晶体管，工作原理和 MOSFET 相似，区别在于 IGBT 是电导调制来降低通态损耗。GTR 电力晶体管饱和压降低、载流密度大，但驱动电流也较大。MOSFET 驱动功率很小、开关速度快，但导通压降大、载流密度小。IGBT 综合了上述两种器件的优点，驱动功率小而饱和压降低。图 5-13 所示为两单元 IGBT 功率模块。

图 5-13　两单元 IGBT 功率模块

③ IGBT 使用注意事项　IGBT 模块为 MOSFET 结构，IGBT 的栅极通过一层氧化膜与发射极实现电隔离。由于此氧化膜很薄，其击穿电压一般仅能承受到 20～30V，所以因静电而导致栅极击穿是 IGBT 失效的常见原因之一。因此，使用中要注意以下 5 点：

a. 在使用模块时，尽量不要用手触摸驱动端子部分，当必须触摸模块端子时，要先将人体或衣服上的静电用大电阻接地进行放电后再触摸；在用导电材料连接模块驱动端子时，在配线接好之前请先不要接上模块，尽量在接地的情况下操作。在应用中有时虽然保证了栅极驱动电压没有超过栅极最大额定电压，但栅极连线的寄生电感和栅极与集电极间的电容耦合，也会产生使氧化层损坏的振荡电压。因此，通常采用双绞线来传送驱动信号，以减少寄生电感。在栅极连线中串联小电阻也可以抑制振荡电压。

b. 在栅极、发射极间开路时，若在集电极与发射极间加上电压，则随着集电极电位的变化，由于集电极有漏电流流过，栅极电位升高，集电极则有电流流过。这时，如果集电极

与发射极间存在高电压，则有可能使 IGBT 发热甚至损坏。

c. 在使用 IGBT 的场合，当栅极回路不正常或栅极回路损坏时（栅极处于开路状态），若在主回路上加上电压，则 IGBT 就会损坏，为防止出现此类故障，应在栅极与发射极之间串接一只 10kΩ 左右的电阻。

d. 在安装或更换 IGBT 模块时，应重视 IGBT 模块与散热片的接触面状态和拧紧程度。为了减少接触热阻，最好在散热器与 IGBT 模块间涂抹导热硅脂，安装时应受力均匀，避免用力过度而损坏。

e. 一般散热片底部安装有散热风扇，当散热风扇损坏散热片散热不良时，将导致 IGBT 模块发热，从而发生故障。因此对散热风扇应定期进行检查，一般在散热片上靠近 IGBT 模块的地方安装有温度感应器，当温度过高时报警或使 IGBT 模块停止工作。

（2）三相感应式交流电动机的结构原理

与直流电动机相比，交流电动机结构简单、制造方便、比较牢固，容易做成高转速、高电压、大电流、大容量的电动机。

感应电动机有两种类型：绕线式感应电动机和笼型感应电动机。绕线式感应电动机成本高、需要维护、缺乏坚固性，因而没有笼型感应电动机应用广泛，特别是在电动汽车的电力驱动中。笼型感应电动机除了具有无换向器电动机的共同优点外，还具有结构简单、坚固耐用、运行可靠、价格低廉、维护方便等优点，被众多电动汽车所采用。

1）三相感应式交流电动机的构造　用于电力驱动的感应电动机在结构原理上与工业用感应电动机基本相同，主要由定子（固定部分）、转子（旋转部分）和一些附属部件组成，如图 5-14 所示。这种电动机需要专门设计，转子铁心和定子铁心由薄硅钢片叠压而成，以减少铁损，转子笼条采用铜条以减少转子铜损失，定子绕组采用 C 级绝缘。采用铸铝机座来减小电动机总质量。尽管电动机的电压等级受电动汽车动力蓄电池的数量、质量和类型的限制，但仍需合理地采用高电压和低电流的电动机设计，以减少功率逆变器的成本和体积。

2）三相感应式交流电动机的基本工作原理。基本原理依然是电磁感应原理，不同的是采用三相定子绕组，引入三相电，产生旋转磁场，与转子产生的磁场相互作用，推动转子转动。

图 5-15 所示为最简单的三相定子绕组在空间按互差 120° 对称排列，并接成星形与三相电源相连，则三相定子绕组便通过三相对称电流：随着电流在定子绕组中通过，在三相定子绕组中就会产生旋转磁场（图 5-16）。

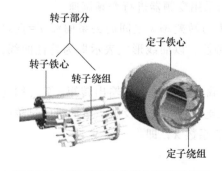

图 5-14　三相感应式交流电动机的构造

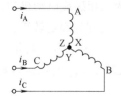

图 5-15　三相感应式交流电动机定子接线

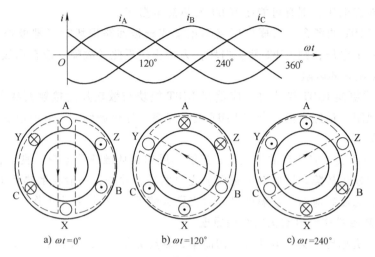

图 5-16 旋转磁场的形成

$$i_A = I_m \sin\omega t$$
$$i_B = I_m \sin(\omega t - 120°)$$
$$i_C = I_m \sin(\omega t + 120°)$$

当 $\omega t = 0°$ 时，$i_A = 0$，AX 绕组中无电流；i_B 为负，BY 绕组中的电流从 Y 流入 B 流出；i_C 为正，CZ 绕组中的电流从 C 流入、从 Z 流出；由右手螺旋定则可得合成磁场的方向如图 5-16a 所示。

当 $\omega t = 120°$ 时，$i_B = 0$，BY 绕组中无电流；i_A 为正，AX 绕组中的电流从 A 流入 X 流出；i_C 为负，CZ 绕组中的电流从 Z 流入、从 C 流出；由右手螺旋定则可得合成磁场的方向如图 5-16b 所示。

当 $\omega t = 240°$ 时，$i_C = 0$，CZ 绕组中无电流；i_A 为负，AX 绕组中的电流从 X 流入 A 流出；i_B 为正，BY 绕组中的电流从 B 流入、从 Y 流出；由右手螺旋定则可得合成磁场的方向如图 5-16c 所示。

可见，当定子绕组中的电流变化一个周期时，合成磁场也按电流的相序方向在空间旋转一周。随着定子绕组中的三相电流不断地周期性变化，产生的合成磁场也不断地旋转，因此称为旋转磁场。

旋转磁场的方向是由三相绕组中电流的相序决定的，若想改变旋转磁场的方向，只要改变通入定子绕组的电流相序即可。交流感应电机调速则采用变频器进行变频调速。

3）三相异步电动机的机械特性。电动机的转矩 T 与转差率 s 之间的关系曲线 $T=f(s)$ 或转速与转矩的关系曲线 $n=f(T)$ 称为电动机的机械特性，以曲线形式表示即为特性曲线，图 5-17 为三相感应电动机的机械特性曲线。

图中 T_N 称为额定转矩，它是异步电动机带额定负载时，转轴上的输出转矩。T_{max} 称为最大转矩，又称为临界转矩，是电动机可以产生的最大电磁转矩，它反映了电动机的过载能力。最大转矩 T_{max} 与额定转矩 T_N 之比称为电动机的过载系数 λ，即

$$\lambda = T_{max} / T_N$$

一般，三相异步电动机的过载系数为 1.8～2.2，过载系数越大，电动机的超载能力

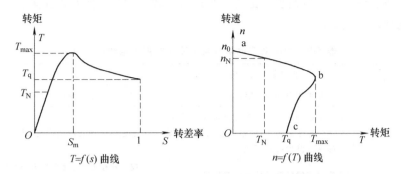

图 5-17　三相感应电动机的机械特性曲线

越强。

图 5-17 中的 T_q 称为起动转矩，为电动机起动初始的转矩，一般的三相异步电动机起动转矩是额定转矩的 1~2.2 倍。

电动机在工作时，它所产生的电磁转矩的大小能够在一定范围内自动调整以适应负载的变化，这种特性称为自适应负载能力。

在机械特性图中，存在两个工作区：稳定运行区和不稳定运行区。在机械特性曲线的 ab 段，当作用在电动机轴上的负载转矩发生变化时，电动机能适应负载的变化并自动调节达到稳定运行，故为稳定运行区。在机械特性曲线的 bc 段，因电动机工作在该区段时其电磁转矩不能自动适应负载转矩的变化，故为不稳定运行区。

4）三相感应电动机的控制系统。在纯电动汽车上，采用动力蓄电池组和发电机作为电源，三相感应电动机不能直接使用直流电源，另外，三相感应电动机具有非线性输出特性。因此，在采用三相感应电动机时，需要应用逆变器中的功率半导体交换器件，将直流电变换为频率和幅值都可以调节的交流电，以实现对感应电动机的控制。

感应电动机驱动分为单电动机型和多电动机型。单电动机驱动的结构，由三相笼型感应电动机、三相电压型 PWM 逆变器、电子控制器、减速器和差速器组成。多电动机型由多个电动机、多个逆变器、集中或分布式控制器和可变速比的变速器组成。

三相感应电动机经过专门设计与驱动桥集成为一体；三相 PWM 逆变器具有再生制动功能，并有轻微的谐波失真；电子控制器能完成电动机的各种驱动控制；采用固定速比的减速器可提供爬坡时的低速大转矩。

三相电压型 PWM 逆变器电路原理如图 5-18 所示，逆变电路中的开关器件由 6 个全控型器件 IGBT 组成逆变桥，另外还有 3 个开关元件，控制比较复杂。

（3）永磁交流电动机

与永磁无刷直流电动机相比，都是由定子、永磁转子、位置传感器等组成，但是定子绕组绕制方式不同，控制方式不同，就会产生不同的特性。永磁交流同步电动机的工作磁场是均匀旋转磁场，因此转矩脉动量很小，运行噪声也很小，由于电流可以做得很接近正弦波，内部励磁磁场也

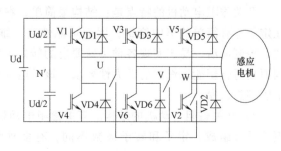

图 5-18　三相电压型 PWM 逆变器电路原理

可以做得接近正弦波，加之绕组设计配合，可以形成较为理想的同步调速系统。与永磁无刷直流电动机的比较见表 5-3。

表 5-3　永磁交流电动机与永磁无刷直流电动机比较

比较内容	永磁交流电动机	永磁无刷直流电动机
定子	定子三相采用分布、正弦绕组	定子三相采用集中、整距绕组
转子	永磁体主要有两类：一类是表面永磁结构；另一类为内置永磁体结构，这两类结构均可确保气隙磁密的波形接近正弦	永磁体采用表面瓦片式结构，厚度均匀
转子位置传感器	需要提供连续的转子位置反馈信息	仅需提供 6 个（通常为 3 个）离散的转子位置反馈信息即可
产生波形	正弦波	方波
产生的电磁转矩	电磁转矩基本恒定	存在一定的转矩脉动
功率密度	小	大，是永磁同步电机的 1.15 倍

温馨提示：电动汽车感应式驱动电机的结构原理视频参见教学资源 5.1。

（4）开关磁阻电动机

1）概述。开关磁阻电动机（Switched Reluctance Drive ，SRD）是继变频调速系统、无刷直流电动机调速系统之后发展起来的最新一代无级调速电动机（图 5-19），是集现代微电子技术、数字技术、电力电子技术、红外光电技术及现代电磁理论、设计和制作技术为一体的光、机、电一体化高新技术。它兼具直流、交流两类调速系统的优点。产品功率等级从 10W 到 5MW，最高转速达 100000r/min，广泛应用于家用电器、航空、航天、电子、机械及电动汽车等领域。

a) 外观　　　　　　　　　b) 定子　　　　　　　　c) 转子
图 5-19　开关磁阻电动机

开关磁阻电动机的特点是：结构最简单，在转子上没有集电环、绕组和永磁体等，只是在定子上有简单的集中绕组，因而可靠性高、维修方便；该电动机的另一特点是调速范围宽、控制灵活、易于实现各种特殊要求的转矩—转速特性，且在很广的范围内保持高效率，因而更适合新能源汽车的动力性要求。该类电动机的缺点是控制复杂且可控性差，功率密度不够理想、噪声大。

2）开关磁阻电动机的结构。开关磁阻电动机的定子和转子均采用凸极结构，都是由硅钢片叠片组成，定子和转子极数不同，有多种组合方式，最常见的为三相 6/4 结构（图 5-20a）和四相 8/6 结构（图5-20b）。在定子相对称的两凸极上集中绕组互相串联，构成一

相，但在转子上没有任何绕组。

3）开关磁阻电动机的工作原理。三相开关磁阻电动机的工作原理如图 5-21 所示。当 A 相线圈接通电源产生磁通，依据"磁阻最小原理"，磁力线从最近的转子齿极通过转子铁心（图 5-21a），磁力线可看成极有弹力的线，在磁力的牵引下转子开始逆时针转动，经过

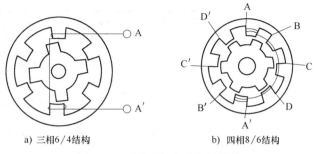

图 5-20　开关磁阻电动机的结构

10°、20°（图 5-21b），磁力一直牵引转子转到 30°（图 5-21c）为止，到了 30°转子不再转动，此时磁路最短。

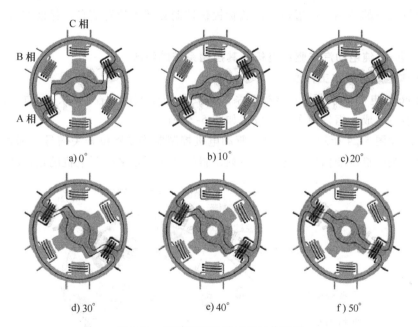

图 5-21　开关磁阻电动机的工作原理

为了使转子继续转动，在转子转到 30°前已切断 A 相电源，在 30°时接通 B 相电源，磁通从最近的转子齿极通过转子铁心，于是转子继续转动，经过 40°、50°、转到 60°为止。

当转子转到 60°前切断 B 相电源，在 60°时接通 C 相电源，磁通从最近的转子齿极通过转子铁心，转子又继续转动，一直牵引转子转到 90°为止。

之后又重复前面过程，接通 A 相电源，转子继续转动，这样不停地重复下去，转子就会不停地旋转。这就是磁阻电动机的工作原理。由于运用了"磁阻最小原理"，故称为磁阻电动机；又由于电动机磁场并非由正弦波交流电产生，其线圈电流通断、磁通状态直接受开关控制，故称为开关磁阻电动机。

4）开关磁阻电动机控制系统。开关磁阻电动机控制系统主要由 4 部分组成：开关磁阻电动机、功率变换器、控制器及位置传感器，如图 5-22 所示。

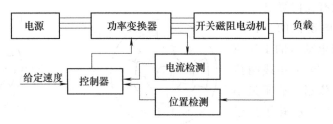

图 5-22 开关磁阻电动机控制系统组成

开关磁阻电动机是控制系统中实现能量转换的部件，也是控制系统有别于其他电机驱动系统的主要标志。功率变换器向开关磁阻电动机提供运转所需的能量，由蓄电池和交流电整流后得到的直流电供电。控制器是系统的中枢，它综合处理速度指令、速度反馈信号及电流传感器、位置传感器的反馈信息，控制功率变换器中主开关器件的工作状态，实现对开关磁阻电动机运行状态的控制。位置传感器负责提供控制器转子位置信息，保证在合适的时刻接通或者断开。

6. 比亚迪 e6 纯电动汽车驱动电机及其控制系统的组成

(1) 总体组成与基本工作原理

比亚迪 e6 纯电动汽车电机及其控制系统主要由高压配电、控制器、驱动电机与发电机及相关的传感器组成，组件在车上的位置如图 5-23 所示。

控制原理如图 5-24 所示。工作时，驱动电机控制器接受档位开关信号、加速踏板信号、制动踏板信号及电机旋变信号，经过一系列逻辑处理和判断来控制电机的正反转和转速等。

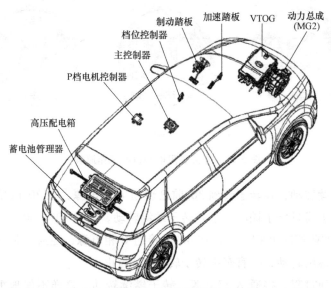

图 5-23 比亚迪 e6 纯电动汽车电机控制系统组件在车上的位置

(2) 主要部件结构原理

1）驱动电机。比亚迪 e6 纯电动汽车驱动电机与前驱变速器组装在一起，放置于汽车前部（图 5-25），为交流无刷永磁同步电机，输出转矩为 450N·m，额定输出功率为 75kW，最大输出功率为 120kW，最大输出转速为 7500r/min。驱动电机整体结构如图 5-26 所示。

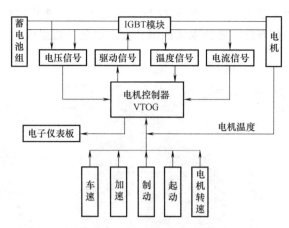

图 5-24　比亚迪 e6 纯电动汽车电机控制原理框图

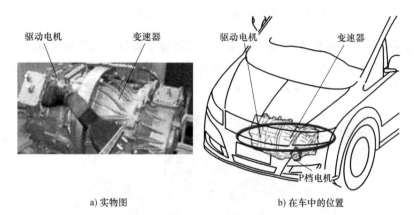

a) 实物图　　　　　　　　　　　　b) 在车中的位置

图 5-25　比亚迪 e6 纯电动汽车驱动电机位置

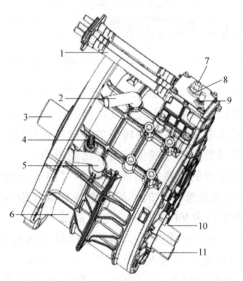

图 5-26　比亚迪 e6 纯电动汽车驱动电机整体结构

1—驱动电机三相线交流线束总成　2—出水管　3—轴　4—水温传感器　5—进水管　6—机壳
7—注油塞　8—注油塞垫片　9—通气管组件　10—温度开关插接件　11—旋变插接件

驱动电机由定子和转子组成，如图 5-27 所示。定子采用叠片结构并在槽内铺设三相正弦绕组的方式。转子上粘有已充磁的永久磁钢，按一定极对数组成。

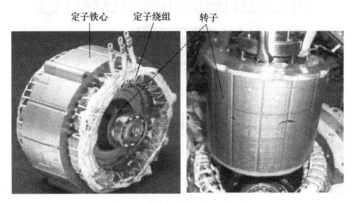

图 5-27　比亚迪 e6 纯电动汽车驱动电机定子与转子

2）旋转变压器（简称旋变）是一种输出电压随转子转角变化的信号元件，用于检测电机转子的位置，将转子磁钢的位置信号转换成电信号，为开关电路提供正确的换相信息。

旋变由转子总成和定子总成组成（图 5-28），安装于电机端部。

图 5-28　比亚迪 e6 纯电动汽车驱动电机旋变总成

旋变工作原理与变压器基本相似，区别在于普通变压器的一次、二次绕组是相对固定的，所以输出与输入电压之比是常数。而旋转变压器的一次、二次绕组随转子的角位移发生相对位置的改变，因而其输出电压的高低随转子的角位移变化发生变化，输出绕组的电压幅值与转子转角成正弦、余弦函数关系，或保持某种比例关系。

转子的转动位置与输出电压的关系如图 5-29 所示（图中一次侧为转子绕组，二次侧为定子绕组）。图 5-29a 为两线圈夹角为 0°时，输出电压高低与输入电压高低基本相同，频率也相同。图 5-29b 为两线圈夹角为 90°时，输出电压高低与输入电压相差最大，输出电压为 0°。图 5-29c 为两线圈夹角为 0~90°范围时，输出电压低于输入电压，但大于 0°。图 5-29d 为两线圈夹角为 180°时，输出电压与输入电压相同、方向相反。

3）双向逆变充放电式电机控制器（VTOG）。VTOG 是电机控制系统的核心部件，它利用 IGBT 将直流电转换为交流电来控制电机的正反转、功率、转矩、转速等。

比亚迪 e6 纯电动汽车电机控制器位于汽车前舱，其外形如图 5-30 所示。

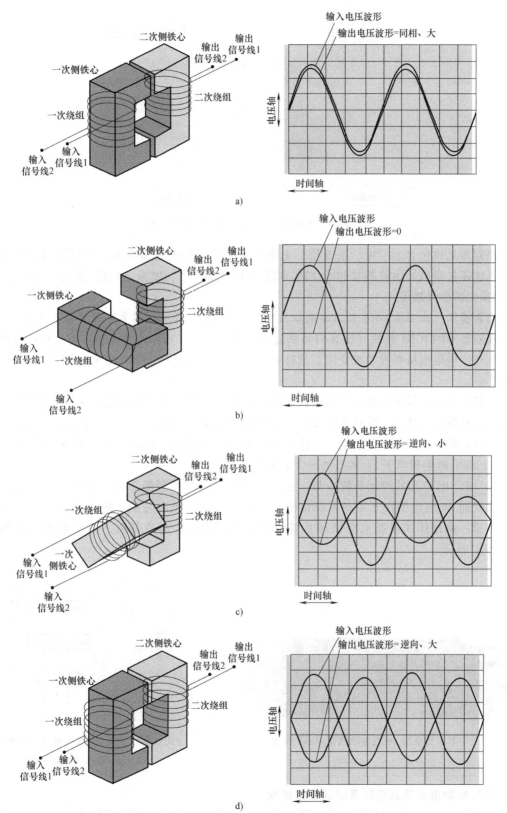

图 5-29 转子的转动位置与输出电压的关系

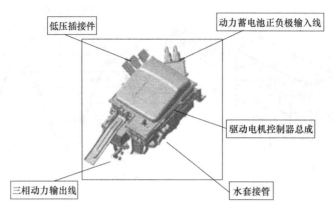

图 5-30 比亚迪 e6 纯电动汽车电机控制器

控制器总成包含上、中、下 3 层，上下层为电机、充电控制单元，中层为水道冷却单元，总成还包括信号插接器（包含 12V 电源/CAN 线/档位、加速、制动/旋变/电机过温信号线/预充满信号线等。

温馨提示：比亚迪 e6 电动汽车电机控制器（VTOG）外观视频参见教学资源 5.1。

控制器中的 IGBT 模块（图 5-31）由比亚迪自主生产，其作用是将动力蓄电池的直流电转换成交流电供电机和发动机使用，另外也将电机回收的交流电转换成直流电向动力蓄电池充电。

车辆制动时能量回收也称为再生制动或反馈制动，其原理是在车辆制动时，利用制动能量带动电机转动，从而切割磁力线发电，此时电动机变为发电机，产生的电能向动力蓄电池充电。同时转子受力减速制动，一举两得。例如，比亚迪 e6 纯电动汽车在城市中行驶100km，即可再生相当于 1L 多汽油所含的能量。

4）驱动电机及其控制系统冷却 由于驱动电机及其控制器工作中发热，需要及时冷却。比亚迪 e6 纯电动汽车冷却系统由散热器总成、电子风扇总成、电动水泵总成和冷却水管组成。采用闭式强制水冷循环系统，冷却介质为乙二醇冷却液。冷却系统循环路线如图 5-32 所示。

图 5-31 比亚迪 e6 纯电动汽车 IGBT 模块

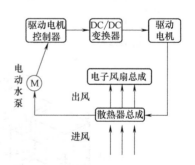

图 5-32 比亚迪 e6 纯电动汽车驱动
电机冷却系统循环路线

（3）驱动电机及其控制系统的工作原理

比亚迪 e6 纯电动汽车的交流无刷永磁同步电动机，通过采集电机旋变信号进行工作，

当车辆行驶时，电动机通过旋转变压器检测到电动机的位置，位置信号通过控制器的处理，发送相关信号给控制器 IGBT，逻辑信号控制 IGBT 开断，控制器输出近似正弦交流电。

电机定子的三相绕组在正弦绕组下形成圆形的旋转磁场，驱动电机转子转动，在旋转的过程中，旋转变压器作为速度和位置的检测，反馈给控制器进行监测，以准确控制电机的转速和位置。

5.2 比亚迪 e6 纯电动汽车驱动电机及控制器温度高的故障分析

根据比亚迪 e6 纯电动汽车结构原理，驱动电机及其控制器温度高故障的可能原因如图 5-33 所示。

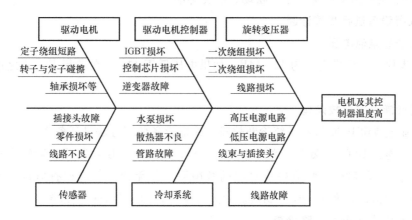

图 5-33 驱动电机及控制器温度高故障的可能原因

5.3 驱动电机及其控制系统维修准备

1. 维修计划

1）外部直观检查。
2）采用仪器设备检测。
3）确定故障原因和零部件。
4）针对存在问题进行拆装维修。

2. 维修设备与材料准备（表 5-4）

表 5-4 维修设备与材料

名称	数量	名称	数量
比亚迪 VDS1000 诊断系统	1 台	600V 绝缘手套	1 双
汽车万用表	1 台	手套、抹布等	1 批
常规拆装工具	1 套	电工胶布	2 卷
电机及其控制系统配件	1 套	工作台	1 张

🔧 任务实施

5.4 驱动电机及其控制系统故障的检查

1. 外部直观检查

1）检查冷却水泵是否有运转声音、管路是否破损、接头是否松动漏水，并将故障排除。

2）检查电机及其控制器外部是否渗液、管接头是否松动，并将故障排除。

3）检查电机及其控制器外部高低压插接器是否良好、导线有无破损，并将故障排除。

4）检查电机外部紧固螺钉是否松动、有无异响。

2. 用仪器设备进行故障诊断

（1）检查蓄电池电压

用万用表检查，标准电压为 11~14V，如果电压低于 11V，在进行下一步之前请充电或更换蓄电池。

（2）用诊断仪读取故障码

采用比亚迪 VDS1000 诊断系统诊断故障，仪器设备使用方法见任务 2。

将诊断仪连接 DLC3 诊断口，整车置于 ON 档，进入 VTOG 控制器故障码诊断（见任务 4 的表 4-4）。如有故障码，则应检查对应的故障码。如无通信，应检查电源线和 CAN 线，若都正常仍无通信，更换 VTOG 控制器。如无故障码，则应全面检查系统。

（3）VTOG 高压电源电路检查

VTOG 高压电源电路如图 5-34 所示。

1）检查高压。将电源档位置于 OK 档。若无法置于 OK 档，可读取 VTOG 数据流（表 5-5），看电池高压是否供给 VTOG 控制器，并根据检测情况进一步检查。

表 5-5　VTOG 数据流

数据流	驱动电机母线电压				
	与蓄电池管理器总电压相差小于 20V			与蓄电池管理器总电压相差大于 20V	
电压值/V	0~199	200~400	>400	<20	其他
可能故障	电压过低，蓄电池组	跳到下一电路	检查蓄电池包	无高压,检查高压线束连接,若正常,进入第 3）步	检查 VTOG 控制器或蓄电池管理器的采集电路（可更换尝试）

2）检查整车起动流程。踩下制动踏板上电，读取蓄电池管理器数据流中预充状态。

如预充失败，检查配电箱高低压线束，若正常，更换 VTOG。

如未预充，则检查上电过程环节，检查步骤及处理见表 5-6。

如预充完成，则进入下一步。

3）检查高压配电箱低压控制端。拔下高压配电箱 M31 插接器，测量线束端插接器各端子间电压或电阻（见任务 4 的表 4-3）。如结果正常，则更换高压配电箱。如异常，则进入下一回路检查。

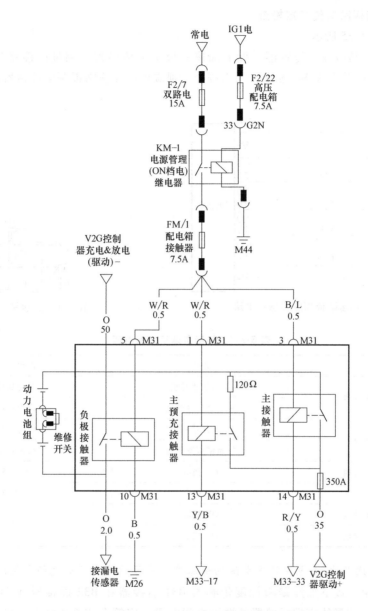

图 5-34　VTOG 高压电源电路

表 5-6　上电过程检查

步骤	检查项	是	否
1	踩下制动踏板,观察制动灯是否点亮	接步骤 2	检查制动信号
2	踩下制动踏板,观察起动按钮绿色灯是否点亮	接步骤 3	检查 BCM
3	读取 VTOG 数据流,踩下制动踏板上电,是否发送上电请求	检查管理器 CAN 总线和管理器	接步骤 4
4	检查 BCM 是否发送起动请求报文	接步骤 5	更换 BCM
5	重新匹配电机防盗后,看新尝试上电,看是否能上 OK 电	完成	更换 VTOG 控制器

（4）加速踏板深度传感器检查

其电路如图 5-35 所示。

1）检查加速踏板深度传感器。拆下加速踏板深度传感器，测量插接器各端子（图 5-36）之间电压，应符合表 5-7 要求。如不符合，则应更换加速踏板深度传感器；如符合，进行下一步检查。

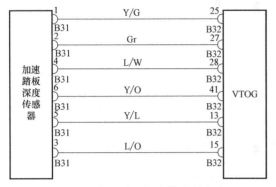

图 5-35　加速踏板深度传感器电路

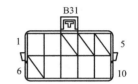

图 5-36　加速踏板插接器端子

表 5-7　连接器各端子之间电压

端子	条件	正常值/V
B31-4→车身地	不踩加速踏板	约为 0.66
	加速踏板踩到底	约为 4.45
B31-6→车身地	不踩加速踏板	约为 4.34
	加速踏板踩到底	约为 0.55
B31-2→车身地	ON 档电	约为 5
B31-1→车身地	ON 档电	约为 5
B31-5→车身地	ON 档电	<1
B31-3→车身地	ON 档电	

温馨提示：比亚迪 e6 电动汽车加速踏板深度传感器拆装与检测视频参见教学资源 5.3。

2）检查线束。拔下加速踏板深度传感器 B31 插接器和 B32 插接器（VTOG 低压插接器，见图 5-37），测量线束端插接器各端子之间电阻，应符合表 5-8 要求。如不符合，则应更换线束或插接器。

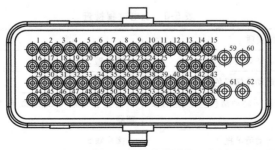

图 5-37　B32 插接器端子

表 5-8　插接器各端子之间电阻

端子	正常值	端子	正常值
B31-2→B32-29	<1Ω	B31-2→车身地	>10kΩ
B31-1→B32-27	<1Ω	B31-1→车身地	>10kΩ
B31-4→B32-30	<1Ω	B31-4→车身地	>10kΩ
B31-6→B32-43	<1Ω	B31-6→车身地	>10kΩ
B31-5→B32-13	<1Ω	B31-5→车身地	>10kΩ
B31-3→B32-15	<1Ω	B31-3→车身地	>10kΩ

（5）电机回路检查

其电路如图 5-38 所示。

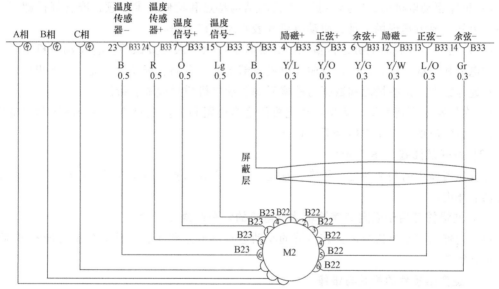

图 5-38　比亚迪 e6 纯电动汽车驱动电机回路

1）线束检查。拔下 VTOG 控制器 B32 插接器。拔下 MG2 电机 B22、B23 插接器（图 5-39）。测量线束端插接器各端子电阻值，对照表 5-9。如果不符合，则应该更换线束或插接器；如果正常，进入下一步检查。

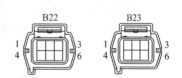

图 5-39　B22、B23 插接器

表 5-9　各端子电阻值

端　子	正　常　值
B32-19→B23-1	<1Ω
B32-3→B23-4	<1Ω
B32-1→B22-1	<1Ω
B32-16→B22-2	<1Ω
B32-32→B22-3	<1Ω
B32-2→B22-4	<1Ω

2）用诊断仪检查驱动电机控制器和驱动电机。如果是 VTOG 驱动电机控制器故障，则应更换电机控制器；如果是驱动电机故障，则应更换驱动电机。

温馨提示：比亚迪 e6 纯电动汽车 B32、B22、B23 插接器的拆装与检测视频参见教学资源 5.4。

5.5 驱动电机及其控制系统的维修

拆卸维修前，需将点火开关置于 OFF 档，断开维修开关，使蓄电池断电，还应放掉冷却系统冷却液，拆卸驱动电机及其控制器冷却管路进出水管。

1. VTOG 控制器的拆装维修（参见任务 4 的 VTOG 控制器拆装维修）

2. 驱动电机的拆装维修

（1）拆卸前的检查和试验

1）拆卸驱动电机前，应熟悉驱动电机的结构特点和检修技术要领，准备好拆卸工具和设备。另外，要清理现场工具，驱动电机外表吹风清扫干净。

2）向用户了解驱动电机运行情况，必要时也可做一次检查试验。将驱动电机空转，测出空载电流和空载损耗，同时检查驱动电机各部温度、声响、振动等情况，并测出电压、电流、转速等数据，这些情况和数据对检修后的驱动电机质量检查有帮助。

3）在切断电源情况下，测出驱动电机的绝缘电阻和直流电阻值，对于高压驱动电机还可测出泄漏电流值，以备与检修后进行比较。

（2）拧开放油塞（图 5-40）

将变速器体内的润滑油排放干净，在箱体上拧紧放油塞，防止在拆卸过程中，异物掉入变速器腔体内。

（3）交错拧开用于固定变速器箱体与电机的六角凸缘面螺栓

将变速器与驱动电机分离。在后续的驱动电机拆分过程中，请注意保护好所有零部件，防止损坏零部件。

（4）旋变插接件的拆装与维修

当旋变插接器处出现问题时，需要对旋变插接器进行拆卸维修。

1）用扳手将 M6×20 六角头螺栓拧下来（图 5-41）。

2）取出旋变插接器，用斜口钳将旋变插接器中间部分取下。

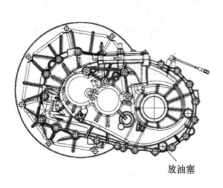

图 5-40 拧开放油塞

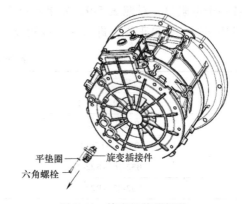

图 5-41 旋变插接器拆装

3）取新的旋变插接器连上旋变引线端插器，在旋变插接器装配面涂上一层润滑油，箱体配合孔也涂上一层润滑油。再将旋变插接器插入后箱体配合孔内。最后将 M6×20 六角头螺栓带平垫圈拧上，力矩为 12N·m。

（5）温控插接器的拆装与维修

当温控插接器处出现问题时，需要对温控插接器进行拆卸维修。

1）用扳手将 M6×20 六角头螺栓拧下来（图 5-41 图中的旋变插接器改为温控插接器，安装位置不同）。

2）取出温控插接器，用斜口钳将温控插接器中间部分取下。

3）取新的温控插接器连上引线端插器，在温控插接器装配面涂上一层润滑油，箱体配合孔也涂上一层润滑油。再将温控插接器插入后箱体配合孔内。最后将 M6×20 六角头螺栓带平垫圈拧上，力矩为 12N·m。

（6）通气阀的拆装与维修

当通气阀出现问题时，需要对通气阀进行拆卸维修。

1）用专用工具将通气阀取下来。

2）取新的通气阀涂上一层 AB 胶，再用安装通气阀的工具将通气阀装到箱体上。

（7）驱动电机骨架油封的拆装

当驱动电机骨架油封处需要维修时，就要更换驱动电机骨架油封。

1）利用工具取出油封。

2）更换新油封。在安装之前，要用润滑油在骨架油封处和壳体配合处涂抹，再利用专用工具把油封向里旋转压紧，千万不能硬砸硬冲。

（8）驱动电机端盖的拆装

当驱动电机机壳内部零部件出现问题时，需要对驱动电机端盖进行拆卸。在拆卸端盖前，要检查紧固件是否齐全，并记录损伤情况，以免在装配过程中有紧固件遗落在驱动电机内部。拆下的小零件应配在一起，放在专用零件箱内，便于装配。

拆卸端盖时，一定要考虑到端盖一端拆下后，转子会倾斜下沉，使另一端轴承承受损伤，解决的办法是轴端用千斤顶顶上或在转子尚未沉下时，垫上胶板垫。具体拆卸过程如下：

1）用扳手将端盖螺栓拧下（图 5-42）。

2）用专用工具将端盖从壳体上取下来。由于之前装端盖时在结合面处涂抹了密封胶，在拆下端盖后要对驱动电机内部进行清洁，不得让异物掉入驱动电机内部。

3）安装端盖时，先在箱体接合面处涂抹上密封胶，利用定位销对端盖与箱体进行定位，然后用力矩扳手将 M8×35 端盖螺栓拧紧。

（9）驱动电机滚动轴承的拆装

由于拆卸滚动轴承时会磨损配合表面，降低配合强度，所以不应轻易拆卸轴承。在

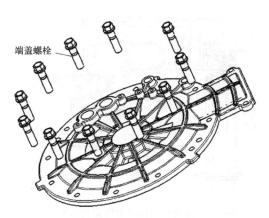

端盖螺栓

图 5-42 驱动电机端盖拆装

检修中，遇到下列情况时才需拆卸滚动轴承。

1）修理或更换有故障的轴承。

2）轴承已超过使用寿命，需更换。

3）更换其他零部件时必须拆下轴承。

4）轴承安装不良，需重新装配。

从轴上拆轴承时，应使轴承内圈受力均匀；从轴承室拆轴承时，应使外圈受力均匀。热套的轴承因过盈量大，不允许改用冷拆法。因为这样做不但拆卸困难，同时也会损伤轴承配合精度，增大轴承噪声，所以必须采用热拆法。

（10）驱动电机转子的拆装

当驱动电机转子损坏需要维修时，就要把驱动电机转子取出。为了一次抽出转子，在检修现场往往是在短轴端塞入一根"假"轴，将轴接长。如果是较重的转子就要考虑使用起重工具。

（11）驱动电机三相动力线束的拆装

拆卸前，将驱动电机平放于工作台上，使其平稳放置，确保拆分时的驱动电机安全。之后对接线盒盖进行拆卸。用扳手将固定三相动力线束和定子引出线的螺栓拧下（图5-43），取走弹垫和平垫圈。将固定三相动力线束凸缘的M6×20六角头螺栓拧下拔出三相动力线束（注意不要损坏三相动力线束）。维修完毕后，再将三相动力线束涂抹润滑油装入箱体。

（12）驱动电机定子的拆装

当驱动电机定子损坏需要维修时，就要把驱动电机定子取出。

1）拆卸。用扳手将固定三相动力线束和定子引出线的螺栓5拧下，取走弹垫6和平垫圈7（图5-44）。用扳手将固定定子六角头螺栓1拧下，取走弹垫2和平垫圈3。将定子4从驱动电机内取出维修。

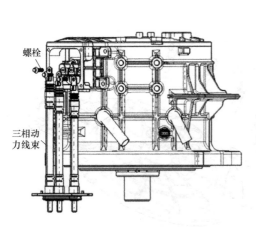

图5-43 驱动电机三相动力线束的拆装

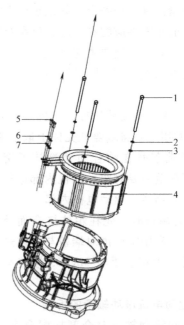

图5-44 驱动电机定子的拆装

1—六角头螺栓　2、6—弹垫　3、7—平垫圈　4—定子　5—螺栓

2）检查。检查槽楔、齿压板、绕组端部绑扎和绝缘块是否松动和脱落，槽楔和绑扎的五纬带或绑扎绳是否高出铁心表面。铁心通风沟要清洗干净，不得堵塞。绕组绝缘和引线绝缘以及出线盒绝缘应良好，不得损伤。绝缘电阻值不应低于规程的规定，还要检查装配零部件是否齐全。检查后要用 30MPa 左右的压缩空气吹净驱动电机铁心和绕组上的灰尘。

3）安装。顺序与拆卸时相反。注意各螺栓的紧固力矩（螺栓 5 用 7N·m，螺栓 1 用 25N·m）。

（13）旋变定子的拆装

当旋变定子需要维修时，按照前面方法对箱体端盖进行拆卸，驱动电机的旋变就安装在端盖上。再用扳手将螺栓拧下（图 5-45），取出旋变隔磁环，将定子引出线从旋变插接件中拔出后取出旋变定子。维修完旋变定子和旋变隔磁环后，就可以安装后端盖了。

（14）密封环的拆装

1）拆卸。在拆卸密封环之前，要确保驱动电机水道内冷却液排放干净。之后将电机旋变插接器端朝下平放，在入水管通上气压，而出水管道堵塞密封。利用气压将密封环带 O 形圈 3、4 压出后箱体（图 5-46）。

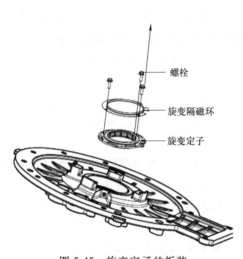

图 5-45　旋变定子的拆装

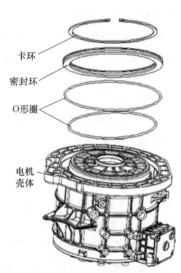

图 5-46　密封环的拆装

2）维修与安装。将密封环带 O 形圈或水道筋进行维修或更换。将维修好的密封环带 O 形圈或水道筋涂抹润滑油进行安装。安装完毕后，进行水压密封性测验。

（15）驱动电机装配注意事项

1）装配驱动电机前，要清扫定子、转子内外表面尘垢，并用蘸有汽油的棉布擦拭干净。清除驱动电机内部异物和漆瘤，特别是机座和端盖止口上的漆瘤和污垢，一定要用刮刀和铲刀铲除干净，否则影响驱动电机装配质量。

2）驱动电机在修理后，若驱动电机内部润滑油不够 2L，驱动电机内部则需要加足 2L 的美孚 ATF220 润滑油（保证驱动电机内部有 2L 的美孚 ATF220 润滑油）。

3）彻底清洗各接合面。注油塞螺纹、排油塞螺纹、端盖与箱体接合处要涂抹密封胶（耐油硅酮密封胶 M-1213 型），通气阀、铭牌要用 AB 胶涂抹接合处。

4）勿过分扩张卡环，以免其变形。如果卡环变形，需要更换。安装时，确保卡环完全卡入环槽。

5）驱动电机上所有的螺栓要用螺纹胶赛特 242 涂抹紧固。如果螺栓有裂纹或者损坏，请及时更换。螺栓拧紧后用油漆笔做标记。

6）安装轴承前，要用轴承加热器加热所用的轴承 80s。安装过程时，采用规定的工装进行操作。同样尺寸的轴承外圈与内圈不可以更换。

7）装配时用润滑油处有三相动力线束总成与箱体装配孔、O 形圈与箱体装配处、骨架油封与盖板装配处、旋变插接件、温控插接件与箱体装配处。

任务总结

1. 驱动电机是为车辆行驶提供驱动力的电动机，是电动汽车的动力装置。驱动电机与其控制系统相配合，用于控制电机的正向驱动、反向驱动、正转发电、反转发电，与整车控制系统实时通信，实施驱动电机的最优运转控制，限制最高输出电流和电压，进行电机保护和自身内部故障的检测和处理等。

2. 驱动电机的主要性能参数有电机类型、额定功率、额定电压、额定电流、额定效率、额定转速、额定转矩、额定功率因数、绝缘等级、功率密度、过载能力、可靠性和成本等。

3. 驱动电机系统的基本结构主要由电枢、磁场、控制器等组成，其工作原理都是利用电磁感应原理，将机械能转换为电能。常见的驱动电机目前主要有交流永磁电动机、感应式交流电动机、直流电动机、开关磁阻电动机等。比亚迪 e6 纯电动汽车驱动电机为交流无刷永磁同步电动机。

4. 驱动电机控制系统主要由高压配电、控制器及相关的传感器组成。工作时，驱动电机控制器接受档位开关信号、加速踏板深度信号、制动踏板深度信号及驱动电机旋变信号，经过一系列逻辑处理和判断，来控制驱动电机的正反转和转速等。

5. 直流电动机的转速控制普遍采用直流斩波控制，其核心部件 IGBT（绝缘栅双极型晶体管），将直流电转换为交流电，来控制电机的正反转、功率、转矩、转速等。

6. 驱动电机及其控制系统故障可以通过外部直观检查和仪器设备进行检测，尽量使用专用仪器设备读取故障码和数据流。

7. 驱动电机及其控制系统结构原理比较复杂，拆装维修应由专业人员进行，严格按照维修手册要求操作。

学生学习工作页

一、驱动电机及其控制系统基本知识

1. 填空

（1）驱动电机的基本作用是 _____

_____。

（2）驱动电机额定功率：_____

_____。

（3）驱动电机额定电压：_____。

（4）驱动电机动额定电流：_____。

（5）驱动电机动额定转速：_____。

（续）

（6）驱动电机额定转矩：_____。

（7）驱动电动机额定效率：_____

_____。

（8）驱动电动机额定功率因数：_____

_____。

（9）驱动电动机绝缘等级：_____

_____。

（10）驱动电动机功率密度：_____。

（11）驱动电动机过载能力：_____。

（12）VTOG 是 _____控制器的简称。

（13）IGBT 是 _____晶体管的简称。

（14）目前电动汽车所采用的驱动电动机种类主要有_____电动机、_____电动机、_____电动机和
_____电动机。

2. 驱动电动机控制系统有哪些功能？

二、驱动电机及其控制系统结构原理

1. 下图是三相两极直流无刷电动机结构原理图，请在"?"处填入部件名称，并说明直流无刷电动机工作原理。

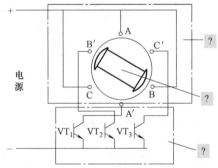

2. 比亚迪 e6 纯电动汽车驱动电机整体结构如下图所示，请在下表中填上零部件名称。

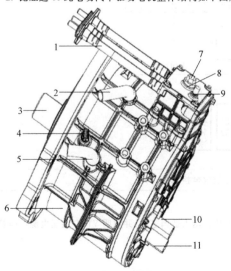

序号	名称	序号	名称
1		7	
2		8	
3		9	
4		10	
5		11	
6			

（续）

3. 下图是旋转变压器的结构简图,请在"?"处填上零部件名称,并说明其基本作用和工作原理。

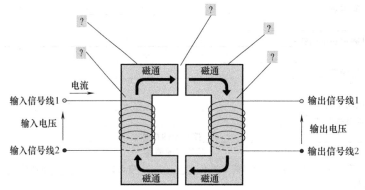

4. 下图是比亚迪 e6 纯电动汽车电机控制器,请在"?"处填入适当名称。

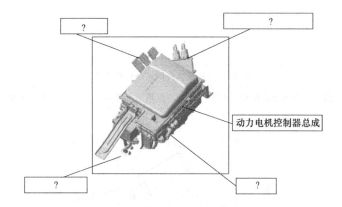

5. 下图是比亚迪 e6 纯电动汽车驱动电机控制原理框图,请在"?"处填入部件名称,并说明比亚迪 e6 纯电动汽车驱动电机控制系统组成与基本工作原理。

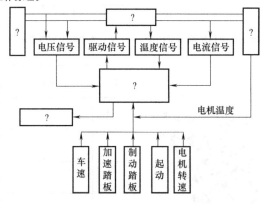

三、驱动电机及其控制系统故障检测

1. 驱动电机及其控制系统温度过高可能的原因有哪些?

2. 下图是比亚迪 e6 纯电动汽车 VTOG 高压电源电路,请在"?"处填入适当名称,并说明 VTOG 高压电源电路检查步骤。

（续）

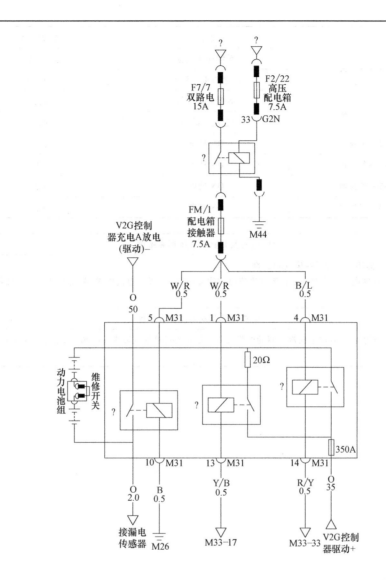

3. 下图是比亚迪 e6 纯电动汽车加速踏板深度传感器电路图和插接器端子图,请在下表"?"处填上适当数值。

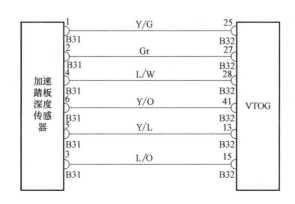

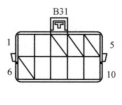

（续）

端子	条件	正常值/V
B31-4→车身地	不踩加速踏板	约为?
	加速踏板踩到底	约为?
B31-6→车身地	不踩加速踏板	约为?
	加速踏板踩到底	约为?
B31-2→车身地	ON 档电	约为?
B31-1→车身地	ON 档电	约为?
B31-5→车身地	ON 档电	<?
B31-3→车身地	ON 档电	<?

四、电机及其驱动系统拆装维修

　　1. 说说驱动电机拆卸前进行哪些检查和试验?

　　2. 说明比亚迪 e6 纯电动汽车驱动电机系统维修时应注意的问题(包括电机内部、各密封处、卡环、轴承和润滑油加注等)。

五、电机及其驱动系统综合测评

　　以小组为单位,给比亚迪 e6 纯电动汽车驱动电机及其控制系统过热的故障进行检测与维修,之后制作海报进行全班交流。

电动汽车辅助系统的结构与维修

任务6　空调不制冷故障的诊断与维修

学习目标

1. 掌握电动汽车空调系统的结构特点与工作原理。
2. 学会空调系统的常见故障检测与诊断。
3. 能够进行空调系统的抽真空与制冷剂加注。
4. 能够进行空调系统的拆装与维修。
5. 培养良好的职业道德与安全环保意识。

任务接受

客户报修：比亚迪 e6 纯电动汽车行驶中空调突然不制冷，要求服务站给予维修。

任务接待参见任务 1 的 1.1。

任务准备

6.1　电动汽车空调系统的信息收集

1. 电动汽车空调系统结构特点

电动汽车空调与常规汽车空调相比，主要区别在于电动压缩机及 PTC（正温度系数 Positive Temperature Coefficient 的缩写）半导体材料电制热。

常规汽车制冷压缩机靠带轮通过发动机曲轴、传动带带动转动，其转速只能被动地通过发动机调节。电动汽车的压缩机为电动压缩机，其驱动靠高压驱动（如比亚迪 e6 纯电动汽车为 320V），其转速调节范围在 0~4000r/min，具有良好的制冷效果，同时也可节约电能。

常规汽车制热是靠冷却液的热量来制热，在发动机起动与暖机阶段制热效果差。纯电动汽车没有发动机，需要靠 PTC 制热器进行电制热，其最大功率达 3000W，同时可以任意调节。

以比亚迪 e6 纯电动汽车为例，空调系统由制冷、供暖、通风、控制等部分组成。

制冷系统主要由空调驱动器、电动压缩机、冷凝器、膨胀阀和蒸发器五大部件组成（图 6-1），辅助设备有制冷管路、储液干燥器等。

供暖系统主要由空调驱动器、PTC 加热器等组成。

通风系统主要由鼓风机、通风管道等组成。

控制系统主要由室外温度传感器、室内温度传感器、日光照射传感器、蒸发器温度传感器、PTC温度传感器、PTC一次性熔断器、PTC温度控制开关、调速模块、三态压力开关、内外循环电动机、主驾冷暖电动机、副驾冷暖电动机、空调控制器。部分组件在车上位置如图6-2所示，其组成框图如图6-3所示。

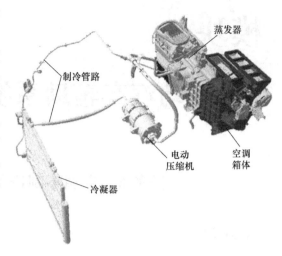

图 6-1　比亚迪 e6 纯电动汽车空调制冷系统

2. 电动汽车空调系统工作原理

(1) 制冷系统原理

如图6-4所示，由空调驱动器驱动的电动压缩机将气态的制冷剂（R134a）从蒸发器中抽出，并将其压入冷凝器。高压气态制冷剂经冷凝器液化而进行热交换（释放热量），热量被车外的空气带走。高压液态的制冷剂经膨胀阀的节流作用而降压，低压液态制冷剂在蒸发器中气化而进行热交换（吸收热量），蒸发器附近被冷却了的空气通过鼓风机吹入车厢。气态的制冷剂又被压缩机抽走，泵入冷凝器，使制冷剂封闭式循环流动，不断地将车厢内的热量排到车外，使车厢内的气温降至适宜的温度。

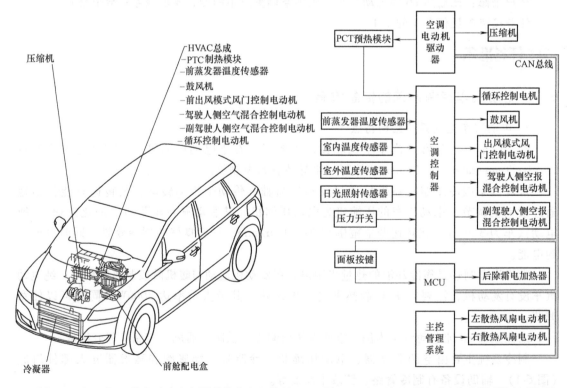

图 6-2　比亚迪 e6 纯电动汽车空调系统在车上位置　　图 6-3　比亚迪 e6 纯电动汽车空调系统组成框图

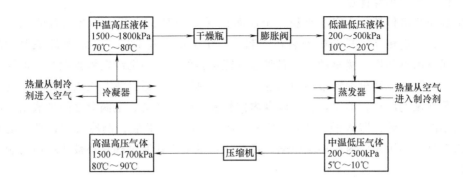

图 6-4　空调制冷原理

（2）供暖原理

如图 6-5 所示，供暖系统采用空调驱动器驱动 PTC 加热器制热，通过鼓风机吹出的空气将 PTC 散发出的热量送到车厢内或风窗玻璃，用以提高车厢内温度和除霜。

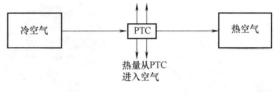

图 6-5　空调制热原理

空调其他原理（换气、除湿、除雾等）与常规汽车空调相似。

3. 电动汽车空调系统主要部件结构原理

（1）电动空调压缩机

电动汽车空调压缩机取消了传统汽车的外驱式带轮，采用电动机驱动，电动机一般与压缩机组装为一体，形成全封闭的结构，其内部结构如图 6-6 所示。

这种结构形式灵活方便，可布置在发动机舱内任何位置，而且电动机与压缩机可采取同轴驱动，不会出现传统驱动方式的传动带打滑、压缩机转速与发动机转速不同步的现象。由于电动机同轴驱动压缩机，可通过调节电动机转速改变压缩机转速，实现空调压缩机排量及制冷量的灵活控制。封闭式的驱动结构，只有电源线及进出气管与外部联系，泵气装置运行的可靠性较高，故障率较低。

电动空调压缩机一般使用泵

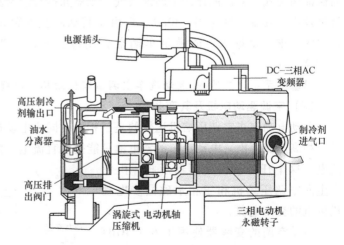

图 6-6　电动空调压缩机结构

气效率较高的涡旋式压缩机，与其他诸多类型的空调压缩机（如斜盘式、曲柄连杆式、叶片式等压缩机）相比，涡旋式压缩机具有振动小、噪声低、使用寿命长、重量轻、转速高、

效率高、外形尺寸小等优点。

涡旋式压缩机包括一个定涡盘和一个动涡盘（图6-7），这两个相互啮合的涡盘，其线形是相同的，它们相互错开180°安装在一起，即相位角相差180°。其定涡盘是固定在机架上，而动涡盘由电动机直接驱动。动涡盘是不能自转的，只能围绕定涡盘做很小回转半径的公转运动。当驱动电动机旋转带动动涡盘公转时，制冷气体通过滤芯吸入到定涡盘的外围部分，随着驱动轴的旋转，动涡盘在定涡盘内按轨迹运转，使动、定涡盘之间形成由外向内体积逐渐缩小的六个腔，即A腔、B腔、C腔、D腔、E腔和F腔，制冷气体在动、定涡盘所组成的六个月牙形压缩腔内被逐步压缩，最后从定盘中心孔通过阀片将被压缩后的制冷气体连续排出。

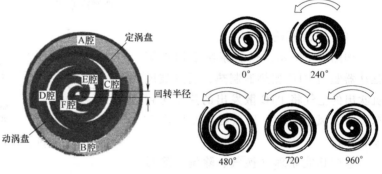

图6-7　涡旋式压缩机

在压缩机整个工作过程中，所有工作腔均由外向内逐渐变小且处于不同的压缩状况，从而保证涡旋式压缩机能连续不断地吸气、压缩和排气。虽然涡旋式压缩机每次排出制冷剂的气量较小，其排出量为27～30mL，但由于其动涡盘可做高达9000～13000r/min的公转，所以它的总排量足够大，能满足车辆空调制冷的需求，当然压缩机的功耗也较大，可达4～7kW。

温馨提示：比亚迪e6电动汽车空调压缩机结构原理视频参见教学资源6.1

（2）空调驱动电机及其变频器

驱动电动汽车空调压缩机运转的是三相永磁同步电动机，而向空调三相电动机供电的则是三相高压交流电。电动汽车的蓄电池只能提供直流电，为此必须要将电池直流电转换为交流电，这个任务就由变频器承担，由它产生向空调压缩机和三相永磁同步电动机供电的交流电源。

电动空调的变频器使用了6个IGBT（场效应管），IGBT的导通或截止受控于其上的栅极电压，就能造成IGBT的源极与漏极间的通路或断路状况。如图6-8所示，当6个IGBT的栅极按一定规律轮流

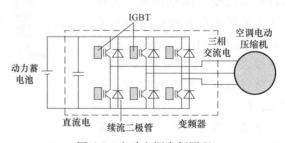

图6-8　电动空调变频原理

加上占空比脉冲调制控制电压时，就会让电池的直流高压电流经过变频器，在输出端形成三相正弦交流电流，利于三相永磁同步电动机平稳运转并产生转矩以驱动空调压缩机。图6-8中与IGBT并联的二极管是电动机三相绕组的续流二极管。

通过控制永磁同步电动机定子各相绕组的通电频率及电流大小，可精确地调节电动机转子的转速与转矩，并能直接控制压缩机的转速，调节制冷剂的排量，以适应汽车运行对空调系统的不同工况要求。

变频器的系统电路如图6-9所示。

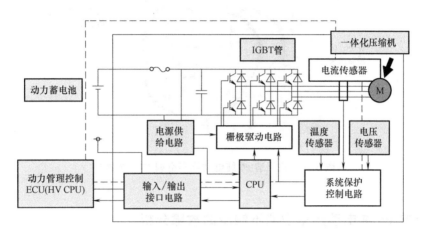

图6-9　空调变频器系统电路

1）栅极驱动电路对各IGBT的栅极进行控制，它接收中央处理器的信号，当它给各栅极进行脉冲宽度调制时，将使输出电路得到正弦波的电压。通过IGBT的通断频率还可控制空调压缩机的转速，同时它还受保护电路的监控。

2）系统保护控制电路接收输出电流、电压和空调温度等传感信号，不让其在过流、过压及超温状态下工作，用于保护整个系统。

3）中央处理器（CPU）根据空调的目标温度和蒸发器的实际温度，计算压缩机的目标转速，控制空调变频器栅极驱动电路的工作。空调蒸发器的目标温度由驾驶人设定的温度、车外温度传感器、车内温度传感器、日照传感器以及PTC传感器决定。另外，车内温度传感器产生CPU的校正信号，提高了乘坐的舒适性。

4）输入/输出接口电路负责对外部电路如对动力管理系统电路进行通信信号的联系。

5）电源供给电路负责向CPU和栅极电路进行供电。

（3）PTC加热器

电动汽车空调的供暖系统热源采用PTC电加热器。它通常由半导体材料制成，其电阻随温度变化而急剧变化，当外界温度降低，PTC电阻值随之减小，发热量反而会相应增加，所以PTC加热器具有节能、恒温、安全和使用寿命长等特点。

前期的制热装置采用PTC发热条，直接将冷空气加热为热空气，再用风机吹出热气。为了提高制热器的效率，现在制热多以水为介质，将水加热后送到空调风道的散热器，再经风机吹向车厢内或风窗玻璃，用以提高车厢内温度和除去风窗玻璃上的霜雾，吹出气体的温

度最高可达85℃，可完全满足空调制热的要求，如果高于85℃，则PTC电阻变得极大，实际表现为自动停止工作。作为加热用的陶瓷PTC元件，具有自动恒温的特性，可省去一套复杂的温控线路，而且其工作电压高达1000V，可直接由电池的高压供电。比亚迪e6纯电动汽车空调PTC加热器如图6-10所示。

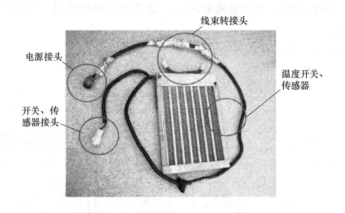

图6-10　比亚迪e6纯电动汽车空调PTC加热器

6.2　比亚迪e6纯电动汽车空调不制冷的故障分析

根据比亚迪e6纯电动汽车结构原理，空调不制冷故障的可能原因如图6-11所示。

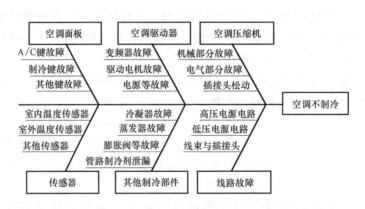

图6-11　空调不制冷故障的可能原因

6.3　空调系统维修准备

1. 维修计划

1）外部直观检查。

2）采用仪器设备检测。

3）确定故障原因和零部件。

4）针对存在问题进行拆装维修。

2. 维修设备与材料准备（表 6-1）

表 6-1　维修设备与材料

名　　称	数量	名　　称	数量
比亚迪 VDS1000 诊断系统	1 台	600V 绝缘手套	1 双
汽车万用表	1 台	眼罩、手套、抹布等	1 批
空调歧管压力表组	1 套	电工胶布等	2 卷
常规拆装工具	1 套	工作台	1 台
力矩扳手	1 把	汽车空调制冷系统配件	1 套

任务实施

6.4　比亚迪 e6 纯电动汽车空调系统的故障检查

1. 外部直观检查

温馨提示：空调系统出现不工作或工作不正常等故障时，会有一些外在的表现。通过直观的检查（眼看、手摸、耳听）能准确而又简便地诊断故障所在，迅速排除故障。

（1）直接观察

1）仔细观察管路有无破损、冷凝器及蒸发器表面有无裂纹或油渍。如果冷凝器、蒸发器或其管路某处有油渍，检查有无渗漏。可用肥皂泡法重点检查渗漏的部位（各管路的接头处和阀的连接处、软管及软管接头处、压缩机油封、密封垫等处、冷凝器、蒸发器等表面有刮伤变形处）。

2）打开空调系统，然后再通过检视窗查看制冷剂的循环流动情况。

① 液体正常流动，偶尔出现一个气泡，说明制冷剂正常。

② 液体流动清晰，无气泡，有制冷剂充满或无制冷剂两种可能，如果出风口冷，说明制冷剂正常；如果出风口不冷，则说明制冷剂已漏光。

③ 有较多的气泡，说明制冷剂不足。

3）仔细检查有关的电气线路连接有无断路之处。

如有上述问题，则更换或维修相应组件。

（2）通过手感检查故障

1）检查空调制冷系统高压端。接通空调开关，使制冷压缩机工作 10~20min 后，用手触摸空调系统高压端管路及部件。从压缩机出口→冷凝器→干燥罐→膨胀阀进口处，手感温度应是从热到暖。如果中间的某处特别热，则说明其散热不良；如果这些部件发凉，则说明空调制冷系统可能有阻塞、无制冷剂、压缩机不工作或工作不良等故障。

2）检查空调制冷系统低压端。接通空调开关，使制冷压缩机工作 10~20min 后，用手触摸空调系统低压端管路及部件。从蒸发器到压缩机进口处，手感温度应是从凉到冷。如果不凉或是某处出现了霜冻，均说明制冷系统有异常。

3）检查压缩机出口端温度差。接通空调开关，使制冷压缩机工作 10~20min 后，用手触摸压缩机进出口两端，压缩机的高、低压端应有明显的温度差。如果温差不明显或无温差，则可能是已完全无制冷剂或制冷剂严重不足。

4）检查线路。用手检查导线插接器连接是否良好，空调系统线路各插接件应无松动和发热。如果插接件有松动或插接件表面的温度较高（手感发热），则说明插接件内部接触不良进而导致空调系统不工作或工作不正常。

如有上述问题，则更换或维修相应组件。

（3）用耳听检查故障

仔细听压缩机有无异响、压缩机是否工作，以判断空调系统不制冷或制冷不良是否因为压缩机或是压缩机控制电路出现问题。

如有上述问题，则更换或维修相应组件。

2. 用空调歧管压力表组进行检查

空调歧管压力表组如图6-12所示。检查步骤如下：

1）关闭高、低压力表的手动阀。

2）将高、低压力软管分别连接到空调系统的高低压检修阀上。

3）慢慢打开高、低压力表手动阀，利用空调系统内制冷剂压力排除管内空气。

4）起动空调系统，待压力表指示稳定后即可读取压力值。

5）根据高、低压力表值进行判断（表6-2）。

 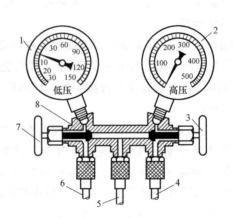

图 6-12　空调歧管压力表组

1—低压表　2—高压表　3—高压手动阀　4—高压软管　5—中间软管　6—低压软管　7—低压手动阀　8—压力表本体

表 6-2　空调故障判断

高压力表值	低压力表值	故障判断	备注
1.47~1.67MPa	0.15~0.25MPa	正常压力	
低于正常压力	低于正常压力	制冷剂不足	
高于正常压力	高于正常压力	制冷剂过量或冷凝器散热不良	
高于正常压力，且指针摆动	高于正常压力，且指针摆动	制冷系统有空气	不同空调系统略有差异，以维修手册为准
低于正常压力	高于正常压力	空调压缩机压力低或膨胀阀开度大	

3. 用仪器设备进行故障诊断

（1）检查蓄电池电压

用万用表检查，标准电压为 11~14V，如果电压低于 11V，在进行下一步之前请充电或更换蓄电池。

（2）参考汽车空调故障诊断表（表 6-3）

如果故障在表中，可根据具体故障做进一步检查、调整、维修或更换。如果不在表中，则应进行全面诊断。

表 6-3　汽车空调故障诊断表

故障症状	可能发生部位	故障症状	可能发生部位
空调系统所有功能失效	1. 高压配电 2. 空调电动机驱动器 3. 空调控制器电源电路 4. 空调控制器 5. CAN 总线 6. MICU 7. 线束和插接器	出风模式调节不正常	1. 前出风模式风门控制电动机 2. 空调控制器 3. 线束和插接器
仅制冷系统失效（鼓风机工作正常）	1. 压缩机 2. 空调电动机驱动器 3. 压力开关	驾驶人侧冷暖调节不正常	1. 驾驶人侧空气混合控制电动机 2. 空调控制器 3. 线束和插接器
鼓风机不工作	1. 鼓风机回路 2. 空调控制器	副驾驶人侧冷暖调节不正常	1. 副驾驶人侧空气混合控制电动机 2. 空调控制器 3. 线束和插接器
仅暖风系统失效	1. PTC 制热模块 2. 空调电动机驱动器	内外循环调节不正常	1. 循环控制电动机 2. 空调控制器 3. 线束和插接器
制冷系统工作不正常（实际温度与设定温度有偏差，风速档位异常）	1. 各传感器 2. 前调速模块 3. 鼓风机 4. 空调控制器面板总成 5. 线束和插接器	后除霜失效	1. 后除霜回路 2. MCU 3. 线束或插接器

（3）用诊断仪读取故障码

采用比亚迪 VDS1000 诊断系统进行故障诊断（仪器设备使用方法常见任务 3），空调故障码见表 6-4。根据故障码可做进一步检查。

表 6-4　空调故障码

故障诊断码	故障描述	故障诊断码	故障描述
B2A02	室外温度传感器	B2A0D	温度开关故障
B2A03	蒸发器温度传感器	B2A0E	主控不允许故障
B2A04	室内温度传感器	B2A1D	空调驱动器电动机故障
B2A05	PTC 温度传感器	B2A1F	主控未吸合空调继电器
B2A06	高低压力故障	B2A20	电池电量严重报警
B2A07	电量不足，压缩机停止	B2A21	电池电量一般报警
B2A09	EEPROM	U0164	空调模块通信故障

（4）检查空调控制模块

拔下空调控制器 G51、G52 插接器（图 6-13），用万用表测量线束端插接器各端子间电压或电阻，正常值见表 6-5。

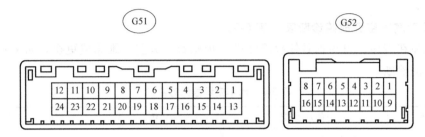

图 6-13　G51、G52 插接器

表 6-5　各端子间电压或电阻值（拔下 G51、G52 插接器）

端子号	端子描述	条件	正常值
G51-7-车身地	高/低压力开关信号输入端	冷媒压力≥0.196MPa 且≤3.14MPa	11~14V
G51-8-车身地	中压压力开关信号输入端	冷媒压力≥1.47MPa	11~14V
G51-24-车身地	ON 档电源输入端	电源档位上到 ON 档	11~14V
G51-23-车身地	ON 档电源输入端	电源档位上到 ON 档	11~14V
G51-17-车身地	搭铁	始终	<1Ω
G51-18-车身地	搭铁	始终	<1Ω
G51-21-车身地	搭铁	始终	<1Ω

之后重新插上空调控制器 G51、G52 插接器，电源档位上到 ON 档。从插接器后端引线，测量线束端插接器各端子间电压或电阻，正常值见表 6-6。如上述检查结果不正常，则进一步检查零部件及其线路。

表 6-6　各端子间电压或电阻值（插上 G51、G52 插接器）

端子号	端子描述	条件	正常值
G51-13-车身地	循环电动机内循环端	将内外循环模式调至内循环	电压信号
G51-14-车身地	循环电动机外循环端	将内外循环模式调至外循环	电压信号
G52-9-车身地	鼓风机反馈端	开空调	反馈信号
G51-4-车身地	鼓风机速度调整端	开空调	速度信号
G51-20-车身地	PTC 温度传感器接地	始终	<1Ω
G52-12-车身地	PTC 温度传感器输入端	开空调（制热模式）	温度信号
G51-9-车身地	空调继电器控制端	开空调	<1Ω
G52-5-车身地	室内温度传感器接地	始终	<1Ω
G52-15-G52-5	室内温度传感器输入端	开空调	温度信号
G51-19-车身地	日光照射传感器接地	始终	<1Ω
G52-14- G51-19	日光照射传感器输入端	开空调	光照信号
G52-6-车身地	室外温度传感器接地	始终	<1Ω

（续）

端子号	端子描述	条件	正常值
G52-16-G52-6	室外温度传感器输入端	开空调	温度信号
G52-7-车身地	蒸发器温度传感器接地	始终	<1Ω
G52-13-G52-7	蒸发器温度传感器输入端	开空调	温度信号
G51-2-G51-1	出风模式风门控制电动机电源输入端	开空调，调节出风模式	11~14V
G52-11-车身地	出风模式风门位置反馈端	开空调，调节出风模式	风门位置信号
G51-16-G51-15	驾驶人侧空气混合电动机电源输入端	开空调，调节出风温度	11~14V
G52-10-车身地	冷暖风门位置反馈端	开空调，调节出风温度	风门位置信号
G52-8-车身地	冷暖风门电动机及模式电动机高电位端	开空调	≈5V

（5）PTC 温度传感器故障（故障码 B2A05）**检测**（图 6-14）。

1）检查 PTC 温度传感器。拆下 PTC 制热模块，测量 PTC 温度传感器在不同温度下两端子之间的电阻，如果异常，则更换 PTC 制热模块；如正常（传感器无短路、断路，阻值能随着温度变化有规律地变化），则做下一步检查。

2）检查线束（PTC 制热模块-空调控制器）。从空调箱体 GJ09 插接器（图 6-15）后侧引线拔下空调控制器 G51、G52 插接器，测量 GJ09 的 19 端子与 G51 的 20 端子间电阻应小于 1Ω，GJ09 的 18 端子与 G52 的 12 端子之间电阻应小于 1Ω。如果异常，则更换线束或插接器；如果正常，则更换空调控制器。

（6）电量不足、压缩机停止的故障（故障码 B2A07）**检测**（图 6-16）

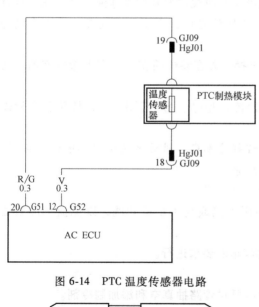

图 6-14 PTC 温度传感器电路

图 6-15 GJ09 插接器

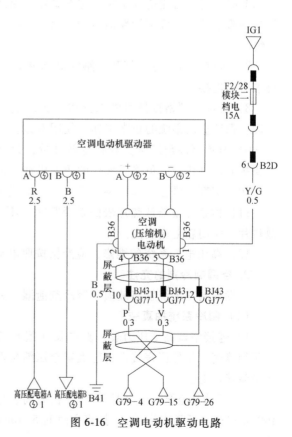

图 6-16 空调电动机驱动电路

1）检查仪表板的荷电状态（SOC）。如果 SOC≤10%，说明电量不足，立即进行充电；如果 SOC≥10%，进行下一步检查。

2）检查高压电源输入。将高压输入电源接头 A1、G1 重插一遍，检查压缩机是否恢复正常。如果正常了，说明高压电源输入接触不良；否则应更换空调电动机驱动器。

6.5 空调系统的维修

1. 维修空调系统时的注意事项

1）维修空调系统必须由专业技术人员进行。

2）维修前应使工作区通风，请勿在封闭空间或接近明火的地方操作制冷剂。维修前应戴好眼罩，保持至维修完毕。

3）避免液体制冷剂接触眼睛和皮肤。若液体制冷剂接触眼睛和皮肤，应用冷水冲洗，并注意：不要揉眼睛或擦皮肤。在皮肤上涂凡士林软膏。严重的要立刻找医生或医院寻求专业治疗。

4）制冷系统中如果没有足够的制冷剂，请勿运转压缩机；避免由于制冷系统中没有充足的制冷剂、润滑油不足造成压缩机烧坏。

5）压缩机运转时，不要打开压力表高压阀，只能打开和关闭低压阀。

6）必须使用专用冷冻油。不可乱用其他品牌的润滑油代替，更不能混用（不同牌号）。比亚迪纯电动汽车 e6 空调系统冷冻油总量为 120mL，当系统因渗漏导致冷冻油总量低于 110mL 时，就有可能造成压缩机过度磨损，因此维修站应视情况补加冷冻油。因冷冻油具有较强的吸水性，在拆下管路时要立即用堵塞或口盖堵住管口，不要使湿气或灰尘进入制冷系统。

7）维修时应注意，打开管路的 O 形圈必须更换，并在装配前在密封圈上涂冷冻油后按要求力矩连接。

8）维修中严格按技术要求操作（充注量、冷冻油型号、力矩要求等），按照要求检修空调，保证空调系统的正常工作和使用寿命。

9）避免制冷剂过量。若制冷剂过量，会导致制冷不良。排放系统中过多的制冷剂时，不要排放得过快，以免将系统中的压缩机油也抽出来。

10）定期清洗空气过滤网，保持良好的空气调节质量。

11）检查冷凝器散热片表面是否脏污，不要用蒸汽或高压水枪冲洗，以免损坏冷凝器散热片，应用软毛刷刷洗。

12）高压电气系统的维修，应严格按照电动汽车的要求进行。

2. 空调制冷剂的充注

当发现制冷系统管路破损、制冷剂泄漏，就需要对管路抽真空和添加制冷剂。

（1）制冷系统抽真空

1）连接空调高低压力表、真空泵（图 6-17）。分别将高压表接管接入储液干燥器上的高压维修阀，将低压表接入自蒸发器至压缩泵低压管路上的维修阀上，中间注入软管安装于真空泵接口上。

2）开动真空泵，打开歧管压力表的高、低压手动阀。对系统抽真空，使真空度达到 100Pa 左右（低压表指示）。抽真空时间 5~6min，若达不到该真空值，应关闭高、低压两侧

手动阀，停止抽真空，检查泄漏处。

3）关闭高、低压压力表的手动阀。静止 5min，观察压力表指示，若真空度下降，则表明有泄漏。此时，可从低压端注入少量制冷剂，当压力达到 100kPa 左右时，迅速关闭制冷剂瓶和低压手动阀。用肥皂水或电子检漏仪检查漏点并消除漏点。若系统正常，则可继续下一步骤。

4）继续抽真空 15～30min，因为水分的蒸发需要一定的时间，时间越长，系统内残余的水分也就越少。抽真空结束时，应先将高低压手动阀关闭，然后关闭真空泵，目的是为了防止空气进入系统。为了最大限度地将系统内的空气及湿气抽出，必须采用重复抽真空法，即第一次抽真空完毕后再连续抽 30min 以上，使真空压力表指针稳定。从真空泵的接口拆下中间注入软管，为后面进行向系统充注制冷剂做好准备。

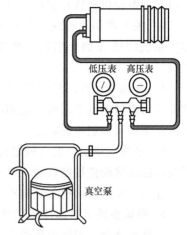

图 6-17　连接空调高低
压力表和真空泵

（2）制冷剂的充注

1）关闭歧管压力表的高、低压手动阀，断开真空泵，将注入阀连接在制冷剂罐上，将中间软管安装在注入阀接口上。顺时针拧紧注入阀手柄（图 6-18），使阀上的顶针将制冷罐顶开一个小孔。逆时针旋松注入阀手柄，退出顶针，使制冷剂进入中间注入软管。如第 1 罐用完，再用第 2、第 3 罐时，仍应先关闭压力表的手动阀（图 6-19）。

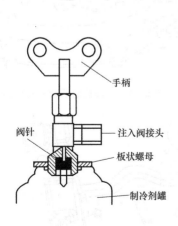

图 6-18　制冷剂注入阀

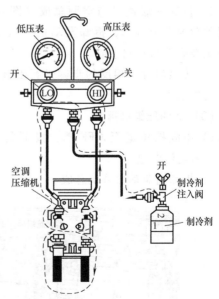

图 6-19　从制冷系统低压侧充入气态制冷剂

2）打开制冷剂罐，拧松中间注入软管歧管压力表侧的螺母，如看到白色制冷剂气体外溢，或听到"嘶嘶"声，说明注入软管中的空气已排出，可以拧紧该螺母。

3）旋开高压表侧手动阀，将制冷剂罐倒立，使制冷剂以液态注入制冷系统。在充注时

不得起动发动机和打开空调，以防制冷剂倒灌，加注后用手转动压缩机若干次。

4）关上高压手动阀，打开低压手动阀，让制冷剂罐正立使制冷剂以气态的形式进入制冷系统的低压侧。当低压侧的制冷剂压力不再增加时，关闭歧管压力表的低压侧手动阀。

5）起动发动机，打开空调开关，将风机开关打到高速档，同时将车门打开。再次打开歧管压力表的低压手动阀，让制冷剂继续进入制冷系统。达到规定压力后，关闭歧管压力表的低压手动阀和制冷剂罐。

6）加注完毕后，发动机熄火，首先关闭歧管压力表的高、低压手动阀以及注入阀，拆下与低压维修阀连接的软管，当高压侧压力下降后，再拆下与高压维修阀连接的软管。

注意！起动发动机加注制冷剂绝对不能旋开高压手动阀，否则会引起爆炸。

3. 空调系统机械部件拆装维修

拆装维修前，需将电源档位退至 OFF 档，使蓄电池断电。

（1）空调控制器面板总成拆装

1）拆卸仪表板右装饰盖板总成。

2）拆卸空调控制器面板总成（图6-20）：拆卸2个螺钉，脱开2个卡子与2个卡爪，断开空调控制器面板总成背后2个插接器，取下空调控制器面板总成。

3）按照与拆卸相反的步骤进行安装。

（2）采暖通风与空调总成拆装

1）拆卸仪表板总成。

2）拆卸采暖通风与空调总成（图6-21）：拆卸驾驶舱内5个螺母，拆卸发动机舱内1个螺母，取下采暖通风与空调总成。

3）按照与拆卸相反的步骤进行安装，注意各螺钉的拧紧力矩。

（3）空调压缩机拆装

1）电源档位退至 OFF 档，拔下紧急维修开关，使蓄电池断电。

2）拆卸前驱动力系统总成。

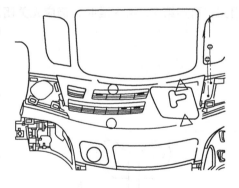

图6-20 空调控制器面板总成拆装

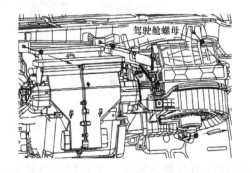
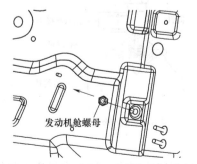

图6-21 采暖通风与空调总成拆装

3）拆卸压缩机：断开管路与插接器，拆卸2个螺母与2个螺栓（图6-22），取下压

缩机。

4）按照与拆卸相反的步骤进行安装，注意各螺钉的拧紧力矩。

（4）日光照射传感器拆装（图6-23）

1）拆卸。断开日光照射传感器1个插接器，脱开1个卡子，取下日光照射传感器。

2）安装。按照与拆卸相反的步骤进行安装。

（5）室内温度传感器拆装（图6-24）

1）拆卸。断开1个插接器，脱开1个卡子，取下室内温度传感器。

2）安装。按照与拆卸相反的步骤进行安装。

（6）室外温度传感器拆装（图6-25）

1）拆卸前保险杠总成。

2）拆卸室外温度传感器：断开1个插接器，脱开1个卡子，取下室外温度传感器。

3）安装。按照与拆卸相反的步骤进行安装。

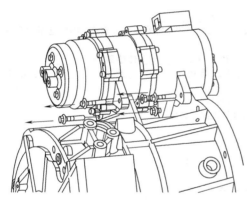

图6-22　空调压缩机拆装

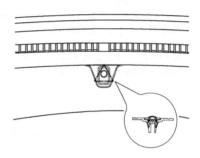

图6-23　日光照射传感器拆装

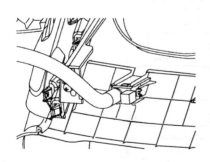

图6-24　室内温度传感器拆装

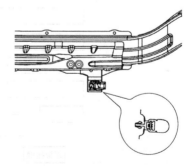

图6-25　室外温度传感器拆装

任务总结

1. 电动汽车空调与常规汽车空调相比，主要区别在于电动压缩机及PTC电制热。

2. 电动汽车空调压缩机取消了传统汽车的外驱式带轮，采用三相永磁同步电动机驱动。电动空调压缩机一般使用泵气效率较高的涡旋式压缩机。

3. 电动汽车空调的供暖系统热源采用PTC电加热器，其电阻随温度变化而急剧变化，

当外界温度降低，PTC 电阻值随之减小，发热量反而会相应增加，所以 PTC 加热器具有节能、恒温、安全和使用寿命长等特点。

4. 汽车空调系统出现不工作或工作不正常等故障时，会有一些外在的表现。通过直观的检查（眼看、手摸、耳听）能准确而又简便地诊断故障所在，迅速排除故障。

5. 空调歧管压力表组是检查汽车空调制冷系统的简单有效设备。

6. 采用专用诊断仪可以快速读取汽车空调故障码，结合一般仪器，可以全面诊断汽车空调各种故障。

7. 维修电动汽车空调系统时，要严格遵守操作规程和注意事项。

8. 电动汽车空调维修包括制冷系统抽真空、加注制冷剂和零部件拆装维修或更换等。

学生学习工作页

一、空调系统结构与工作原理

1. 填空
(1) 电动汽车空调与常规汽车空调相比，主要区别在于_____及_____。
(2) PTC 加热器是指_____加热器，其电阻随温度变化而急剧变化，当外界温度降低，PTC 电阻值随之_____，发热量反而会相应_____。
(3) 汽车空调控制系统主要由_____传感器、_____传感器、_____传感器、-_____传感器、_____传感器、_____熔断器、_____控制开关、调速模块、_____开关、_____电动机、_____电动机、_____电动机、_____控制器等组成。
(4) 驱动电动汽车空调压缩机运转的一般是_____电动机。

2. 下图是比亚迪 e6 纯电动汽车空调系统组成框图，请在空框处填入部件名称。

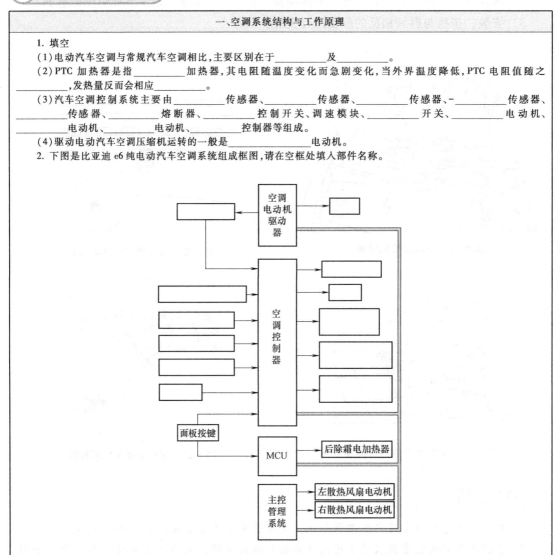

3. 下图是比亚迪 e6 纯电动汽车空调制冷原理图，请在"？"处填入相应名称，并说明比亚迪 e6 纯电动汽车空调制冷基本工作原理。

（续）

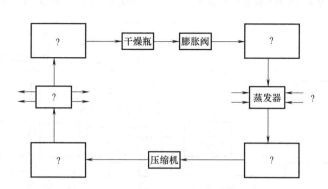

4. 下图是空调涡旋式压缩机结构原理图，请在"?"处填入适当名称，说明其工作原理。

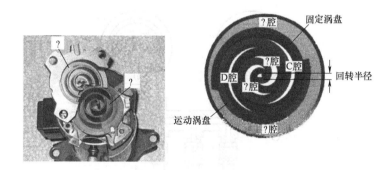

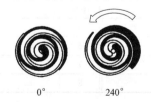

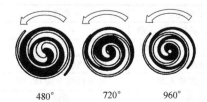

（续）

5. 下图是电动汽车空调变频器系统电路图，请在"?"处填入适当名称，说明其各电路工作原理。

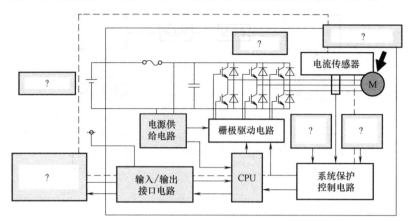

二、空调系统故障检测

1. 分析比亚迪 e6 纯电动汽车无法制冷故障的可能原因。

2. 请说明比亚迪 e6 纯电动汽车空调不制冷故障的外部直观检查方法步骤。

3. 下图是汽车空调歧管压力表组结构图，请将图中序号零部件名称填入表中，并说明采用空调歧管压力表组检查空调制冷系统故障方法步骤。

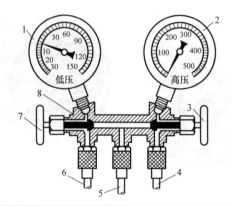

序号	名称	序号	名称
1		5	
2		6	
3		7	
4		8	

4. 请完善下面的端子电压、电阻检测表（拔下 G51、G52 插接器）。

端子号	端子描述	条件	正常值
G51-7-车身地	高/低压力开关信号输入端		
G51-8-车身地	中压压力开关信号输入端		
G51-24-车身地	ON 档电源输入端	电源档位上到 ON 档	
G51-23-车身地	ON 档电源输入端	电源档位上到 ON 档	
G51-17-车身地	搭铁	始终	
G51-18-车身地	搭铁	始终	
G51-21-车身地	搭铁	始终	

（续）

5. 请完善下面的端子电压、电阻检测表(插上 G51、G52 插接器)。

端子号	端子描述	条件	正常值
G51-13-车身地		将内外循环模式调至内循环	电压信号
G51-14-车身地		将内外循环模式调至外循环	电压信号
G52-9-车身地		开空调	反馈信号
G51-4-车身地		开空调	速度信号
G51-20-车身地		始终	
G52-12-车身地		开空调(制热模式)	温度信号
G51-9-车身地		开空调	
G52-5-车身地		始终	<1Ω
G52-15-G52-5		开空调	温度信号
G51-19-车身地		始终	<1Ω
G52-14- G51-19		开空调	光照信号
G52-6-车身地		始终	
G52-16- G52-6		开空调	温度信号
G52-7-车身地		始终	<1Ω
G52-13- G52-7		开空调	温度信号
G51-2-G51-1		开空调,调节出风模式	
G52-11-车身地		开空调,调节出风模式	风门位置信号
G51-16-G51-15		开空调,调节出风温度	11~14V
G52-10-车身地		开空调,调节出风温度	风门位置信号
G52-8-车身地		开空调	

6. 下图是汽车空调 PTC 温度传感器电路图，请在 "?" 处填入适当名称。并说明 PTC 温度传感器故障（故障码 B2A05）检测方法步骤。

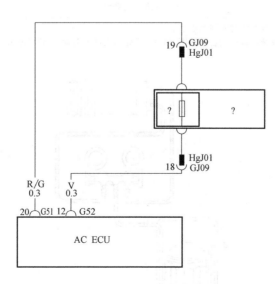

7. 下图是汽车空调电机驱动电路图，请在 "?" 处填入适当名称，并说明电量不足、压缩机停止的故障（故障码 B2A07）的检测方法步骤。

（续）

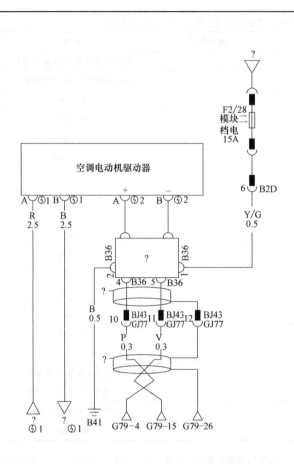

空调电动机驱动器		

F2/28
模块二
档电
15A

6 B2D

Y/G
0.5

A⌀1 B⌀1   A⌀ 2 B⌀2

R
2.5
B
2.5

2 B36   1 B36

4 B36 5 B36

B
0.5

10 BJ43   11 BJ43 12 BJ43
GJ77   GJ77   GJ77

P   V
0.3   0.3

B41

⌀1   ⌀1

G79-4 G79-15 G79-26

三、空调系统维修

1. 请说明维修电动汽车空调系统时的注意事项。

2. 下图是汽车空调制冷系统抽真空设备连接图，请在"?"处填入设备名称，并说明抽真空的方法步骤。

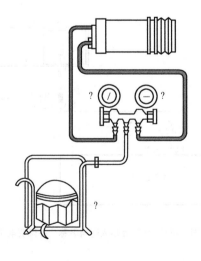

（续）

3. 下图是汽车空调制冷剂充注的设备连接图，请在"?"处填入设备名称，并说明制冷剂充注的方法步骤。

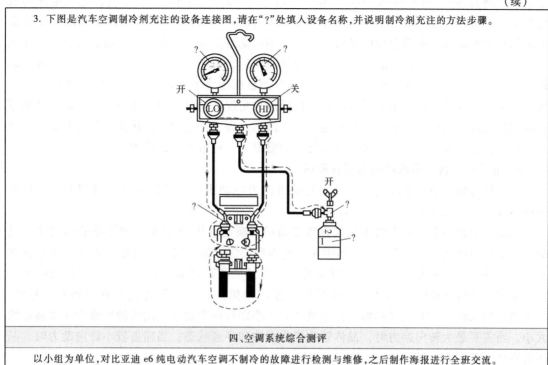

四、空调系统综合测评

以小组为单位，对比亚迪 e6 纯电动汽车空调不制冷的故障进行检测与维修，之后制作海报进行全班交流。

任务 7　电动汽车转向沉重故障的诊断与维修

学习目标

1. 掌握电动转向系统的结构特点。
2. 熟悉电动转向系统的工作原理。
3. 学会电动转向系统的常见故障检测与诊断。
4. 能够进行电动转向系统的拆装更换。
5. 培养良好的职业道德与安全环保意识。

任务接受

客户报修：比亚迪 e6 纯电动汽车行驶中突然感觉转向沉重，组合仪表出现"请检查转向系统"字样，要求服务站给予维修。

任务接待参见任务 1 的 1.1。

任务准备

7.1　电动汽车转向系统的信息收集

1. 电动汽车转向系统结构特点

电动汽车转向系统普遍采用电动助力转向（Electric Power Steering，简称 EPS）系统或

电动液压助力转向（Electronic Hydraulic Power Steering，简称 EHPS）系统。它们是在传统的液压动力转向（Hydraulic Power Steering，简称 HPS）系统的基础上发展起来的。HPS 需要发动机提供动力，不适合纯电动汽车，而且不论是否需要转向助力，系统总要处于工作状态，能耗较高。由于液压泵的压力很大，容易损坏助力系统。EPS 和 EHPS 采用电动泵驱动转向，不再依靠发动机传动带，它所有的工作状态都是由电子控制单元根据车辆的行驶速度、转向角度等信号计算出的最佳状态，在低速大角度转向时，电子控制单元驱动电子液压泵以高速运转输出较大功率，使转向更省力；汽车在高速行驶时，液压控制单元驱动电子液压泵以较低的速度运转，在不影响高速转向的情况下，可节省一部分发动机功率。

2. 电动助力转向系统结构与工作原理

电动助力转向驱动系统助力油泵主要是由助力电动机、电子控制单元（ECU）和转矩传感器等组成（图 7-1）。

电动助力转向系统常采用永磁式直流电动机，额定电压为 12 V。较简单的电动机正反向和转矩控制电路如图 7-2 所示。图中 a_1、a_2 为触发信号输入端，触发信号由计算机根据转向信号提供。当 a_1 端得到高电位触发信号时，晶体管 VT_3 导通，同时 VT_2 得到基极电流导通，电流经 VT_2 电动机 M 和 VT_3 形成回路，使电动机正转，同理当 a_2 端得到触发信号时，将使电动机反转。计算机控制触发信号电流的大小即可控制通过电动机的电流大小及转矩的大小。当需要最大转向助力时，晶体管将工作在饱和导通状态；当需要较小转向助力时，晶体管将处于非饱和导通状态。

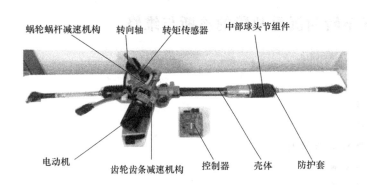

图 7-1 电动助力转向系统组成

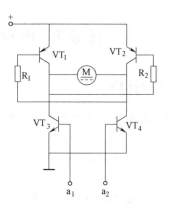

图 7-2 较简单的电动机正反向和转矩控制电路

转矩传感器一般由扭力元件（扭力弹簧）和电路板组成，分为无触点电磁感应式转矩传感器和有触点滑动电阻式转矩传感器。转矩传感器由两个带孔圆环、线圈、线圈盒和电路板组成。它获得转向盘上操作力大小和方向信号，并把它们转换为电信号，传递到电动助力转向系统控制器。两个带孔圆环一个安装在输出轴上，另一个安装在输入轴上。当输入轴相对输出轴转动时，电路板计算出输入轴相对于输出轴的旋转方向和旋转量。当转动转向盘时，转矩被传递到扭力杆，输入轴和输出轴之间出现角度偏差，电路板检测出角度偏差及方向，通过计算得到转矩大小和方向并转换为电压信号传递到电动助力转向系统控制器中。

电动助力转向系统的工作原理如图 7-3 所示。

1) 当点火开关置于 ON 档，ON 档继电器吸合后，电动助力转向系统开始工作。

2) 当电动助力转向系统正常工作时，电动助力转向系统根据接收来自整车控制的车速信号、唤醒信号和来自转矩传感器的转矩信号等进行综合判断，以控制电动助力转向系统助力电动机的转矩、转速和方向。

3) 转向控制器在供电 200ms 内完成自检后，可以与 CAN 总线交换信息，供电 300ms 后输出 470 帧（转向故障和转向状态上报帧）。

4) 当电动助力转向系统检测到故障时，通过 CAN 总线向整车控制器发送故障信息，并采取相应的处理措施。

电动助力转向系统的助力作用受计算机控制，在低速转向时助力作用最强，随着车速的升高助力作用逐渐减弱，当车速达到一定时，计算机停止向电动机供电，转向变为完全由驾驶人操纵。由此可见，电动助力转向系统在低速转向时，可获得较轻便的转向特性，而在高速转向时，则可获得完全的转向路感，具有优越的控制特性，保证车辆的行驶安全性。

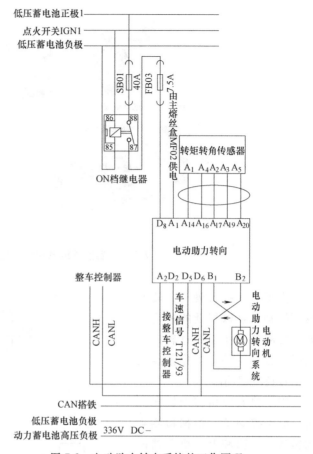

图 7-3 电动助力转向系统的工作原理

3. 电动液压助力转向系统结构与工作原理

以比亚迪 e6 纯电动汽车为例，其电动液压助力转向系统主要由转向盘、转向柱及万向节总成、转角传感器、防尘罩、液压助力转向器、转向管路、转向油罐、电动助力转向泵总成和支架组成。相对于传统的液压动力转向系统，其转向油泵由电控单元（ECU）控制、由电动机带动工作，部分机构如图 7-4 所示。

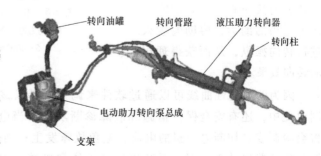

图 7-4 比亚迪 e6 纯电动汽车电动液压助力转向系统

电动转向泵总成是 EHPS 的关键部件，主要由齿轮泵、电动机和电控单元组成（图 7-5）。

温馨提示：比亚迪 e6 纯电动汽车转向系统组成视频参见教学资源 7.1。

电动液压助力转向系统基本工作原理如图 7-6 所示。

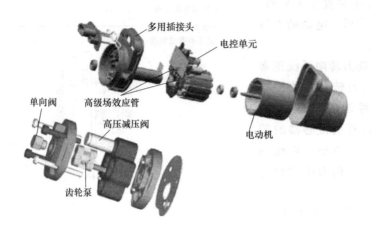

多用插接头

电控单元

单向阀

高级场效应管

高压减压阀

电动机

齿轮泵

图 7-5 比亚迪 e6 纯电动汽车电动转向泵总成

汽车沿直线行驶时，转向盘不转动，泵以很低的速度运转，大部分工作油经过转向阀流回油罐，少部分工作油经液控阀直接流回油罐。

当驾驶人开始转动转向盘时，电子控制单元根据检测到的转角、车速和电动机反馈的信号等，判断汽车的转向状态，向驱动单元发出控制指令，使电动机产生相应的转速以驱动泵，进而输出相应流量和压力的高压油。压力油经转阀进入齿条上的液压缸，推动活塞以产生适当的助力，协助驾驶人进行转向操纵，从而获得理想的转向效果。

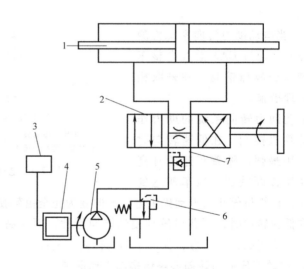

图 7-6 电动液压助力转向系统基本工作原理

1—动力缸 2—转向阀 3—ECU 4—电动机
5—齿轮泵 6—限压阀 7—液控阀

因为助力特性曲线可以通过软件来调节，所以该系统可以适合多种车型。在电子控制单元中，还有安全保护措施和故障诊断功能。当电动机电流过大或温度过高时，系统将会限制或者切断电动机的电流，避免故障发生；当系统发生故障（如蓄电池电压过低、转角传感器失效等）时，系统仍然可以依靠机械转向系统进行转向操纵，同时显示并存储其故障码。

7.2 比亚迪 e6 纯电动汽车转向沉重的故障分析

根据比亚迪 e6 纯电动汽车结构原理，电动转向沉重故障的可能原因如图 7-7 所示。

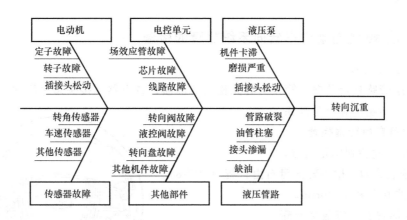

图 7-7　电动转向沉重故障的可能原因

电动转向系统除转向沉重故障外，常见故障及其可能原因见表 7-1。

表 7-1　转向系统常见故障及可能原因

症状	可能原因	症状	可能原因	症状	可能原因
游隙过大	1) 转向节磨损 2) 悬架臂球头节磨损 3) 中间轴、滑动节叉磨损 4) 前轮轴承磨损 5) 转向器故障	回位不足	1) 轮胎充气不当 2) 前轮定位不正确 3) 转向柱管弯曲 4) 转向器故障	异常噪声	1) 动力转向液少 2) 转向节磨损 3) 动力转向泵有故障 4) 转向器有故障

7.3　电动转向系统维修准备

1. 维修计划

1）外部直观检查。

2）采用仪器设备检测。

3）确定故障原因和零部件。

4）针对存在问题进行拆装维修。

2. 维修设备与材料准备（表 7-2）

表 7-2　维修设备与材料

名　　　称	数量	名　　　称	数量
比亚迪 VDS1000 诊断系统	1 台	手套、抹布等	1 批
汽车万用表	1 台	电工胶布等	2 卷
常规拆装工具	1 套	工作台	1 台
汽车电动转向系统配件	1 套		

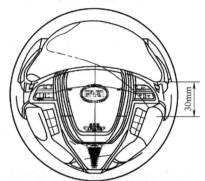

任务实施

7.4 比亚迪 e6 纯电动汽车转向系统故障的检查

1．外部直观检查

观察液压管路是否破损，管接头有无松动或油渍，各电器插接头是否松动，有无异常的噪声。如发现问题，应及时排除。

2．转向盘自由行程检查

1）停车且轮胎朝向正前方。

2）轻摇转向盘，检查转向盘自由行程（图7-8），转向盘最大自由行程为 30mm。

3．用仪器设备进行故障诊断

（1）检查蓄电池电压

用万用表检查，标准电压为 11～14V，如果电压低于 11V，在进行下一步之前应充电或更换蓄电池。

（2）检查连线是否正常

图 7-8　检查转向盘自由行程

高压回路连接（含配电箱、维修开关、蓄电池包和 DC 输入插接件）和低压回路（低压插接器），如发现故障，应及时排除。

（3）用比亚迪 VDS1000 诊断系统读取 DC/DC 故障码（设备结构原理及其使用方法见任务 2），故障码见表 7-3。

DC/DC 变换器是一种在直流电路中将一个电压值的电能变为另一个电压值的电能的装置，如比亚迪 e6 纯电动汽车的 DC/DC 变换器负责将动力蓄电池 316.8V 高压转换成 12V 低压，供给整车用电器，包括 EHPS 电动机使用，并且在电池低压亏电时给电池充电。

表 7-3　DC/DC 故障码

DC/DC（1）模块			DC/DC（2）模块		
故障码	故障描述	可能发生部位	故障码	故障描述	可能发生部位
P1DA0	输出 1＃电压故障（保留）	DC/DC	P1E00	输出 1＃电压故障（保留）	DC/DC
P1DA1	输出 2＃电压故障（保留）	DC/DC	P1E01	输出 2＃电压故障（保留）	DC/DC
P1DA2	DC（1）输出过压	DC/DC	P1E02	DC（2）　输出过压	DC/DC
P1DA3	DC（1）输出欠压	DC/DC	P1E03	DC（2）输出欠压	DC/DC
P1DA4	DC（1）输出过流	DC/DC	P1E04	DC（2）输出过流	DC/DC
P1DA5	DC（1）散热器过温	DC/DC、冷却系统	P1E05	DC（2）散热器过温	DC/DC、冷却系统
P1DA6	DC（1）输入过压	动力蓄电池	P1E06	DC（2）输入过压	动力蓄电池
P1DA7	DC（1）输入欠压	动力蓄电池、高压配电箱，高压线	P1E07	DC（2）输入欠压	动力蓄电池、高压配电箱，高压线
P1DA8	DC（1）输出断路	输出插接器未接	P1E08	DC（2）输出断路	输出插接器未接
P1DA9	DC1、2 输出断路	输出插接器未接	U0111	与高压蓄电池管理器（BMS）通信故障	BMS、其他动力网模块、低压线束
U0111	与高压蓄电池管理器（BMS）通信故障	BMS、其他动力网模块、低压线束			

根据故障码再进一步排查故障。

7.5　比亚迪 e6 纯电动汽车转向系统的维修

1. 维修注意事项

1）更换零件时一定要小心并正确操作，不正确的操作更换可能会影响转向系统的性能并且可能导致驾驶事故。

2）拆卸安全气囊（SRS）系统时，应严格按照维修说明书进行，不按正确的次序修理，可能引起安全气囊在维修过程中意外打开，进而导致严重的安全事故。

3）转向系统更换零件后要按照要求对 ESP 系统中 SAS 进行标定。

2. 转向油管总成的更换

（1）断开转向油管与油罐的连接

1）用吸油泵吸出转向油罐内的转向液。

2）断开回油管、转向泵进油软管与转向液罐的卡箍连接（图 7-9），断开时务必在断开点下方放置好接收废液的容器。

（2）拆卸前副车架

（3）分离转向油管与转向器

1）拆分油管管夹与转向器、油泵支架、前副车架的连接（图 7-10）。

2）依次松开低压油口和高压油口（图7-11），将油管从油口中抽出。注意：油管与转向器分离时，会有转向液从接口处流出，分离前应在车架下方放置接收废液的容器。

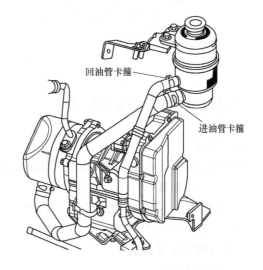

回油管卡箍

进油管卡箍

图 7-9　断开转向油管与油罐的连接

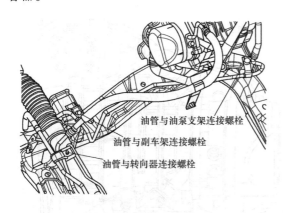

油管与油泵支架连接螺栓

油管与副车架连接螺栓

油管与转向器连接螺栓

图 7-10　拆分油管管夹与转向器、油泵支架、前副车架的连接

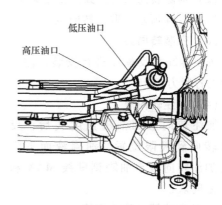

低压油口

高压油口

图 7-11　松开低压油口和高压油口

3）分离转向油管与转向泵

拆除高压管与油泵连接的螺栓，拆除高压管与电动机连接的螺栓（图 7-12）。拆除吸油

管与油泵连接的卡箍（图 7-13）。

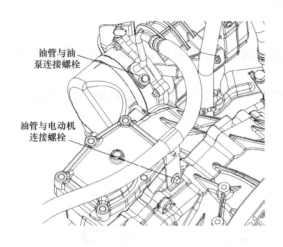

图 7-12　拆除高压管与电动机连接的螺栓

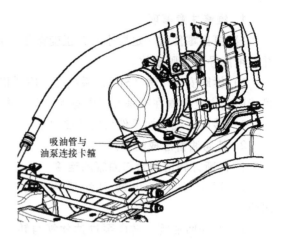

图 7-13　拆除吸油管与油泵连接的卡箍

（4）安装

按照与拆卸相反的顺序进行安装，注意各螺栓的拧紧力矩。

（5）加注转向液

加注转向液到油罐刻度线后，反复打转向到极限位置，油罐液面下降后再加注转向液至油罐刻度线 MAX 和 MIN 之间。

3. 转向油泵总成的更换

（1）拆卸转向油泵

断开转向油管与转向油罐的卡箍连接，拆卸前副车架，断开转向油管与转向油泵的连接。

（2）拆除转向泵与支架的安装螺母

如图 7-14 所示，取出转向泵。

（3）安装转向泵

按照拆卸相反顺序进行安装，注意螺栓的拧紧力矩。

（4）加注转向液

加注转向液到油罐刻度线后，反复打转向到极限位置，油罐液面下降后再加注转向液至油罐刻度线 MAX 和 MIN 之间。

4. 转向油罐总成的更换

（1）拆除转向油罐

断开转向油管与油罐的连接卡箍，拆除转向油罐与支架的安装螺栓（图 7-15）。

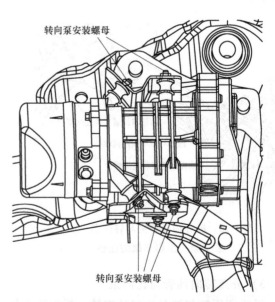

图 7-14　拆除转向泵与支架的安装螺母

（2）安装转向油罐

按照与拆卸相反的顺序进行安装，注意螺栓的拧紧力矩。

（3）加注转向液

加注转向液到油罐刻度线后，反复打转向到极限位置，油罐液面下降后再加注转向液至油罐刻度线 MAX 和 MIN 之间。

5．DC/DC 变换器的拆装

（1）拆卸维修前准备

点火开关置于 OFF 档，拔掉紧急维修开关，蓄电池断电，放掉冷却系统冷却液，拆卸 DC 和空调驱动器总成冷却管路。

（2）断开高压电缆

断开 DC 输入、充电器输入、空调驱动器输入三合一插接器，断开空调驱动输出 2 个插接器。

（3）拆卸 DC 和空调驱动器总成

断开 DC 和空调驱动器总成上 5 个插接器，拆卸 DC 前端 2 个螺栓和后端 1 个螺母，卸下 DC 和空调驱动器总成（图 7-16）。

（4）按与拆卸相反的顺序安装 DC 和空调驱动器总成

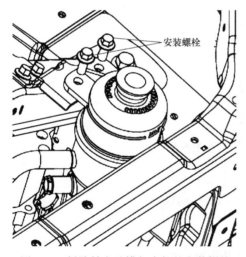

图 7-15　拆除转向油罐与支架的安装螺栓

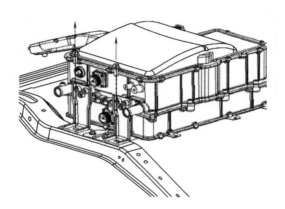

图 7-16　拆装 DC 和空调驱动器总成

任务总结

1．电动汽车转向系统普遍采用电动助力转向（EPS）系统或电动液压助力转向（EHPS）系统。它们采用电动泵驱动转向，由电子控制单元根据车辆的行驶速度、转向角度等信号计算出最理想的工作状态，具有省力、节能、结构简单等特点。

2．电动汽车转向油泵主要是由助力电动机、电子控制单元（ECU）和相关转矩传感器组成。

3．电动汽车转向沉重故障的可能原因除传统的机械故障外，有电器插接器未插好、线路不良、油泵电动机损坏、油泵损坏、相关传感器和控制器故障等。对于电动液压助力转向，还要考虑液压油管泄漏等问题。

4. DC/DC 变换器是一种在直流电路中将一个电压值的电能变为另一个电压值的电能的装置。如比亚迪 e6 纯电动汽车的 DC/DC 变换器负责将动力蓄电池 316.8V 高压转换成 12V 低压电源，供给整车用电器，包括 EHPS 电动机使用，并且在电池低压亏电时给电池充电。

5. 电动转向系统的拆装主要有转向油管总成、转向油泵总成、转向油罐总成的更换和 DC/DC 变换器的拆装。

学生学习工作页

一、转向系统结构与工作原理

1. 完成如下填空
(1)EPS 是电动汽车_____的简称。
(2)EHPS 是电动汽车_____的简称。
(3)HPS 是汽车_____的简称。
(4)转向盘最大自由行程为_____ mm。
(5)电动汽车助力转向在低速大转向时，电子控制单元驱动电子液压泵以_____速度运转，输出较_____功率；汽车在高速行驶时，液压控制单元驱动电子液压泵以_____速度运转，输出_____功率。
(6)DC/DC 变换器是一种在_____电路中_____的装置。

2. 下图是电动助力转向系统的工作原理图，请在"?"处填入相应名称，并说明其工作原理。

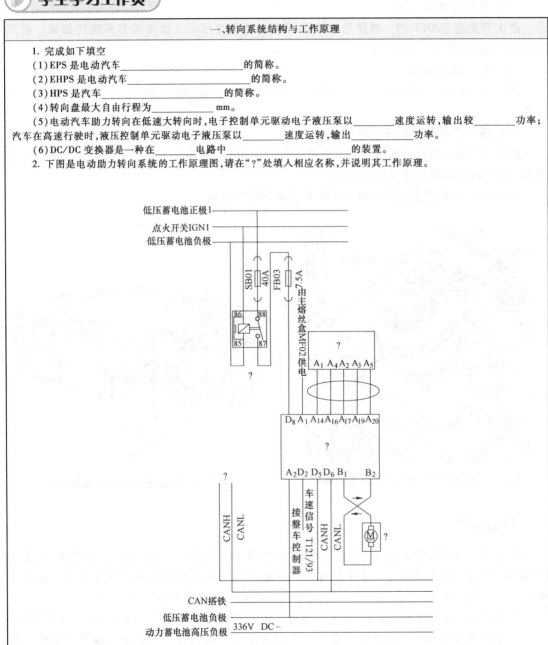

3. 下图是电动液压助力转向系统基本工作原理图，请在下表填入适当零部件名称，并说明其工作原理。

（续）

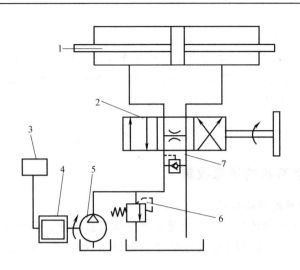

序号	名称	序号	名称
1		5	
2		6	
3		7	
4			

二、转向系统故障检测

1. 分析比亚迪 e6 纯电动汽车转向沉重故障的可能原因。

2. 请说明转向盘自由行程检查步骤。

3. 请说明 DC/DC 变换器拆装步骤。

三、转向系统维修

1. 请说明电动汽车转向系统维修注意事项。

2. 请说明转向油管总成的更换步骤。

四、转向系统综合测评

以小组为单位，对比亚迪 e6 纯电动汽车转向沉重的故障进行检测与维修，之后制作海报进行全班交流。

任务8　电动汽车制动踏板"硬"的故障诊断与维修

学习目标

1. 掌握电动汽车制动系统的结构特点。

2. 熟悉电动汽车制动系统的工作原理。

3. 学会电动汽车制动系统的常见故障检测与诊断。

4. 能够进行电动汽车制动真空泵的拆装维修。

5. 培养良好的职业道德与安全环保意识。

任务接受

客户报修：我的比亚迪 e5 纯电动汽车，买了半年了，昨天行驶时突然觉得制动踏板踩不动，车子刹不住，差点追尾，影响行车安全，到 4S 站要求给予维修。

任务接待参见任务 1 的 1.1。

任务准备

8.1 电动汽车制动系统的信息收集

1. 电动汽车制动系统结构特点

电动汽车制动系统与传统汽车不同的是在真空助力器部分，传统汽车制动系统可以从发动机处获得真空源从而让真空助力器为驾驶人提供辅助作用，而电动汽车是靠电动机驱动的。

2. 制动助力系统的组成

以比亚迪 e5 纯电动汽车为例，制动助力系统主要由真空助力器、真空软管、压力传感器、真空助力电动机（电动真空泵）、主控制器等组成（图 8-1）。

（1）主控制器结构原理

主控制器位于中控台下方，是铝合金外壳的高精度集成微电脑（图 8-2）。

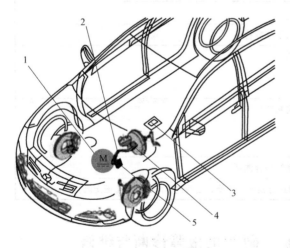

图 8-1 比亚迪 e5 纯电动汽车制动助力系统组成

1—真空助力电动机（电动真空泵） 2—真空软管
3—主控制器 4—真空助力器 5—压力传感器

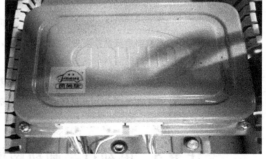

图 8-2 比亚迪 e5 电动汽车主控制器

当汽车刚起动的时候，真空泵压力传感器收集到真空助力泵软管处真空度不足，此时真空泵压力传感器就会传输信号到主控制器，继而 K3-3 电控真空泵继电器就会通电，助力泵电动机开始工作，如图 8-3 所示。

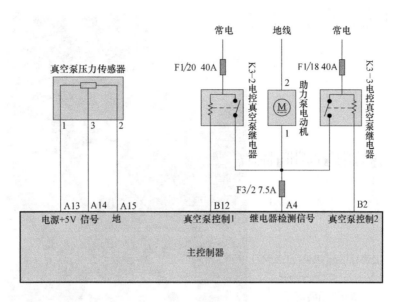

图 8-3　比亚迪 e5 电动汽车主控制器控制原理

（2）真空助力器

真空助力器一般位于制动踏板与制动主缸之间，其结构原理与传统汽车类似，如图 8-4 所示。

（3）真空压力传感器

压力传感器测量真空管路中的真空，给主控制器提供真空压力的模拟电压值，传感器类似于发动机的进气压力传感器，由主控制器提供 5V 电源，1 脚和 2 脚（图 8-5）分别为传感器的 +5V 和接地，3 脚为传感器给主控制器的压力信号线，电压值随压力升高而降低。

（4）电动真空泵

电动真空泵（图 8-6）一般安装在真空助力器后面，采用车载电源提供动力，有效地提高了整车的制动性能。

电动真空泵由电动机和叶片泵组成（图 8-7）。电动机用来驱动叶片泵，由于离心力的作用，叶片贴着滚圆的圆形内壁

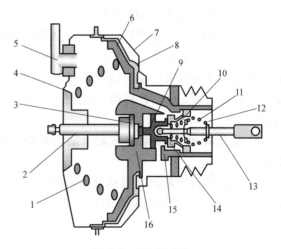

图 8-4　真空助力器

1—膜片回位弹簧　2—制动主缸推杆　3—橡胶反作用盘　4—左外壳　5—真空单向阀　6—气室膜片隔板　7—右外壳　8—气室膜片　9—空气阀　10—阀门弹簧　11—助力器推杆回位弹簧　12—空气滤清器　13—助力器推杆　14—真空阀　15—真空阀座　16—活塞外壳

被压向外部方向，由于滚圆的偏心作用，叶片泵的进气侧与排气侧的容量不同，进气侧的容量增大，排气侧的容量减少，于是流入吸气室，并由叶片送往泵出口，真空助力器接口处就产生了真空度。

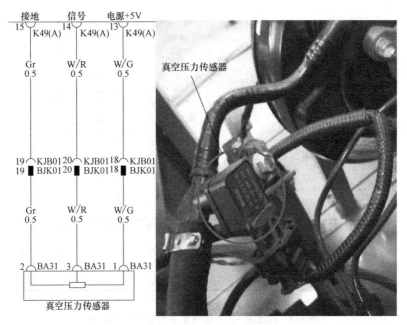

图 8-5　真空压力传感器

（5）电动真空泵供电继电器

安装在前舱真空泵附近，由主控制器给继电器提供负极线圈控制（图 8-3），当主控制器内部接通继电器线圈负极回路，继电器吸合，继电器接通电动真空泵正极，此时电动真空泵工作，如图 8-8 所示

3. 比亚迪 e5 纯电动汽车制动助力系统工作原理

比亚迪 e5 纯电动汽车制动助力系统工作原理如图 8-9 所示，工作状态见表 8-1。

图 8-6　电动真空泵

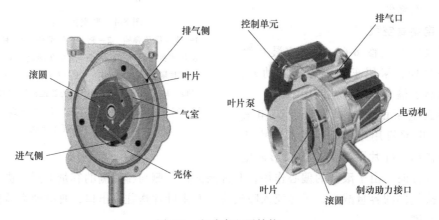

图 8-7　电动真空泵结构

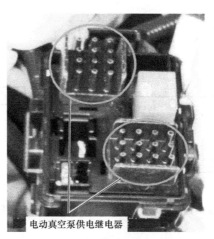

电动真空泵供电继电器

图 8-8 电动真空泵供电继电器

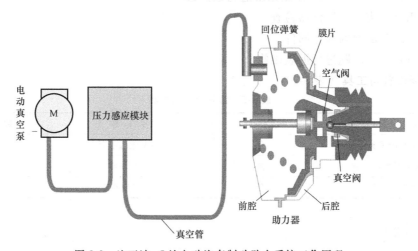

图 8-9 比亚迪 e5 纯电动汽车制动助力系统工作原理

表 8-1 比亚迪 e5 纯电动汽车制动助力系统工作状态

未踩下制动踏板时	空气阀封闭,后腔与大气之间隔闭,而真空阀打开,前腔与后腔之间连通,此时前腔和后腔的气压均等于进气管压力,膜片在回弹弹簧力下回位,电动真空泵不起作用
踩下制动踏板时	首先真空阀先封闭,前腔和后腔隔闭;之后空气阀打开,后腔与大气相通。在压力差下,推动膜片移动,实现将驾驶人踩踏力增大,实现助力作用
保持制动	当踩住制动踏板不动后,空气阀由打开变为封闭,后腔与大气隔闭,真空助力泵膜片既不能前进也不能后退,处于维持制动力状态

温馨提示: 电动汽车制动系统的结构特点视频参见教学资源 8.1。

8.2 比亚迪 e5 纯电动汽车制动踏板过"硬"的故障分析

根据比亚迪 e5 纯电动汽车制动助力的结构原理分析,故障可能原因如图 8-10 所示。

8.3 制动系统的维修准备

1. 维修计划

1)外部直观检查。

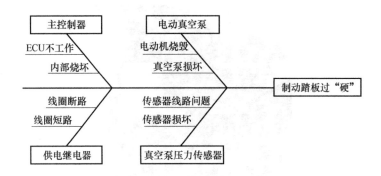

图8-10 制动踏板过"硬"的故障可能原因

2）采用比亚迪VDS1000诊断系统进行故障诊断。

3）采用万用表等一般仪器检查。

4）确定故障的原因和零部件。

5）针对存在的问题进行拆装维修。

2. 维修设备与工具（表8-2）

表8-2 维修设备与工具

名　　称	数　量	名　　称	数　　量
比亚迪VDS1000诊断仪	1台	600V绝缘手套	1双
汽车万用表	1台	手套、抹布	1批
常规拆装工具	1套	电工胶布	2卷

任务实施

8.4 比亚迪e5纯电动汽车制动助力系统故障的检查

1. 外观检查

1）直观检查制动助力系统各部件外观是否有损坏。

2）检查管路是否破裂、电器插头是否脱落等，并予以排除。

2. 用比亚迪VDS1000诊断仪进行故障诊断

起动汽车（钥匙开关处于ON状态），连续踩下制动踏板，此时汽车仪表板会显示"请检查制动系统"（图8-11），而且

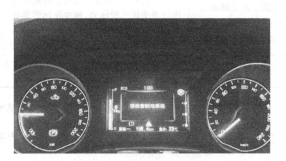

图8-11 仪表板显示故障

汽车会不停地发出"嘀嘀嘀"警告声。连接比亚迪VDS1000诊断仪，扫描整车模块，读取故障码。

故障码显示是B114E00，对照故障码表（表8-3），最终确认故障是真空泵系统失效。

表 8-3　比亚迪 e5 纯电动汽车制动助力系统故障码

故障码 (ISO 15031-6)	故障定义
B114900	水温故障
B114E00	真空泵系统失效
B114F00	真空泵严重漏气故障
B115000	真空泵一般漏气故障
B115100	真空泵到达极限寿命
B115900	真空泵继电器 1 故障
B115A00	真空泵继电器 2 故障
B115B00	真空泵继电器 1、2 故障
U011000	与电动机控制器通信故障
U016400	与空调通信故障
B115C00	充电口电锁故障

3. 用万用表进行测量诊断

如无 VDS1000 诊断仪专用设备，也可用万用表进行检测，步骤如下：

1）先测量继电器是否有正极电输入。

2）测量主控制器是否有电源输入。

3）检测压力传感器，用万用表检测真空压力传感器电压端、信号端，主控制器端子如图 8-12 所示，端子定义见表 8-4。

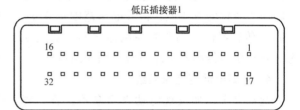

低压插接器1

图 8-12　主控制器端子图

表 8-4　主控制器端子定义

端子号	端子名称	端子定义	线束接法	信号类型	稳态工作电流	电源性质 (比如：常电)
1		空				
2		制动信号输入	制动开关	12V 高电平有效		
3		I/O in (开关输出预留)				
4		真空泵触电器检测信号	真空泵继电器1,2 与真空泵 1 号脚的交汇处	高电平有效		
5		空				
6		信号输入(预留)				
7		+5V(预留)				
8		+5V(预留)				
9		信号输入(预留)				
10		空				

（续）

端子号	端子名称	端子定义	线束接法	信号类型	稳态工作电流	电源性质（比如：常电）
11		水温传感器信号输入	水温传感器 C 脚	模拟量		
12		水温传感器信号地	水温传感器 A 脚	地		
13	DC+5V	真空压力传感器电源	真空压力传感器 1 号脚	5V 电压		
14		真空泵压力传感器信号	真空压力传感器 3 号脚	模拟量		
15	GND	真空压力传感器电源地	真空压力传感器 2 号脚	5V 地		
16	DC+12V	12V 电源	双路电源	电源	300mA	双路电
17		空				

4）用万用表测量主控制器的 A13 与 A15 端子电压（图 8-3），主控制器有 5V 电源提供到压力传感器，则供电正常。

5）测量主控制器的 A14 与 A15 端子电压（图 8-3），真空泵压力传感器输出信号输出端有随压力变化的电压值，信号电压范围是 0.6~3.6V，传感器信号端和主控制器之间为通路状态。真空压力传感器工作正常，则无须更换。

4. 检测电动真空泵系统

起动汽车，如发现电动真空泵不工作，踩下制动踏板，真空泵仍然不工作，应检测真空泵供电是否正常，如图 8-13 所示。如检测到有 12V 的工作电压，说明供电正常、真空泵烧坏，需更换电动真空泵。

图 8-13　电动真空泵供电电压

8.5　比亚迪 e5 纯电动汽车电动真空泵的维修

根据检查结果，发现故障在电动真空泵，应予以更换。步骤如下：

1. 电动真空泵拆装

1）断开钥匙开关，关闭整车电源。

2）拆卸电动真空泵外接管路。

3）拆卸电动真空泵固定螺钉，取下真空泵（图 8-14）。

4）按照与拆卸相反的步骤安装新的电动真空泵。

2. 电动真空泵重新检测

起动汽车，这时会听到电动真空泵工作的声音，当声音停止的时候，用力踩几下制动踏板，若再次听到电动真空泵工作的声音则说明工作正常，此时可以感觉到制动踏板的轻重情况。

或者接上解码仪，等待重新读取故障码，无故障码则说明工作正常。

温馨提示：电动汽车制动系统的检修视频参见教学资源 8.2。

图 8-14　电动真空泵拆卸

任务总结

1. 电动汽车制动系统真空助力器是靠电动机驱动的，它主要由制动真空助力器、真空软管、压力传感器、真空助力电动机（电动真空泵）、主控制器等组成。当驾驶人踩下制动踏板时，真空阀先封闭，前腔和后腔隔闭；之后空气阀打开，后腔与大气相通。在压力差下，推动膜片移动，实现将驾驶人踩踏力增大，实现助力作用。

2. 制动助力系统的故障检查可以通过外观检查、专用诊断仪或万用表进行检查。

3. 经过检测，发现制动踏板硬故障是真空泵系统失效引起，表现在故障码是 B114E00，通过更换真空泵可以排除故障。

学生学习工作页

一、制动系统结构与工作原理

1. 填空

(1) 比亚迪 e5 纯电动汽车制动真空助力器的作用是＿＿＿＿＿＿＿＿＿＿＿＿＿＿＿。

(2) 主控制器的作用＿＿＿＿＿＿＿＿＿＿＿＿＿＿＿＿＿＿＿＿＿。

(3) 电动真空泵工作电压是＿＿＿＿＿＿＿＿＿＿＿＿＿＿＿＿＿。

(4) 真空泵压力传感器供电电压是＿＿＿＿＿＿＿＿＿＿＿＿＿＿＿。

2. 完成比亚迪 e5 电动汽车主控制器原理图，并说明其基本原理。

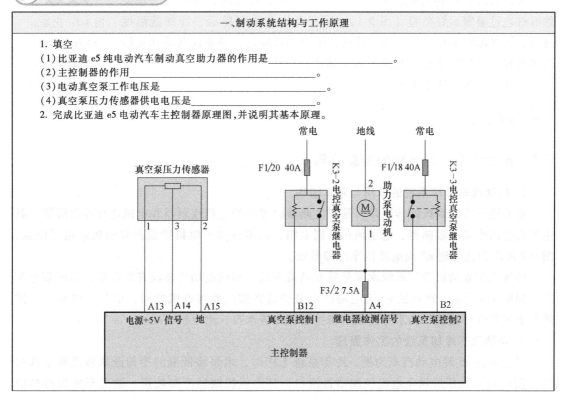

（续）

二、制动系统故障检测
1. 分析比亚迪 e5 纯电动汽车制动踏板硬的故障可能原因。 2. 描述采用比亚迪 VDS1000 远程诊断系统进行比亚迪 e5 纯电动汽车制动踏板过硬的故障检查过程。 3. 描述采用万用表进行比亚迪 e5 纯电动汽车制动助力系统真空泵压力传感器的检测过程。
三、制动系统维修
说明比亚迪 e5 纯电动汽车真空泵的拆装维修步骤。
四、制动系统综合测评
以小组为单位，对比亚迪 e5 纯电动汽车制动踏板硬的故障进行检测与维修，制作海报进行全班交流。

任务9　电动汽车冷却液温度过高的故障诊断与维修

学习目标

1. 掌握电动汽车冷却系统的结构特点。
2. 熟悉纯电动汽车冷却系统的工作原理。
3. 学会对电动汽车冷却系统的故障检测与诊断。
4. 能够进行电动汽车冷却系统的维修。
5. 培养良好的职业道德与安全环保意识。

任务接受

客户报修：我的比亚迪 e5 纯电动汽车，昨天在加速行驶时仪表板突然有红色过温警示灯亮起（图9-1），同时旁边有文字提示"冷却液温度过高，请立即将车辆停靠在安全路段，使电动机降温，并建议联系比亚迪汽车授权服务店"字样，其他地方未感觉有问题。

任务接待参见任务 1 的 1.1。

图 9-1　比亚迪 e5 纯电动汽车过温警示灯

任务准备

9.1　电动汽车冷却系统的信息收集

1. 电动汽车冷却系统的作用与基本结构

电动汽车冷却系统的作用是对易产生热量而过热的电机控制器和电机进行冷却降温。其主要由电动水泵、散热器、电子风扇、副水箱、需要冷却的电机控制器和电机水道等组成，图9-2所示为比亚迪 e5 纯电动汽车冷却系统。

传统汽车发动机冷却系统水泵是靠发动机驱动，而纯电动汽车没有发动机，只能靠电驱动。如图9-3所示，比亚迪 e5 纯电动的水泵安装在散热器与电机之间，水泵的进水管与散热器下部的管路连接，出水管连至电机控制器的进水口，由电机驱动。

2. 电动汽车冷却系统的工作原理

以比亚迪 e5 纯电动汽车为例，冷却系统工作时，水泵将低温的冷却液从散热器下部抽出（图9-4），加压后送至电机控制器进液口，经电机控制器冷却液道，输送至电机冷却液

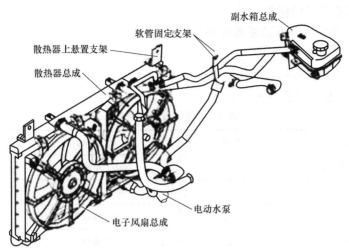

图 9-2 比亚迪 e5 纯电动汽车冷却系统组成

道，再到散热器，经冷却后又回到水泵，这就是冷却液的循环路线。当散热器或电机控制器出水口处的冷却液温度过高时，部分高温水气会进入副水箱，同时副水箱底部冷的冷却液会进入管路中进行补充。

图 9-3 比亚迪 e5 纯电动汽车的电动水泵

温馨提示：比亚迪 e5 纯电动汽车冷却系统组成及冷却液循环视频参见教学资源 9.1。

9.2 比亚迪 e5 纯电动汽车冷却液温度过高的故障分析

根据比亚迪 e5 纯电动汽车冷却系统的结构原理，故障可能原因如图 9-5 所示。

9.3 冷却系统维修准备

1. 维修计划

1）外部直观检查。

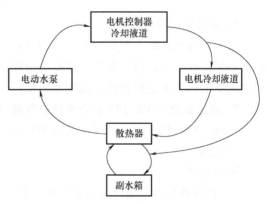

图 9-4 比亚迪 e5 纯电动汽车冷却系统的工作原理

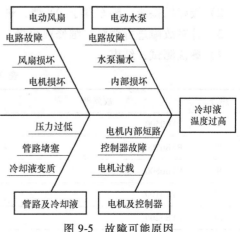

图 9-5 故障可能原因

147

2）采用万用表等一般仪器检测。

3）采用比亚迪 VDS1000 诊断系统进行故障诊断。

4）确定故障原因和零部件。

5）针对存在问题进行拆装维修。

2. 维修设备与材料准备（表 9-1）

表 9-1　维修设备与材料

名　　称	数量	名　　称	数量
比亚迪 VDS1000 诊断系统	1 台	1000V 绝缘手套	1 双
汽车万用表	1 台	手套、抹布等	1 批
常规拆装工具	1 套	电工胶布等	2 卷
力矩扳手	1 把	工作台	1 台
压力测试仪	1 把	配合工具	1 个

任务实施

9.4　比亚迪 e5 纯电动汽车冷却系统故障的检查

1. 外部直观检查

直观检查包括静态直观检查和动态直观检查。静态直观检查是指在未通电的情况下检查冷却系统外部是否破损、漏液，接头是否脱落、松动等，并予以排除；动态直观检查是指在通电情况下，用手触摸管路，观察是否发热，水泵是否有工作迹象，进行初步的故障判断。

2. 用比亚迪 VDS1000 诊断系统进行故障诊断

若直观检查均正常，可以使用专业诊断系统比亚迪 VDS1000（仪器功能与使用见任务3）进行检查。

诊断步骤：

1）检查低压蓄电池电压及整车低压线束供电是否正常。标准电压为 11～14V，如果低于 11V，应更换蓄电池或上电充电，或检查整车低压线束。

2）接好插接线，整车置于 ON 档，进入电机控制器，调取故障码（表 9-2）。

3）针对故障进行调整、维修或更换。

4）确认测试，结束。

表 9-2　故障码

序号	故障码	故障定义
6	P1B0500	1PM 散热器过温故障
8	P1B0700	加速异常故障
9	P1B0800	电机过温故障
13	P1B3100	IGBT 过热
14	P1B3200	GTOV 电感温度过高

若显示电机过温等相应故障码，应对电机进一步测试；若显示如 IGBT 过热等，则应进一步检修电机控制器，若无此类故障码，则应使用万用表检测电动风扇或电动水泵及相应线路。

3. 用万用表进行元件和线路诊断

1）断开水泵插接器，上电，测量线束端输入电压，两线间应有低压蓄电池电压。

2）测量元件端两针脚电阻，正常应为 10kΩ 左右。

3）断开电子风扇插接器，测量线束端控制线至风扇继电器之间的电阻，电阻应小于 10Ω。

4）测量元件端两针脚阻值应为 0.7Ω 左右。

温馨提示：比亚迪 e5 纯电动汽车冷却系统元件和线路检测视频参见教学资源 9.2。

4. 散热器盖的测试

1）拆下散热器盖，用冷却液润湿其密封圈，然后将它装在压力测试仪上（图 9-6），使用配合工具安装水箱盖。

2）施加 100~120kPa 的压力。

3）检查压力是否下降，如果压力降低，更换散热器盖。

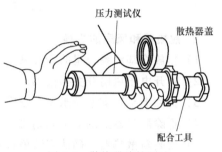
图 9-6　散热器盖的测试

5. 散热器的测试

1）电机冷却后，小心地拆下电机散热器盖，给散热器注入冷却液，直至注入口顶端。

2）使用一个小的配合件，将压力测试仪（图 9-6）装在散热器上。

3）施加 100~120kPa 的压力。

4）检查冷却液是否泄漏及压力是否下降。如有，及时排除。

9.5　比亚迪 e5 纯电动汽车冷却系统的维修

1. 冷却液的更换

1）上电让水泵运行约 5min，然后断电，重复 2~3 次。用手触摸，确认电机和副水箱等已冷却，拆除副水箱盖。

2）沿逆时针方向慢慢转动副水箱盖，将冷却系统中的残余压力全部释放后取下副水箱盖。

3）拧松放水阀（图 9-7），排尽冷却液，排净后，旋紧放水阀。

4）将冷却液倒入副水箱，直至达到注入口颈部的底端为止。

5）盖上副水箱盖，并拧紧，上电让水泵运转约 5min，然后将其断电。

6）待电机和副水箱等已冷却，取下副水箱盖，再将冷却液加至注入口颈部的底端。

7）盖上副水箱盖并拧紧，上电让水泵运转约 5min，然后断电。

8）待电机和散热器等已冷却，将冷却液加至副水箱上限。

9）重复 6）~8）步骤，直至不需要再添加为止。

10）盖上副水箱盖。

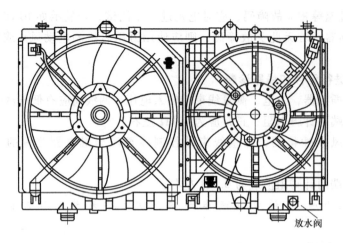

放水阀

图9-7　放水阀在散热器上的位置

2. 散热器和风扇的更换

1）排放冷却液系统里的冷却液后，拆除散热器上的软管与散热器固定螺栓。

2）断开电子风扇开关插接器。

3）拆除上悬置支架及水箱上横梁，拉起散热器。

4）拆除散热器上的电子风扇总成及其他部件。

5）安装新散热器，确认安装就位且牢固。

6）注入冷却液，排放冷却液中的空气。

3. 电动水泵的拆装与更换

1）拧开散热器放水阀，排空冷却液。

2）断开水泵插接器并拆下进出水软管。

3）拆下紧固水泵的螺栓。

4）检查清洁水泵及清除溢出的冷却液。

5）安装新水泵。

6）连接水泵进出水软管及水泵插接器，拧紧散热器放水阀。

7）注入冷却液，排放冷却液中的空气。

任务总结

1. 电动汽车冷却系统的作用是对易产生热量而过热的电机控制器和电机进行冷却降温。其主要由水泵、散热器、电子风扇、副水箱、需要冷却的电机控制器和电机水道等组成。

2. 冷却液循环路线一般是水泵—散热器下部—电机控制器—电机冷却液道—散热器。若散热器或电机控制器出水口处的冷却液温度过高时，部分高温水气会进入副水箱，同时副水箱底部冷的冷却液会进入管路中进行补充。

3. 冷却系统的故障检查有直观检查、用诊断系统进行故障诊断、用万用表测量检查等。

4. 冷却系统的维修有冷却液加注、电动水泵更换、散热器更换和软管更换等。

学生学习工作页

1. 下面是比亚迪 e5 纯电动汽车冷却系统的基本结构示意图，请在方框里面填上部件名称。

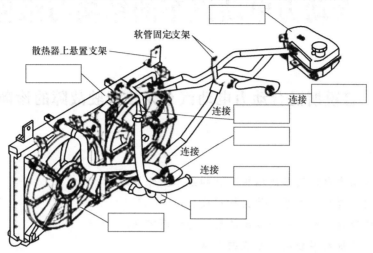

软管固定支架

散热器上悬置支架

连接

连接

连接

连接

2. 请在框图里填写电动汽车冷却系统主要部件名称，并标出冷却液走向。

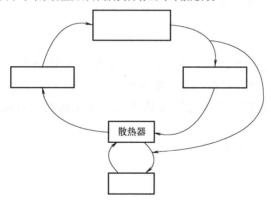

散热器

1. 分析比亚迪 e5 纯电动汽车冷却液温度高故障的可能原因。
2. 描述采用比亚迪 VDS1000 远程诊断系统进行比亚迪 e5 纯电动汽车冷却液温度高的故障检查过程。
3. 请检查电子水泵及两个冷却风扇，将相应的测量值填入下表：

序号	检查项目	测量值
1	水泵阻值	
2	电子水泵两线之间电压	
3	右侧风扇电阻值	
4	左侧风扇电阻值	

1. 写出比亚迪 e5 纯电动汽车冷却液的更换步骤。
2. 说明比亚迪 e5 纯电动汽车电动水泵的拆装与更换步骤。

以小组为单位，对比亚迪 e5 纯电动汽车冷却液温度过高的故障进行检测与维修，之后制作海报进行全班交流。

混合动力电动汽车的结构与维修

任务10　普锐斯混合动力电动汽车无法行驶故障的诊断与维修

学习目标

1. 掌握混合动力电动汽车的结构特点和基本工作原理。
2. 熟悉普锐斯混合动力系统的结构组成。
3. 学会普锐斯混合动力系统故障的检测与诊断方法。
4. 能够进行普锐斯混合动力系统的维修。
5. 培养良好的职业道德与安全环保意识。

任务接受

客户报修：我的普锐斯混合动力电动汽车，车型为 NHW20L。昨天在行驶时，主警告灯、发动机故障灯、VSC 警告灯都点亮，复式显示屏上 HEV 系统故障警告标志由绿色变成红色，提示 HEV 系统有故障，并且还发现 HEV 动力蓄电池的充电状态降到下限位置，车辆无法行驶。请求维修！

任务接待参见任务 1 的 1.1。

任务准备

10.1　混合动力电动汽车的信息收集

1. 混合动力电动汽车及其特点

（1）混合动力电动汽车定义

混合动力电动汽车（Hybrid Electric Vehicle，简称 HEV），是指能够至少从消耗的燃料和可再充电电能储存装置两类车载的能量中获得动力的汽车，本书如无特殊说明，主要是指从内燃机和动力蓄电池获得动力的汽车。

（2）HEV 的主要特点

1）排气污染少。在繁华市区，HEV 可关停内燃机，由蓄电池单独驱动，从而实现零排放。

2）节能。因为有了蓄电池，HEV 可以十分方便地回收减速、制动、下坡时的能量。HEV 采用混合动力模式时，可按平均需用的功率来确定内燃机的最大功率，在油耗低、污染少的最优工况下工作。

3) 续驶里程长。由于 HEV 配备内燃机可持续工作，所以 HEV 的续驶里程和普通汽车一样。

4) 可以利用现有的加油站加油，不必再投资建设加油站。

5) 长距离高速行驶时，HEV 基本不能省油。

2. HEV 动力系统的基本结构与工作原理

（1）HEV 总体组成

HEV 是在 BEV 基础上增加一套动力系统，本书主要指内燃机。总体组成如图 10-1 所示，主要由动力蓄电池、发动机、发电机、驱动电机、控制器等组成。动力蓄电池和发动机是 HEV 的动力源，驱动电机用于将动力蓄电池的电能转化为机械能，驱动车辆行驶。发电机将发动机的机械能转换为电能向动力蓄电池充电，也可以直接提供给驱动电机。控制系统对动力蓄电池、发动机及驱动电机进行管理和控制。

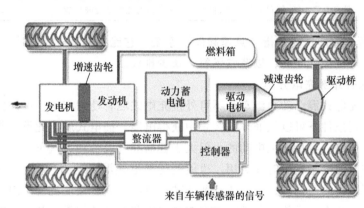

图 10-1　HEV 总体组成

（2）HEV 基本工作原理（图 10-2）

在车辆行驶之初，动力蓄电池处于电量饱满状态，其能量输出可以满足车辆要求，发动机不需要工作，动力蓄电池输出的直流电经控制器供入驱动电机，驱动电动机输出的转矩经减速齿轮、传动轴及驱动桥驱动车轮。

当动力蓄电池电量低于一定值时，发动机在控制器控制下自动起动，为驱动电机提供能量，同时还给动力蓄电池进行充电。

当车辆能量需求较大时，比如上坡或加速，发动机与动力蓄电池同时为汽车提供能量，驱动车辆行驶。

当车辆减速或制动时，发动机与动力蓄电池都停止对外供给能量，在控制器的控制下，电动机转换为发电机，回收减速和制动能量，向动力蓄电池充电。

起步（低速）	通常行驶	急加速、上坡	减速、制动	停车时
行驶时主要依靠电动机	通过控制电动机和发动机，实现最低油耗行驶	为得到更大的功率输出同时使用电动机和发动机	利用车轮转动发电，给蓄电池充电	电动机和发动机均自动停止、不消耗汽油

图 10-2　HEV 的工作原理

3. HEV 分类

（1）按照混合度分类

混合度是指电动机的输出功率占整车输出功率的比例，即

$$H = \frac{P_{\text{电动机}}}{P_{\text{整车}}} \times 100\%$$

可分为弱混、中混和强混，其特征见表 10-1。

表 10-1 不同混合程度电动汽车主要特征

类型	主要特征	节油率
弱混	$H \leqslant 10\%$，具有起停功能和能量回收功能	5% ~ 10%
中混	$10\% < H < 25\%$，具有起停功能、能量回收功能、智能充电和电机助力	10% ~ 25%
强混	$H \geqslant 25\%$，具有起停功能、能量回收功能、智能充电和短距离纯电动行驶功能	25% ~ 40%

表 10-1 中所提起停功能是指"怠速起停"系统，它能在发动机怠速时自动关闭发动机，再次起动时利用电机快速起动，以节省燃料、减少排放。

（2）按照能否外部充电分类

分为可外接充电式混合动力汽车和不可外接充电式混合动力汽车。可外接充电式混合动力汽车在正常使用条件下可以从非车载装置中获得电能。插电式属于此类，其动力蓄电池可以使用外部电源充电，容量比纯电动的小但大于普通油电混合动力汽车，发动机只是作为后备动力来源，在电池电量耗尽时才启用。也就是说插电式混合动力汽车主要适合城市道路，作为一辆上班下班用的通勤车，可以达到节能减排目的，它是重度混合车的一种。不可外接充电式混合动力汽车在正常使用条件下从车载燃料中获取全部能量。其电池容量很小，仅在起停、加减速时供应或回收能量，不能用纯电动模式行驶较长距离，其大部分时间是发动机在运行，是一种轻度混合汽车。

（3）按照发动机与电动机的连接分类

分为增程式和普通式。增程式是一种在纯电模式下可以达到其所有的动力性能，而当车载可充电储能系统无法满足续驶里程要求时，打开车载辅助供电装置为动力系统提供电能，以延长续驶里程的电动汽车，且该车载辅助供电装置与驱动系统没有传动轴（带）等传动连接。其发动机直接与电动机连接，直接驱动，使发动机一直处于最佳工作状态，排放小、效率高，而且结构简单，无离合器和变速器。普通式采用了机械动力混合结构，增加了离合器、变速器等部件，结构较复杂，而且发动机工作范围变宽，不可能运行在最佳工作状态，导致排放和油耗高。

（4）按动力系统结构形式分类

可分为串联式混合动力汽车（SHEV）、并联式混合动力汽车（PHEV）、混联式（串、并联式）混合动力汽车（PSHEV）。

1）串联式混合动力汽车。即车辆驱动力只来源于电机的混合动力汽车。系统将发动机与动力蓄电池串联，共同驱动电动机运行，其结构简单，如图 10-3 所示。由于发动机与驱动轮之间没有直接的机械连接，发动机可以不受汽车行驶工况的影响，始终在最佳工作区稳定运行。汽车正常行驶时，发动机带动发电机发电，电能充入蓄电池，同时，在控制器的调节下，蓄电池供给电动机电能，使电动机运转，电动机通过变速器或减速器驱动车轮前进；

在汽车低负荷运转时，发动机输出的功率超过驱动车辆的需要，多余的电能向蓄电池充电；在汽车高负荷运转时，电能来自两部分，即发电机和蓄电池，发动机的最高输出功率要受到电动机功率的限制。串联式混合动力汽车特别适用于市区低速运行工况，汽车在起步和低速时还可以关闭发动机，只利用蓄电池提供驱动功率，达到零排放要求。

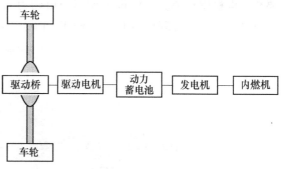

图 10-3 串联式混合动力汽车结构示意图

2）并联式混合动力汽车。即车辆驱动力由电机及内燃机同时或单独供给的混合动力汽车。混合动力系统中的发动机和驱动电机两套驱动系统以并联形式共同驱动车辆，如图 10-4 所示。车辆可以由发动机单独驱动、电力单独驱动或一起协调工作共同驱动。当发动机提供的功率大于驱动汽车所需要的功率或制动能量回收时，电动机工作在发电状态，将多余的能量充入蓄电池；当发动机发出的功率小于驱动电动汽车所需要的功率时，电动机利用蓄电池提供的能量与发动机共同驱动，达到汽车所需要的功率；汽车在起步和低速行驶时，可以只利用蓄电池提供驱动功率，电动机起"调峰"作用，因此并联式混合动力系统可以在比较复杂的工况下使用，应用范围比较广。由于发动机与驱动轮之间有直接的机械连接，提高了能量转化效率。并联系统结构紧凑，比较适用于乘用车，如本田思域等电动汽车就是采用并联。但并联式混合动力系统的传动结构较为复杂，工作模式较多，控制系统十分复杂。

3）混联式混合动力汽车，即同时具有串联式和并联式驱动方式的混合动力汽车，如图 10-5 所示，混合动力汽车综合了串联式和并联式混合动力电动汽车的结构特点，与串联式相比增加了机械动力的传递路线，与并联式相比增加了电力驱动路线，具有串联式与并联式的优点，但其结构复杂，成本高，控制也更加困难，内燃机-电动机组与动力蓄电池之间的匹配要求比较严格，应能根据汽车行驶需要和动力蓄电池情况，智能起动或关闭内燃机-电动机组。

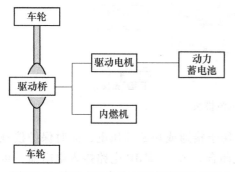

图 10-4 并联式混合动力汽车结构示意图

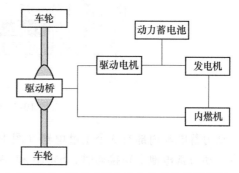

图 10-5 混联式混合动力汽车结构示意图

4. 普锐斯混合动力系统的结构与工作原理

（1）结构

图 10-6 所示的丰田普锐斯第三代混合动力系统，包括发动机和电机驱动两部分，本节

主要介绍电机驱动部分。电机驱动部分由动力蓄电池总成、带变换器的逆变器总成、发电机、电动机、动力管理控制 ECU（HEV CPU）等组成。

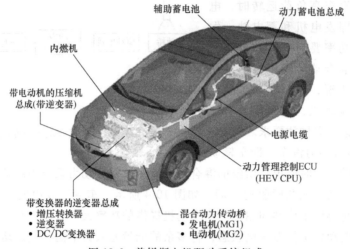

图 10-6 普锐斯电机驱动系统组成

1）动力蓄电池。动力蓄电池安装在行李舱内，属于密封型镍氢电池，该电池包括 28 个模块（图 10-7），每个模块又由 6 个单格组成，由于每个单格电压是 1.2V，所以总电压为 201.6V（1.2V×6 格×28 块）。放电时，电流可达 125A。如图 10-8 所示，动力蓄电池内部除了电池，还有继电器、蓄电池智能单元、维修塞、蓄电池冷却鼓风机等部件。

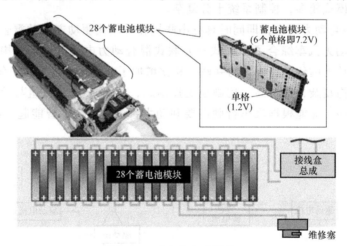

图 10-7 动力蓄电池模块

动力蓄电池内部有 3 个主继电器（图 10-9），用于接通或切断高压电，同时保护接触器触点。动力蓄电池电路接通时，SMRB 和 SMRP 先闭合，由于 SMRP 电路接入电阻器，可控制接通电流；之后，SMRG 工作而 SMRP 关闭，可以使 SMRG 电路中的触点避免受到强电流冲击进而造成伤害。

2）电动机-发电机组 MGl 和 MG2。它们安装在驱动桥内，用来驱动车辆、发电和提供再生制动。由内燃机驱动的 MG1 产生高压电，对动力蓄电池充电并供电以驱动 MG2。此外，通过调节发电量（改变发电机转速），MG1 有效地控制传动桥的无级变速功能，同时 MG1

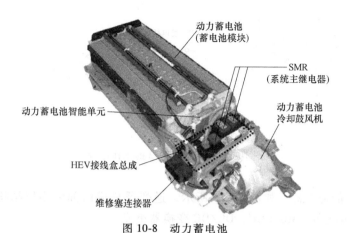

动力蓄电池
(蓄电池模块)

SMR
(系统主继电器)

动力蓄电池智能单元

动力蓄电池
冷却鼓风机

HEV接线盒总成

维修塞连接器

图 10-8   动力蓄电池

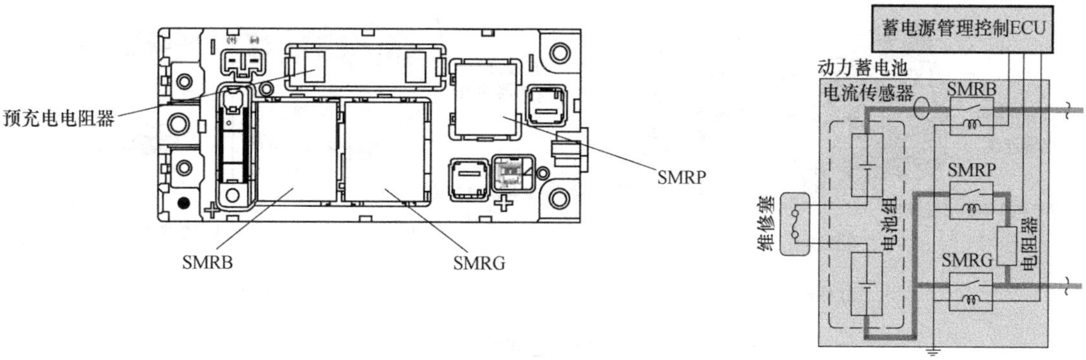

预充电电阻器

SMRP

SMRB   SMRG

蓄电源管理控制ECU

动力蓄电池

电流传感器   SMRB

SMRP

维修塞   电池组   电阻器

SMRG

图 10-9   动力蓄电池内部接触器

还可作为起动机用来起动发动机。再生制动过程中，MG2 将车辆的动能转换为电能，并存储到动力蓄电池内。

　　MG1 和 MG2 为交流永磁同步电机，结构原理如图 10-10 所示，所使用的转子含有 V 形布局的高磁力永久磁铁，可最大限度地产生磁阻转矩。定子由低铁心耗损的电磁钢板和可承受高压的电机绕组制成。电机采用带水泵的冷却系统冷却。

　　由图 10-10 可知，三相交流电经过定子线圈的三相绕组时，电动机-发电机组内产生旋转磁场，转子中的永久磁铁受到旋转磁场的吸引而产生转矩．通过控制旋转磁场与转子磁铁的角度，可以有效地产生大转矩和高转速。

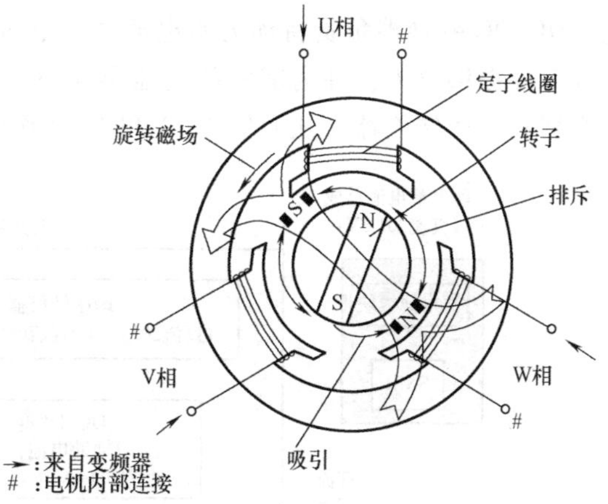

　　MG1 和 MG2 的工作原理如图 10-11 所示。IPM 内的绝缘栅双极晶体管（IGBT）在 ON 和 OFF 之间切换，为电机提供三相交流电，基本原理与纯电动汽车类似。

U相

定子线圈

旋转磁场

转子

排斥

S
N
S
N

V相

W相

→：来自变频器
#：电机内部连接

吸引

图 10-10   交流永磁同步电机工作原理

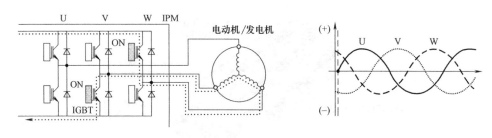

图 10-11　MG1 和 MG2 的工作原理

3）带变换器的逆变器。如图 10-12 所示，逆变器总成内部为多层结构，主要由电容、智能动力模块、电抗器、MG ECU、DC/DC 变换器组成。

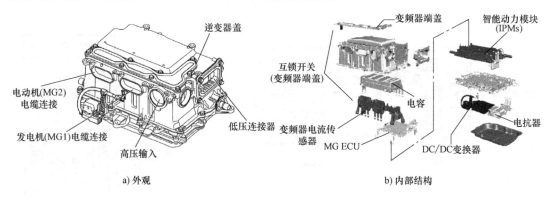

a) 外观　　　　　　　　　　b) 内部结构

图 10-12　逆变器总成

工作原理如图 10-13 所示。增压转换器将动力蓄电池额定电压从直流 201.6V 增高为最高直流 650V，反之可将直流 650V 降低为直流 201.6V。逆变器将来自增压转换器的直流电转换为用于 MG1 和 MG2 的交流电，反之也可以将电机或发电机发出的交流电转换成直流电。DC/DC 变换器负责将动力蓄电池额定电压从直流 201.6V 降低为直流 14V 左右，为低压电气部件提供电力，并为辅助蓄电池再充电。MG ECU 根据动力管理控制 ECU 的信号控制逆变器和增压转换器，从而使 MG1 和 MG2 作为发动机或电动机运行。

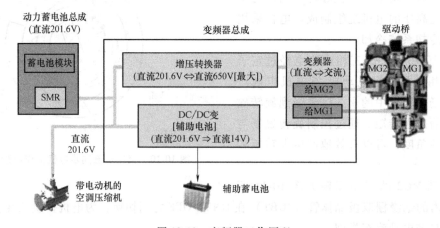

图 10-13　变频器工作原理

4) HEV CPU，也称为动力管理控制 ECU，它负责执行混合动力系统的综合控制。具体有以下功能：

① 接收来自各传感器及 ECU（ECM、MG ECU、蓄电池控制单元等）的信息，并基于这些信息计算出所需的转矩及输出功率，动力管理控制 ECU 将计算的结果发送到其他 ECU。

② 监视动力蓄电池的 SOC。

③ 控制 DC/DC 变换器、HEV 水泵和动力蓄电池冷却鼓风机等。

（2）工作原理

如图 10-14 所示，普锐斯混合动力系统工作时，HEV CPU 根据汽车工况控制动力蓄电池输出高压电，同时也和逆变器建立通信，将直流 201.6V 进行增压，再经逆变器转换成三相交流电驱动电机运行。

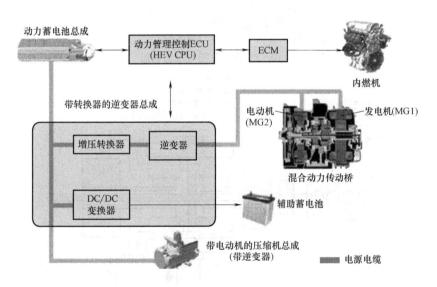

图 10-14　普锐斯混合动力系统的工作原理

图 10-15 和图 10-16 为动力分配行星齿轮组的连接图。从图上可看出，普锐斯动力组件上有两套行星齿轮组件：动力分配行星组件和电机减速行星组件。前者分配动力，后者主要起到减速作用。动力分配行星组件的行星架与发动机相连，太阳轮与发电机（MG1）相连，齿圈输出动力，电机减速行星组件的太阳轮则与电动机（MG2）相连，行星架固定，齿圈与动力分配行星组件的齿圈固定，可一起输出动力。

根据行驶工况不同，HEV CPU 会控制发动机、电动机、发电机或其他子系统相互协调地工作，以满足具体工况的需求。图 10-17 所示为纯电动模式，此时动力蓄电池向 MG2 供电，从而提供驱动前轮的动力；图 10-18 所示为发动机与电动机混合驱动的模式，此时发动机通过行星轮驱动前轮，同时也驱动 MG1，将产生的电力提供给 MG2；图 10-19 所示为充电模式，此时是动力蓄电池亏电，发动机通过行星轮带动 MG1，对动力蓄电池进行充电；图 10-20 所示为能量回馈模式，此时车辆是减速或制动状态，前轮动能被回收并转换为电能，通过 MG2 向动力蓄电池再充电。

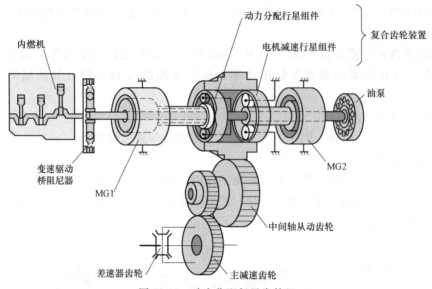

图 10-15　动力分配行星齿轮组

图 10-16　动力分配行星齿轮组简图

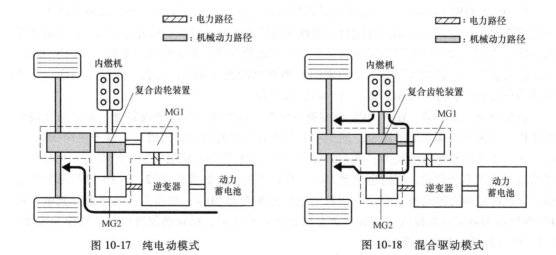

图 10-17　纯电动模式　　　　　　　　图 10-18　混合驱动模式

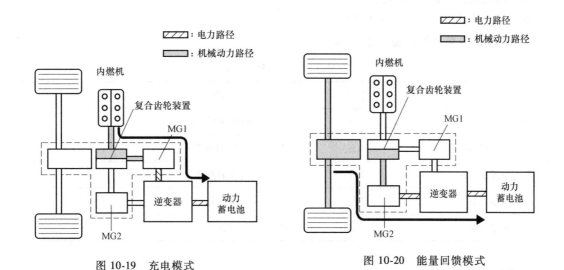

图 10-19　充电模式　　　　　图 10-20　能量回馈模式

温馨提示：普锐斯电动汽车动力系统结构原理视频参见教学资源 10.1。

10.2　普锐斯汽车无法行驶的故障分析

根据普锐斯电动汽车混合动力系统的结构原理，故障可能原因如图 10-21 所示。

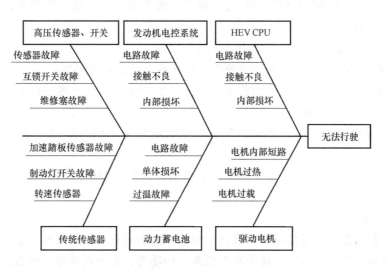

图 10-21　故障可能原因

10.3　普锐斯汽车动力系统维修准备

1. 维修计划

1）外部直观检查。

2）采用万用表等一般仪器检测。

3）采用丰田 TIS 诊断系统进行故障诊断。

4) 确定故障原因和零部件。

5) 针对存在问题进行拆装维修。

2. 维修设备与材料准备（表10-2）

表10-2 维修设备与材料

名称	数量	名称	数量
丰田 TIS 诊断系统	1 台	1000V 绝缘手套	1 双
汽车万用表	1 台	手套、抹布等	1 批
常规拆装工具	1 套	电工胶布等	2 卷
力矩扳手	1 把	工作台	1 台
绝缘工具	1 套	示波器	1 台

任务实施

10.4 普锐斯汽车动力系统故障检查

1. 动力控制系统检测注意事项

1) 检查高压系统务必采取安全措施，佩戴绝缘手套，拆下维修塞把手，放在自己口袋中，以防别人拿到再插上，造成触电事故。

2) 拆下维修塞手把后至少等待 10min 放电。

3) 拆下高压连接器后，要用绝缘胶带缠绕连接器以防接触异物。

4) 动力系统重新激活时，注意将电源开关置于 OFF 档后，从辅助蓄电池负极端子上断开电缆前需要等待一定时间。

5) 断开 AMD 端子前，务必从辅助蓄电池负极端子上断开电缆，并用绝缘胶带缠绕 AMD 端子。

6) 应认真阅读车辆维修手册，尤其要熟悉动力系统控制电路的组成原理（图10-22是普锐斯动力控制系统部分电路）。

2. 直观检查

直观检查包括静态直观检查和动态直观检查。静态直观检查是指在未上电的情况下检查高压系统外部是否破损、漏液，接头有否脱落、松动等，并予以排除；动态直观检查是指在上电情况下试车，观察是否有异响，是否出现客户描述的故障现象，初定是偶发性故障还是静态故障，做出初步的故障判断，并记录故障详细征兆。

3. 用丰田 TIS 诊断系统进行故障诊断

(1) 丰田 TIS 诊断系统（图10-23）

(2) 丰田 TIS 诊断系统功能

1) 存储和传送车辆数据。

2) 无线或有线车辆诊断。

3) 可同时查看监控状态的结果和细节，同时进行当前故障码、历史故障码查询。

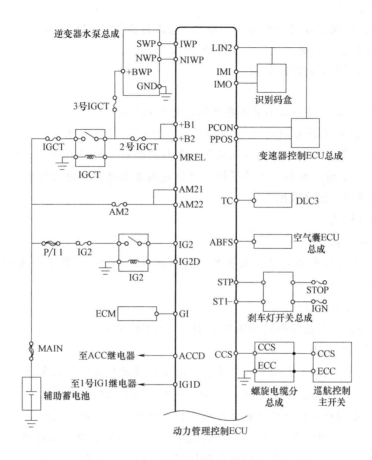

图 10-22　普锐斯动力系统控制部分电路

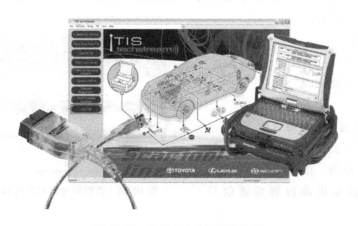

图 10-23　丰田 TIS 诊断系统外观

4）可进行车辆的重新编程。

（3）丰田 TIS 诊断系统一般流程

1）车辆送入维修车间。

2）客户故障分析。

3）将智能检测仪连接到诊断接口 DLC3，电源开关置于 ON（IG）档，打开智能检测仪，如果检测仪上显示有通信故障，则检查 DLC3。

4）检查故障码并保存定格数据。

提示：

① 保存定格数据，因为必须用这些数据进行模拟测试。

② 混合动力汽车控制系统有许多故障码，其中一些可能由于单个故障而存储。因此，一些诊断程序中提供了说明以检查其他故障码和与其相对应的 INF 码。通过根据输出故障码和 INF 码的组合遵循诊断路径，可尽早缩小故障范围并避免不必要的诊断。

5）清除故障码和定格数据。

6）进行目视检查。

7）确认故障症状。

提示： 如果发动机无法起动，则首先执行步骤 9）和 11）。结果若未出现故障请转至 8），出现故障则转至 10）。

8）再现产生症状的条件。

9）检查故障码。有故障码输出则转至 10），无则转至 11）。

10）请参考故障码表。

提示： 使用智能检测仪上的相同菜单显示混合动力控制系统和混合动力蓄电池系统的故障码。必要时检查混合动力控制系统和混合动力蓄电池系统的故障码表。

11）进行基本检查。如结果未确认故障零件则转至 12），确认则转至 15）。

12）检查 ECU 电源电路：如结果未确认故障则进入 13），确认则转至 16）。

13）进行电路检查：如结果未确认故障则进入 14），确认则转至 16）。

14）检查是否存在间歇性故障：如结果未确认故障则进入 15），确认则转至 16）。

15）进行零件检查。

16）识别故障。

17）调节或维修。

18）进行确认测试。

19）结束。

4．用其他仪器进行故障诊断

可以采用万用表或示波器进行故障的辅助诊断和深入检测。图 10-24 为采用示波器检测的普锐斯电动机解析器信号波形。

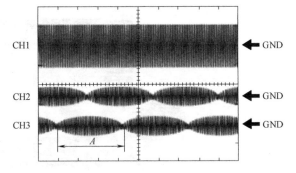

图 10-24　普锐斯电动机解析器信号波形

10.5　普锐斯汽车无法行驶的故障诊断维修

1．故障诊断

丰田 TIS 诊断系统一般流程：将诊断仪连接到诊断插座 DLC3 上，接通点火开关（IG/ON），打开诊断仪电源，在系统选择屏幕上，进入菜单"Powertrain/Hybrid Control/DTC"，

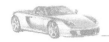

读到的故障码为 P0A93/346 和 P0A37/260，故障码含义见表 10-3，并保存上述 2 个故障码的定格数据（图 10-25 和图 10-26）。

表 10-3 故障码及含义

故障码	故障内容	故障可能发生部位
P0A93	变频器冷却系统故障（冷却液泵故障）	电动冷却液泵导线或连接器；带电动机的冷却液泵总成；冷却风扇电动机；2 号冷却风扇电动机；带功率转换器的变频器总成
P0A37	驱动电机温度传感器电路范围/性能	混合动力车辆驱动电动机；HEV 变速驱动桥油泄漏；HEV 变速驱动桥总成

P0A93变频器冷却系统性能

Freeze Frame Data+Detail

Item	Data	Unit	Item	Data	Unit
Engine Coolant Temp	84		Engine Revolution	2624	rpm
Vechicle Spd	99	km/h	Engine Run Time	772	s
+B	13.73	V	Detail Code1	346	
Detail Code2	0		Detail Code3	0	
Detail Code4	0		Detail Code5	0	
Detail Information1					
Information1	346		Gener ator(MG1)Rev	0	rpm
Motor(MG2) Revolution	3456	rpm	Gener ator(MG1)Torq	-36	Nm
Motor(MG2) Tocq	-36	Nm	Inverter Temp(MG1)	107	
Invecter Temp(MG2)	86		Motor Temp MG2(No2)	49	
Motor Temp MG2(No1)	56		Request Power	24	Kw
Engine Spd	2624	rpm	Master Cyfnder Ctrl Tiq	0	Nm
Exclutive Information1	43		Exclutive Information2	-44	
Exclutive Information3	50		Exclutive Information4	-46	
Exclutive Information5	-44		Exclutive Information6	-127	
Exclutive Information7	-111		Inv-T(MG2) after IG0ON	32	
SOC after IG-ON	52.9	%	Occurrence Order	1	
Invecter Temp(MG2)Max	102		Inveter Temp(MG1)Max	103	

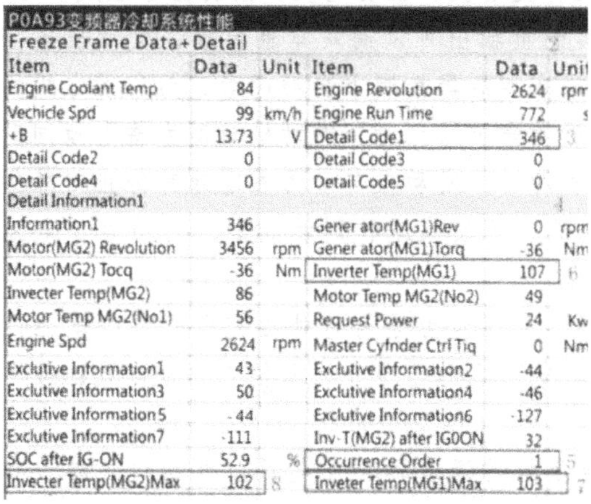

图 10-25 P0A93 故障码定格数据

P0A37直流发电机温度传感器电路范围/性能

Freeze Frame Data+Detail

Item	Data	Unit	Item	Data	Unit
Engine Coolant Temp	85		Engine Revolution	0	rpm
Vechicle Spd	34	km/h	Engine Run Time	1711	s
+B	13.76	V	Detail Code1	0	
Detail Code2	260		Detail Code3	0	
Detail Code4	0		Detail Code5	0	
Detail Information2					
Information2	260		Gener ator(MG1)Rev	-3328	rpm
Motor(MG2) Revolution	1152	rpm	Gener ator(MG1)Torq	0	Nm
Motor(MG2) Tocq	60	Nm	Inverter Temp(MG1)	88	
Invecter Temp(MG2)	94		Motor Temp MG2(No2)	57	
Motor Temp MG2(No1)	67		Request Power	0	Kw
Engine Spd	0	rpm	Master Cyfnder Ctrl Tiq	0	Nm
Exclutive Information1	60		Exclutive Information2	-34	
Exclutive Information3	42		Exclutive Information4	-64	
Exclutive Information5	71		Exclutive Information6	-27	
Exclutive Information7	-127		Inv-T(MG2) afetr IG-ON	32	
SOC after IG-ON	52.9	%	Occurrence Order	2	
Invecter Temp(MG2)Max	110		Inveter Temp(MG1)Max	113	

图 10-26 P0A37 故障码定格数据

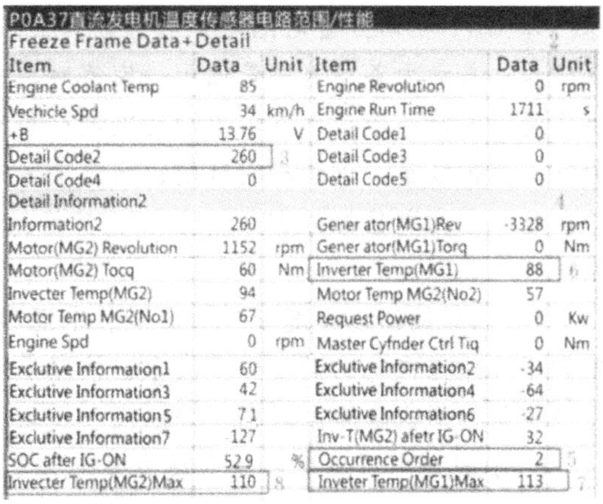

查看 2 个故障码的定格数据，发现故障码 P0A93 定格数据中，信息码（Detail Code 1 显示 346）指定了故障内容和故障可能发生的部位，在详细信息中，又把故障码 P0A93 DTC 作为第 1 检查顺序（Occurrence Orde 显示 1），同时详细信息中一些 HEV 系统运行数据与正常运行的数据比较，发生了明显的偏差，如变频器 MG1 输出的工作温度 107℃（Inverter Temp MG1 显示 107℃，对比正常值为 50～65℃），变频器 MG2 输出的工作温度 86℃（Inverter Temp MG2 显示 86℃），最高达到 102℃（对比正常值为 50～70℃）。通过上述数据分析，基本上确定了故障产生的范围是变频器散热系统故障。而故障码 P0A37 只是提示变频器散热系统故障影响到驱动桥内 MG2 工作温度偏高。

检查变频器散热系统冷却液储液罐内的冷却液，冷却液采用的是超级长效冷却液，且液位正常；检查冷却液软管，没有发现破裂、弯曲和堵塞现象；检查电动冷却泵上的导线连接器，连接良好；接通点火开关（IG/ON），测量电动冷却液泵电动机的工作电压，12.5V 为正常，但此时却没有发现电动冷却液泵运转，冷却液在储液罐内没有循环。因此，判断故障原因是变频器散热系统的电动冷却液泵损坏，造成冷却液不能在变频器与变速驱动桥之间循环冷却，使变频器工作温度过高。

2. 故障排除

1）拆卸电动冷却液泵外部电气连接和机械连接，取下电动冷却液泵。

2）更换新的电动冷却液泵并安装。

3）试车。

结果：变频器工作温度降到了正常值，仪表各项显示均正常，故障排除。

任务总结

1. 混合动力电动汽车一般是指能够至少从消耗的燃料和可再充电电能储存装置两类车载存储的能量中获得动力的汽车。

2. HEV 的主要特点是排气污染少、节能、续驶里程长、可以利用现有的加油站加油，但长距离高速行驶基本不能省油。

3. HEV 动力系统主要由动力蓄电池、发动机、发电机、驱动电机、控制器等组成。

4. HEV 在动力蓄电池处于电量饱满状态，其能量输出可以满足车辆要求，发动机不需要工作；当动力蓄电池电量低于一定值时，发动机在控制器控制下自动起动，为驱动电机提供能量，同时还给动力蓄电池进行充电；当车辆能量需求较大时，发动机与动力蓄电池同时为汽车提供能量，驱动车辆行驶；当车辆减速或制动时，发动机与动力蓄电池都停止对外供给能量，在控制器的控制下，电动机转换为发电机，回收减速和制动能量，向动力蓄电池充电。

5. HEV 按照混合度可分为弱混、中混和强混；按照能力分为可外接充电式混合动力汽车和不可外接充电式混合动力汽车；按照发动机与电动机的连接分为增程式和普通式；按动力系统结构形式分为串联式、并联式和混联式。

6. 普锐斯电机驱动部分由动力蓄电池、带转换器的逆变器、发电机、电动机、动力管理控制 ECU（HEV CPU）等组成。

7. 普锐斯混合动力系统的故障检查方法有直观检查、TIS 诊断设备智能检测、万用表测量检查和示波器检测。

8. 本任务"无法行驶"的故障是由于电动冷却液泵损坏引起。

学生学习工作页

一、混合动力汽车基本知识

1. 混合动力汽车是由_____、_____、_____、_____与_____等组成。

2. HEV 的混合度是指_____的输出功率占_____输出功率中的比例。

3. HEV 按照混合度分可分为_____、_____和_____。

4. 插电式混合动力汽车蓄电池可以使用_____充电,容量比纯电动的____、但大于_____汽车,发动机只是作为后备动力来源,在_____时才启用。

5. 增程式混合动力汽车的发动机直接与_____连接,无离合器和_____。

6. HEV 按动力系统结构形式可分为_____式、_____式和_____式混合动力汽车。

7. 串联式混合动力系统将_____与_____串联,共同驱动电动机运行。

8. 并联式混合动力系统中的发动机和电动机两套驱动系统以_____形式进行整合。车辆可以由_____单独驱动、_____单独驱动或者_____协调工作共同驱动。

9. 普锐斯 HEV 的动力蓄电池类型属于_____型电池,单格蓄电池的电压是_____V,总电压为_____V。电机 MG1 和 MG2 为_____型电机。

（续）

二、混合动力汽车结构与工作原理

1. 下图是 HEV 总体组成图，请在"?"处填入部件名称，并说明其基本工作原理。

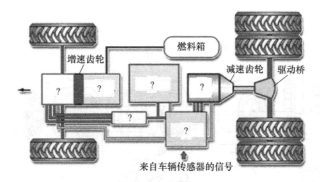

2. 下面是普锐斯电机驱动系统组成，请在方框里面填上部件名称。

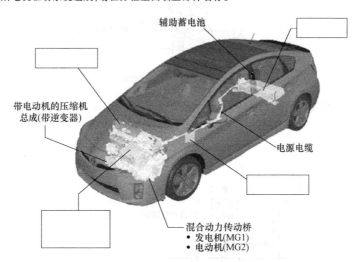

3. 下面是普锐斯混合动力系统的工作原理图，请在方框里面填上部件名称。

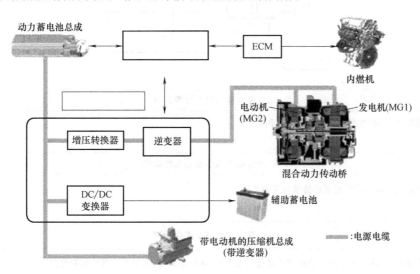

（续）

4. 下图为普锐斯动力分配行星齿轮组的连接图,请在"?"处填入部件名称。

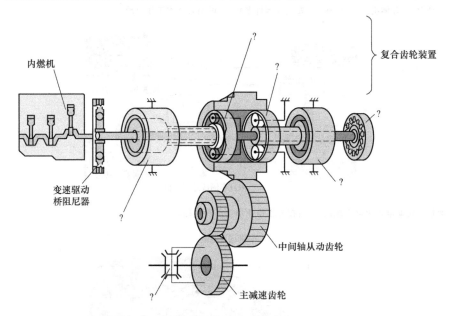

5. 下图为普锐斯发动机与电动机混合驱动的模式,请在"?"处填入部件名称,并说明其工作原理。

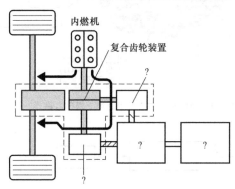

二、混合动力汽车故障检测

说明普锐斯 HEV 动力控制系统检测注意事项。

三、混合动力汽车动力系统维修

说明普锐斯汽车电动冷却液泵的拆装与更换步骤。

四、混合动力汽车综合测评

以小组为单位,将本任务的故障诊断维修过程写在下面,并制作海报,在全班进行展示和交流。

任务 11 比亚迪秦混合动力电动汽车 BEV 模式失效故障的诊断与维修

学习目标

1. 熟悉比亚迪秦混合动力系统的结构组成特点。
2. 掌握比亚迪秦混合动力系统的工作模式。
3. 学会比亚迪秦混合动力系统故障的检测与诊断方法。
4. 能够进行比亚迪秦混合动力系统的维修。
5. 培养良好的职业道德与安全环保意识。

任务接受

客户报修：我的比亚迪秦混合动力电动汽车，买了 1 年了，昨天在行驶中仪表板突然显示"请检查动力系统"字样，车辆强制进入 HEV 模式，手动无法切换到 BEV 模式。

任务接待参见任务 1 的 1.1。

任务准备

11.1 比亚迪秦混合动力电动汽车的信息收集

比亚迪秦混合动力电动汽车以下简称比亚迪秦。

1. 比亚迪秦基本参数

以比亚迪秦 100 的 BYD7150WT5HEV5 插电式混合动力汽车（图 11-1、图 11-2）为例，其主要动力参数见表 11-1。

图 11-1 比亚迪秦外观

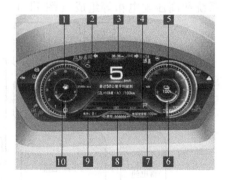

图 11-2 比亚迪秦组合仪表
1—转速表 2—车速表 3—时间 4—档位
5—功率表 6—电量表 7—纯电续驶里程
8—里程 9—车外温度 10—燃油表

表 11-1 比亚迪秦主要动力参数

项　目		参　数
最高车速/(km/h)		185
0~100km/h 加速时间/s		5.9
发动机	型号	BYD476ZQA
	形式	涡轮增压/缸内直喷/分层燃烧/自动延时冷却/可变气门正时/全铝合金发动机
	排量/L	1.5
	额定功率/kW	113/5200r/min
	额定转矩/N·m	240/1750~3500r/min
	排放标准	国 V
动力蓄电池	类型	三元锂电池
	额定容量/kW·h	23
	工作电压/V	501.6
	电池管理系统	智能型分布式电池管理系统
电动机	形式	交流永磁同步电机
	最大功率/kW	110
	最高转速/(r/min)	12000
	最大转矩/N·m	200
HEV 综合工况油耗/(L/100km)		1.2 *
等速法纯电续驶里程/km		>100

* 实际油耗、电耗与车况、道路条件、驾驶习惯等因素有关。

2. 比亚迪秦动力系统的基本组成与工作原理

（1）基本组成

比亚迪秦动力系统主要由发动机与纯电动两大部分组成，发动机采用 BYD476ZQA 电控汽油机，纯电动与前述的 BEV 类似，主要由动力蓄电池及其管理器、驱动电机及其控制器、充电系统和高压配电箱等组成（图 11-3），其高压系统在车上的布置如图 11-4 所示。

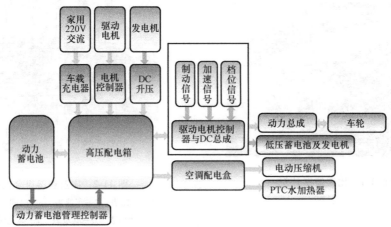

图 11-3 比亚迪秦纯电动系统

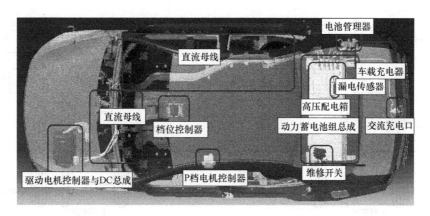

图 11-4　比亚迪秦高压系统在车上的布置

（2）工作原理

比亚迪秦有以下 2 种工作模式：

1）BEV（纯电动）模式。如图 11-5 所示，在纯电动工作模式下，动力蓄电池提供电能，以供电机驱动车辆，可以满足各种工况行驶，如起步、倒车、怠速、急加速、匀速行驶等。

温馨提示：急加速、车速过高、爬坡、温度过高、温度过低、电量低等情况下，车辆可能会自动切换到 HEV 模式，如需继续在 EV 模式下行驶，需手动切回。温度过高或过低时，建议继续使用 HEV 模式。

2）HEV（混合动力）模式。

① 当用户从 BEV 模式切换到 HEV 模式后，车辆由发动机和电机共同驱动（图 11-6），实现了最佳的动力性，仍能保证混合动力系统具有良好的经济性。

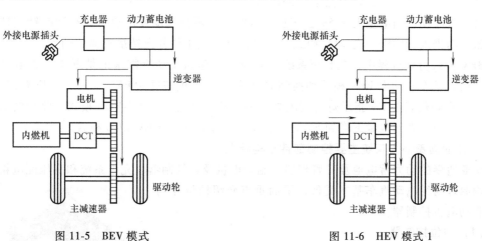

图 11-5　BEV 模式　　　　　　　　　　　图 11-6　HEV 模式 1

② 当电量不足时，系统从 BEV 模式自行切换到 HEV 模式，使用发动机驱动，车辆以较稳定的速度行驶时，发动机输出的一部分转矩会驱动电机进行发电，对动力蓄电池进行充电（图 11-7）。

③ 当电量不足或高压系统故障时，可单独使用发动机驱动，实现了高压系统的独立性（图 11-8）。

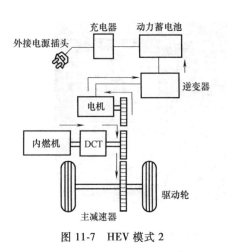

图 11-7　HEV 模式 2

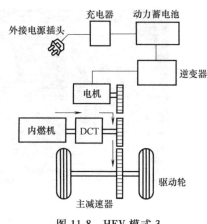

图 11-8　HEV 模式 3

　　比亚迪秦工作模式通过切换开关（图 11-9）进行，"EV"按键上的指示灯（绿色）点亮表示现在处于 BEV 模式。如果这时逆时针旋转中间的旋钮，就进入 ECO（经济）模式，在保证动力的情况下，最大限度地节约电量；如果这时顺时针旋转中间的旋钮，则进入 SPORT（运动）模式，以保证较好的动力性能。

图 11-9　模式切换开关

　　当"HEV"按键上的指示灯（绿色）点亮时表示现在处于 HEV 模式，这时逆时针旋转中间旋钮，进入 ECO 模式，此时为了保证较好的经济性和动力性：电量低于 5% 时，发动机会一直起动；当电量大于 5% 且车速较低时，将不会起动发动机；如果顺时针旋转中间的旋钮，则进入 SPORT（运动）模式，发动机会一直工作并保持最充沛的动力。

　　BEV 模式行驶过程中，在高压系统无故障、无起动发动机需求的情况下，当电量下降到 15% 时，整车自动由 BEV 模式切换到 HEV 模式。若仍需进入 BEV 模式，可长按 EV 按钮 3s 以上，直到仪表上 EV 指示灯持续闪烁，表明整车进入"BEV"-ECO 模式，此时输出功率受到一定限制，直到电量下降到 5% 时，整车将自动切换到 HEV-ECO 模式。

3. 比亚迪秦动力系统主要控制部件结构特点

　　比亚迪秦的动力蓄电池及其管理器、驱动电机及其控制器、充电系统和高压配电箱的基本结构原理与纯电动汽车基本类似，下面重点介绍档位控制器和驱动电机控制器。

（1）档位控制器

　　比亚迪秦采用先进的线控换档系统，该系统消除了换档杆与变速器之间的机械连接，通过电控方式来选择前进档、倒档、空档和驻车档。档位信号由档位控制器（图 11-10）总成进行采集及处理，档位控制器在布置时靠近档位执行器总成，避免因线束过长导致信号不稳的现象。换档完毕后，换档杆可以自动回正以减小误操作。

图 11-10　档位控制器

（2）驱动电机控制器

驱动电机控制器与 DC 总成集成在一起（图 11-11），安装在前舱左侧。

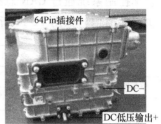

图 11-11　驱动电机控制器与 DC 总成

驱动电机控制器作为动力系统的总控中心，其作用是驱动电机运行，根据工况控制电机的正反转、功率、转矩和转速等；协调发动机管理系统工作；硬件采集电机的旋变、温度，制动、加速踏板开关信号，通过 CAN 通信采集制动深度、档位信号、驻车开关信号、起动命令、电池管理控制器相关数据、控制器的故障信息；内部处理的信号有直流侧母线电压、交流侧三相电流、IGBT 温度、电机的三相绕组阻值。其功能要求见表 11-2。

表 11-2　驱动电机控制器功能

电机控制	转矩控制	整车控制	ESC/Has-Hev 匹配
	功率控制		档位控制
	能量回馈功能		软件更新功能
	爬坡助手功能		状态管理
整车控制	辅助整车上电掉电功能	安全控制	异常处理功能
	经济模式、运动模式		制动优先功能
	动力系统防盗功能		辅助 BMS 进行烧结检测功能
	巡航控制功能		泄放电功能、卸载功能

控制器功能较多，针对双模控制、一键起动上电和防盗功能的介绍如下（图 11-12）：根据 BCM 发出的起动开始指令，电机控制器开始与 IKEY（智能钥匙）和 ECM 进行防盗对码，对码成功后防盗解除，电机控制器发出起动允许指令给 BMS，开始进行预充，预充成功后 OK 灯点亮。若预充失败，电机控制器起动发动机，OK 灯也将点亮。

驱动电机控制器系统框图如图 11-13 所示。

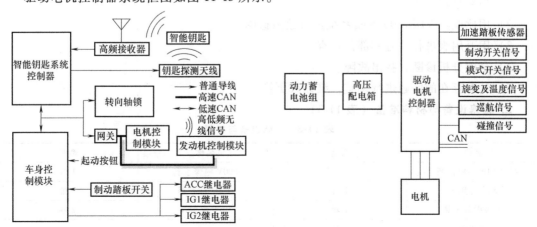

图 11-12　双模控制、一键起动上电和防盗功能　　　图 11-13　驱动电机控制器系统框图

4. 整车控制系统的工作原理

整车控制系统通过 CAN 总线（EV BUS）协调蓄电池管理系统、电机控制器、空调系统等模块相互通信。如图 11-14 所示。

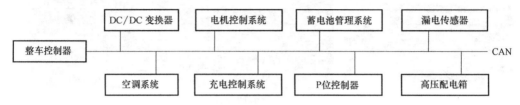

图 11-14　整车控制系统工作原理框图

温馨提示：比亚迪秦混合动力电动汽车结构原理视频参见教学资源 11.1。

11.2　比亚迪秦 BEV 模式失效的故障分析

根据比亚迪秦混合动力电动汽车结构原理，故障可能原因如图 11-15 所示。

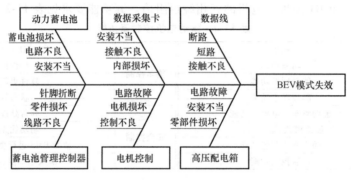

图 11-15　故障可能原因

11.3　比亚迪秦维修准备

1. 维修计划

1）外部直观检查。

2）用比亚迪 VDS1000 诊断系统进行故障诊断。

3）用万用表进行关键零部件检查。

4）全面分析诊断，找出故障。

5）针对存在的问题进行调整，维修或更换。

2. 维修设备与材料准备（表 11-3）

表 11-3　维修设备与材料

名称	数量	名称	数量
比亚迪 VDS1000 诊断系统	1 台	600V 绝缘手套	1 双
汽车万用表	1 台	手套、抹布等	1 批
常规拆装工具	1 套	电工胶布等	2 卷
工作台	1 台		

任务实施

11.4　比亚迪秦故障检查

1. 外部直观检查

直观检查动力系统各零部件、控制器外部是否损坏，各高压导线是否损坏、接头是否脱落、松动、漏液等，并予以排除。

2. 用比亚迪 VDS1000 诊断系统进行故障诊断

因故障牵连到众多系统，请参照维修手册中的步骤、方法和注意事项进行，下面以驱动电机控制器诊断为例加以说明，其流程如下：

1）把车开进车间，检查蓄电池电压及整车低压线束供电是否正常。标准电压为 11~14V，如果低于 11V，应更换蓄电池或检查整车低压线束。

2）将诊断仪连接 DLC3 诊断口，如果提示通信错误，则可能是车辆 DLC3 诊断口出现问题，也可能是诊断仪问题。

将诊断仪连接另一辆车的 DLC3 诊断口，如果可以显示，则原车 DLC3 诊断口有问题，需更换。若不显示，则是诊断仪有问题。

3）对接好插接线，整车电源置于 ON 档，读取故障码（表 11-4）。

表 11-4　驱动电机控制器故障码

故障码	故障描述	备注
P1B00	动力电机电流过流故障	电流超过 600A
P1B01	IPM 保护	硬件 IPM 保护
P1B02	旋变故障	旋变线束松动、旋变器件有故障
P1B03	欠压保护故障	主接触器吸合后电压低于 330V
P1B04	过压保护故障	主接触器吸合后电压高于 570V
P1B05	过载保护	电机电流超过设定值
P1B06	缺相保护	电机三相电流缺相
P1B07	加速信号 1 回路故障	加速故障,加速信号 1、2 出错
P1B08	加速信号 2 回路故障	
P1B0B	碰撞保护	检测到碰撞信号
P1B0C	档位错误	档位信号出错
P1B0D	开盖保护	控制器开盖
P1B0E	EEPROM 错误	EEPROM 读写故障
P1B0F	巡航开关回路故障(预留)	巡航开关信号出错
P1B10	IKEY 防盗解除失败	没有密码或没有钥匙
P1B11	ECM 防盗解除失败	IKEY 防盗失败或 ECM 防盗失败
P1B12	冷却液压力警告(预留)	压力过高,信号失效
P1B13	电机过温警告	超过限制温度

（续）

故障码	故障描述	备注
P1B14	IGBT 过温警告	超过限制温度
P1B15	水温过高警告	超过限制温度
P1B16	IPM 散热器过温警告	超过限制温度
P1B17	P 位警告	P 位状态出错
P1B18	互锁故障（有母线电压没有信号）	母线电压没有与信号匹配
P1B19	主动泄放故障（预留）	主动泄放功能为预留的功能：由蓄电源管理器发出命令，电机控制器执行主动泄放动作，具体如何检测，能否检测还需讨论
U2D0C	电机控制器与 ABS 通信故障	5s 内没有接收报文则判断为故障
U2D0D	与蓄电池管理器通信故障	5s 内没有接收报文则判断为故障
U2D0E	电机控制器与 P 档控制器通信故障	5s 内没有接收报文则判断为故障
U2D0F	电机控制器与 ECM 通信故障	5s 内没有接收报文则判断为故障
U2D10	电机控制器与 ESC 通信故障	5s 内没有接收报文则判断为故障
U2D11	电机控制器与 ACM 通信故障	2s 内没有接收报文则判断为故障

4）若有故障码出现，则调整、维修或更换，最后确认测试。

5）若无故障码出现，则要全面分析诊断车上 ECU 端子，再调整、维修或更换，最后确认测试。

3. 用万用表进行关键零部件检查

（1）高压配电箱故障检查

1）接触器异常检测：先判断接触器低压端是否同时满足吸合时所需的电压，即外围信号是否正常。若正常，判断为接触器异常；否则，需检查外围信号。

2）霍尔异常检测：车辆上电，测试电流霍尔是否有"+15V""-15V"的电流电源，若电源正常，则测试霍尔信号（"1V"对应 100A）并与电源管理器的当前电流进行对比，从而判断电流霍尔是否正常。

3）配电箱内高压熔丝的异常检测：在检查高压模块是否有高压输入时，先检查高压熔丝是否烧毁。熔丝的好坏，可用万用表的通断档进行检测。若导通，说明熔丝正常；若不导通，说明熔丝烧毁；需检查其负载是否正常，并进行更换。

（2）驱动电机控制器的检查

1）旋变传感器失效检测步骤：

① 旋变励磁阻抗检查。断高压电，拔下低压线束，对照线束定义图，用万用表检查在低压插接件上的相应旋变、励磁阻抗。

MG2SIN+与 SIN-之间电阻应为（16±1）Ω；MG2COS+与 COS-之间电阻应为（16±1）Ω；MG2EXC 与/EXC 之间电阻应为（8±1）Ω。

② 检查正余弦之间，正余弦和励磁之间，以及旋变信号和壳体之间阻抗是否正常，一般应大于 20MΩ，如电阻正常，则进行下一步检查。

③ 线束及插接件检查。检查低压插接件是否内部断路。拔下线束，用万用表测量线束

同一信号两端的电阻应小于1Ω。若正常，则更换驱动电机控制器；若异常，则更换连接线束或更换插接件。

2）驱动电机控制器内部管压降的测量（图 11-16）。

黑表笔对应控制器正极输入端子　　红表笔对应控制器负极输入端子

红表笔分别对应三相输出端子　　黑表笔对应三相输出端子

图 11-16　驱动电机控制器内部管压降的测量

3）直流母线电压故障检查步骤：

① 检查直流高压插接器。断开维修开关，拔下高压插接器，用万用表测量控制器上高压插接件正负极对控制器外壳电阻一般大于20MΩ；若正常，进行下一步检查；若异常，检查高压电缆。

② 检查高压输入信号。用万用表检查高压输入端电压是否在480～500V范围内。若正常，说明驱动电机控制器有故障；若小于480V，则外部输入异常，应检查电池系统和预充系统。

4）电机过温保护检查步骤。检查电机温度传感器电阻：断开高压电，拔下低压线束，对照线束定义图检查电机温度信号对机壳电阻，一般为20kΩ（60℃时）。若正常，请重新接低压插接件上电一次，若还是出现故障码，维修或更换驱动电机控制器；若为无穷大，则说明温度传感器有故障，应进行维修或更换。

5）散热器过温检查步骤。查看控制器是否发烫，水泵是否正常工作，水道是否畅通。若不正常，请解决水泵和水道的故障。若正常，应返厂维修。

综合以上全面诊断，故障诊断仪出现了故障码P1B14（IGBT过温警告），读取数据流，IGBT温度为94℃（图 11-17），超过限制温度。经检查，高压冷却回路正常，问题出在驱动电机控制器与DC总成，需更换。

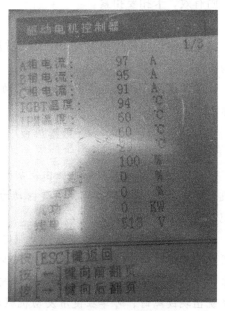

图 11-17　驱动电机控制器故障

11.5 比亚迪秦的故障维修

1. 维修准备

整车置于 OFF 档；拔掉紧急维修开关，等待 5min 以上；断开蓄电池。

2. 驱动电机控制器与 DC 总成拆装

1）拆掉电机三相线插接器的 4 个螺栓，如图 11-18 所示。

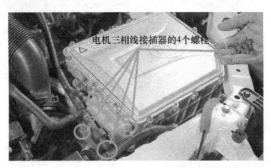

图 11-18 电机三相线插接器的 4 个螺栓

2）拔掉高压母线插接器。

3）拆掉附在箱体的配电盒上端螺栓和底座 4 个紧固螺栓。

4）将控制器往左移，拔掉 62 针低压插接器（图 11-11），拆掉搭铁螺栓，拔掉 DC 低压输出线，拔掉 4 个低压线束卡扣。

5）将控制器往右移，拆掉进水管和出水管（图 11-11）。

注意：拆进水管时，将流出的冷却液用容器接收。

6）按拆卸相反顺序进行安装。注意：各紧固螺栓的拧紧方法和力矩，各插接器要安装牢固有效，卡扣要扣紧。

3. 维修检验

更换驱动电机控制器与 DC 总成后重新检测，故障码消失，读取数据流，IGBT 温度降为 33℃，故障排除。

温馨提示：比亚迪秦混合动力电动汽车驱动电机控制器与 DC 总成拆装视频见教学资源 11.2。

任务总结

1. 比亚迪秦动力系统主要由发动机与纯电动两大部分组成，发动机采用 4 缸电控汽油机，纯电动时与 BEV 类似，主要由动力蓄电池及其管理器、驱动电机及其控制器、充电系统和高压配电箱等组成。

2. 比亚迪秦有 2 种工作模式：纯电动模式（BEV）和混合动力（HEV）模式。BEV 模式与一般纯电动汽车相同；HEV 模式时，车辆由发动机和电机共同驱动；当电量不足时，系统会从 EV 模式自行切换到 HEV 模式，同时对动力蓄电池进行充电；当电量不足或高压系统出现故障时，可单独使用发动机驱动。

3. 比亚迪秦采用先进的线控换档系统，消除了换档杆与变速器之间的机械连接，通过

电控方式来选择前进档、倒档、空档和驻车档。

4. 比亚迪秦控制器具有双模控制、一键起动上电和防盗等功能。

5. 可采用专用故障诊断仪结合万用表检测整车控制系统。本任务的 BEV 模式失效故障是由于电机控制器 IGBT 温度过高引起的。

6. 正确进行驱动电机控制器与 DC 总成的拆装。

学生学习工作页

一、比亚迪秦混合动力汽车动力系统基本结构原理

1. 填空

(1) 比亚迪秦混合动力汽车动力系统主要由_____与_____两大部分组成。

(2) 比亚迪秦混合动力汽车模式切换开关"HEV"按键上的指示灯(绿色)点亮表示在_____模式。这时逆时针旋转中间旋钮,进入到 ECO(_____)模式,则当电量低于____时,发动机会一直工作;当电量大于___,且车速___时,将不会起动___;如果顺时针旋转旋钮,则进入到 SPORT(_____)模式,_____会一直工作。

(3) 比亚迪秦混合动力汽车采用先进的线控换档系统,该系统消除了_____与_____之间的机械连接,通过_____方式来选择前进档、倒档、空档和驻车档。档位信号由_____总成进行采集及处理。

2. 下图为比亚迪秦混合动力汽车组合仪表,请在右侧表中按照图中序号填入相应部件名称。

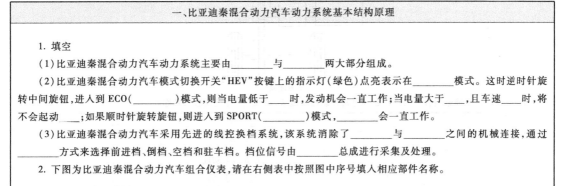

序号	名称	序号	名称
1		6	
2		7	
3		8	
4		9	
5		10	

3. 下图为比亚迪秦混合动力汽车纯电动系统组成,请在 "?" 处填入部件名称。

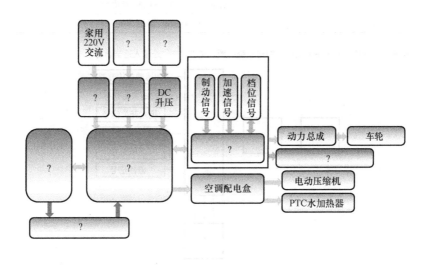

（续）

4. 下图为比亚迪秦混合动力汽车能量流图,请在"?"处填入部件名称,并说明其工作原理。

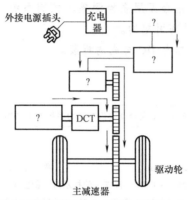

5. 下表是比亚迪秦混合动力汽车驱动电机控制器功能表,请在"?"处填入适当名称。

电机控制	?
	?
	能量回馈功能
	爬坡助手功能
整车控制	?
	?
	?
	巡航控制功能
	ESC/Has-Hev 匹配
	?
	软件更新功能
	状态管理
安全控制	?
	?
	辅助 BMS 进行烧结检测功能
	泄放电功能、卸载功能

6. 下图是比亚迪秦混合动力汽车驱动电机控制器系统框图,请在"?"处填入适当名称。

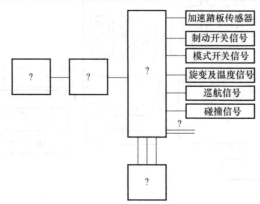

（续）

二、比亚迪秦混合动力汽车故障检测
1. 说说采用万用表检查比亚迪秦混合动力汽车高压配电箱的步骤。 2. 说说采用万用表检查比亚迪秦混合动力汽车驱动电机控制器的步骤。
三、比亚迪秦混合动力汽车动力系统维修
写出比亚迪秦混合动力汽车驱动电机控制器与DC/DC变换器总成的拆装与更换步骤。
四、比亚迪秦混合动力汽车故障检测与维修综合测评
以小组为单位，将本任务的故障诊断维修过程写在下面，制作海报，在全班进行展示和交流。

燃料电池电动汽车的结构与维护

任务12　丰田 Mirai 燃料电池电动汽车的使用维护

学习目标

1. 掌握燃料电池电动汽车的定义与分类。
2. 理解燃料电池电动汽车的基本结构与工作原理。
3. 了解燃料电池电动汽车的使用注意事项。
4. 熟悉燃料电池电动汽车的维护。
5. 培养良好的职业道德与安全环保意识。

任务接受

客户田先生新买了丰田 Mirai 燃料电池电动汽车，要求 4S 店给予使用与维护培训。4S店派出了售后服务工程师进行指导。

任务准备

12.1　燃料电池电动汽车使用与维护准备

1. 培训计划

1）介绍燃料电池电动汽车基本知识。

2）介绍丰田 Mirai 汽车的基本结构与工作原理。

3）介绍丰田 Mirai 汽车的使用知识。

4）介绍丰田 Mirai 汽车的日常维护知识。

2. 维护设备与材料准备（表 12-1）

表 12-1　维护设备与材料准备

名称	数量	名称	数量
丰田 Mirai 汽车	1 辆	使用说明书	1 本
汽车举升机	1 台	常规拆装工具	1 套
600V 绝缘手套	1 双	轮胎气压表	1 个
冷却液	1 罐	制动液	1 罐
工具盆	1 套	手套、抹布等	1 批

任务实施

12.2　燃料电池电动汽车的基本知识

1. 燃料电池电动汽车定义及特点

（1）定义

燃料电池电动汽车（Fuel Cell Electric Vehicle，FCEV），它是以燃料电池作为单一动力源或是以燃料电池系统与可充电储能系统作为混合动力源的电动汽车。

（2）特点

1）零排放，不污染环境。燃料电池的燃料是氢气，生成物是清洁的水。

2）能量转化效率高。燃料电池的能量转换效率为 60%~80%，为内燃机的 2~3 倍。

3）氢燃料来源广泛，可以从可再生能源获得，不依赖石油燃料。

4）燃料电池成本过高，燃料的存储和运输目前还非常困难。

5）技术复杂，发展较慢，短期内还无法替代传统汽车。

2. FCEV 基本组成结构与工作原理

（1）基本结构

FCEV 一般由燃料箱、燃料电池、控制系统、驱动系统、辅助动力系统和蓄电池组等部分构成（图 12-1）。

1）燃料电池组是 FCEV 的电源，由多个 1V 以下的燃料电池串联组成，是一种将储存在燃料和氧化剂中的化学能通过电极反应直接转化为电能的发电装置。

以质子交换膜燃料电池为例，单体燃料电池主要由电解质、燃料电极、隔离板、空气电极和集流板等组成（图

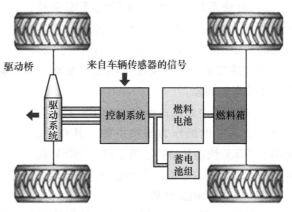

图 12-1　FCEV 基本组成结构

12-2）。正、负极板采用活性炭制成，置于电解质溶液中。

燃料电池工作时，外界不断供给负极氢气，供给正极空气（图 12-3），在催化剂（铂、多孔石墨等）的作用下，产生如下反应：

负极反应

$$2H_2 \longrightarrow 4H^+ + 4e^-$$

正极反应

$$O_2 + 4H^+ + 4e^- \longrightarrow 2H_2O$$

负极经催化剂作用，氢原子中的电子被分离出来，在正极吸引下，在外电路形成电流，失去电子的氢离子，在正极与氧、电子结合为水，氧可从空气中获得，只要不断地供给氢气并带走水，

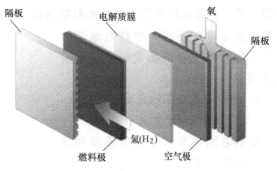

图 12-2　单体燃料电池的组成

燃料电池就可不断地产生电能。

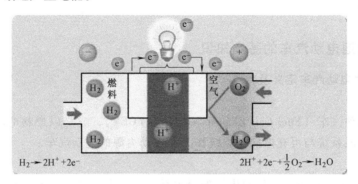

图 12-3 燃料电池的工作原理

2) 控制系统（图 12-4）用于控制燃料电池的反应过程（起动、反应、输出电能的调整、停止等）和电机的运行过程，所有工作状态由各种传感器采集，集中反馈到车载电控中心，由各监管控制模块控制燃料电池组和电机安全运行。

3) 驱动系统：燃料电池的电流需要经过专用的大功率动力 DC/DC 变换器，将燃料电池产生的直流电转换为稳压直流电流，然后经过逆变器转换为交流电输送给驱动电机，驱动车轮转动。

4) 辅助动力系统：通常在 FCEV 上还要装配一个蓄电池组作为辅助电源。其作用：①用于 FCEV 快速起动；②用于储存 FCEV 在再生制动时反馈的电能；③为电动汽车控制系统、照明系统等电气设备提供低压电源。

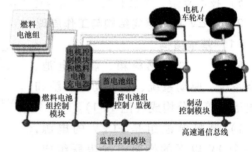

图 12-4 燃料电池汽车工作状态监控管理

(2) FCEV 的工作原理

如图 12-3 所示，由燃料箱不断地供给燃料，燃料电池把燃料氧化的化学能转换为电能，产生的直流电经过控制器变为交流电后供入驱动电机，经传动系统驱动车轮。

在电动汽车开始行驶时，蓄电池组处于电量饱满状态，其能量输出可以满足汽车起动要求，由其为驱动系统提供能量，并对燃料电池进行预热，燃料电池动力系统不需要工作；当蓄电池组电量低于一定值时，燃料电池动力系统起动，由燃料电池动力系统为驱动系统提供能量，当车辆能量需求较大时，燃料电池动力系统与蓄电池组同时为驱动系统提供能量；当车辆能量需求较小时，燃料电池动力系统为驱动系统提供能量时，还给蓄电池组进行充电。

3. 燃料电池汽车的分类

(1) 按氢气供给方式分

燃料电池汽车可分为改质型和非改质型两种（图 12-5）。

1) 非改质型。由车载氢气直接供

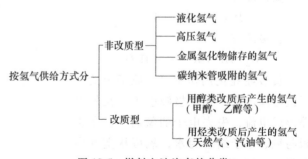

图 12-5 燃料电池汽车的分类

应燃料电池（图 12-6a）。车辆构造简单、体积小、质量小。主要问题是车辆续驶里程短，氢燃料的补给设施费用高，目前氢燃料电池的成本是普通汽油机的 100 倍，这个价格是市场所难以承受的。

2）改质型。其车载液体燃料（甲醇或汽油等），需利用车载改质装置制造氢气，再供给燃料电池（图 12-6b）。优点是可使用多种燃料；缺点是结构复杂、体积庞大，而且需要 10min 以上才能产生足够的氢气，起动时间长，要由蓄电池组来提供电能，同时预热燃料电池。

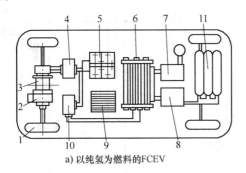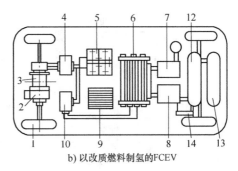

a) 以纯氢为燃料的 FCEV　　　　　　　　　　　b) 以改质燃料制氢的 FCEV

图 12-6　改质型和非改质型 FCEV 组成比较

1—驱动轮　2—驱动系统　3—驱动电机　4—逆变器　5—辅助电源（蓄电池、超级电容器）　6—燃料电池发动机
7—空气压缩机和空气加湿装置　8—氢气管理系统　9—中央控制器　10—DC/DC 变换器　11—氢气储存罐
12—燃烧器和改质器　13—甲醇储存罐　14—H_2 净化器

（2）按燃料电池使用的电解液不同分

燃料电池主要有质子交换膜燃料电池、碱性燃料电池、磷酸燃料电池、熔融碳酸盐燃料电池、固态氧化物燃料电池。各种类型燃料电池对比见表 12-2。

表 12-2　各种类型燃料电池对比

类型	电解质	导电离子	工作温度/℃	燃料	氧化剂
质子交换膜燃料电池	质子交换膜	H^+	$60 \sim 100$	氢气、重整氢	空气
磷酸燃料电池	H_3PO_4	H^+	200	重整气	
熔融碳酸盐燃料电池	Na_2CO_3	CO_3^{2-}	650	净化煤气、天然气、重整气	
固体氧化物燃料电池	$ZrO_2\text{-}Y_2O_3$	O^{2-}	1000	净化煤气、天然气	

1）质子交换膜燃料电池（Proton Exchange Membrane Fuel Cell, PEMFC）采用氟系高分子膜作为电解质，工作温度是 $60 \sim 100$℃。

单体燃料电池由质子交换膜、气体扩散层、双极板（阴极、阳极）三种基本元件组成（图 12-7）。双极板可采用石墨板、金属板或复合板；质子交换膜采用改性的全氟型磺酸膜，它具有电导率高、化学稳定性好、热稳定性好、良好的力学性能、反应气体的透气率低、水的电渗系数小、价格低廉等优点。

工作时，氢在阳极被转变成氢离子时释放出电子，电子通过外电路回到电池阴极，与此同时，氢离子则通过电池内部高分子膜电解质到达阴极。在阴极，氧气转变为氧原子，氧原子得到从阴极传过来的电子变成氧离子，和氢离子结合生成水。

2）熔融碳酸盐燃料电池（Molten Carbonate Fuel Cell，MCFC），这种电池使用溶解的碳酸盐（碳酸锂、碳酸钾）作为电解质，由多孔陶瓷阴极、多孔陶瓷电解质隔膜、多孔金属阳极、金属极板构成的燃料电池。工作温度是 $600\sim700℃$，在高温下，这种盐就会溶解，产生碳酸根离子，从阴极流向阳极，与氢结合生成水、二氧化碳和电子。然后电子通过外部回路返回阴极，在这个过程中发电（图12-8）。

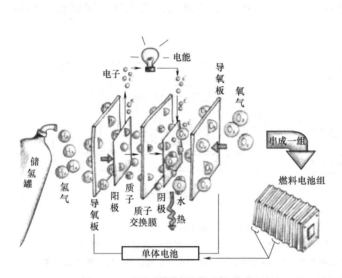

图12-7　质子交换膜燃料电池组成

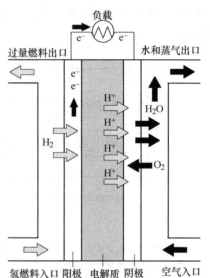

图12-8　熔融碳酸盐燃料电池工作原理

空气极

$$CO_2+\frac{1}{2}O_2+2e^-\longrightarrow CO_3^2$$

燃料极

$$H_2+CO_3^{2-}\longrightarrow H_2O+CO_2+2e^-$$

总的反应方程式

$$H_2+\frac{1}{2}O_2+CO_2（阴极）\longrightarrow H_2O+CO_2（阳极）$$

3）固态氧化物燃料电池（Solid Oxide Fuel Cell，SOFC），属于第三代燃料电池，是一种在中高温下直接将储存在燃料和氧化剂中的化学能高效、环境友好地转化成电能的全固态化学发电装置。它被普遍认为是在未来会与 PEMFC 一样得到广泛普及应用的一种燃料电池。

固态氧化物燃料电池工作温度比溶解的碳酸盐燃料电池的温度还要高，其工作温度位于 $800\sim1000℃$，科学家也正在努力开发低温 SOFC，其工作温度范围更可以降低至 $650\sim700℃$。

其单电池由阳极、阴极和固体氧化物电解质组成（图12-9），阳极为燃料发生氧化的场所，阴极为氧化剂还原的场所，两极都含有加速电极电化学反应的催化剂。

在这种燃料电池中，在阴极发生氧化剂（氧或空气）的电还原反应，即氧气接触电子后生成氧离子（O^{2-}），O^{2-} 进入电解质借助电解质中的氧空位向阳极迁移。氧的电还原反应可由下式表示：

$$\frac{1}{2}O_2 + 2e^- = O^{2-}$$

在阳极发生燃料（氢或富氢气体）的电氧化反应，即氢与经电解质传导过来的 O^{2-} 反应生成水，同时外电路释放电子，电子经外电路到达阴极。氢的电氧化反应可由下式表示：

$$H_2 + O^{2-} = H_2O + 2e^-$$

电池的总反应是氧与氢反应生成水：

$$H_2 + \frac{1}{2}O_2 = H_2O$$

如果燃料是 CO，阳极产物则是 CO_2，反应过程与氢/氧 SOFC 类似。

当氧离子从阴极移动到阳极氧化燃料气体（主要是氢和一氧化碳的混合物）时便产生能量。阳极生成的电子通过外部电路移动返回到阴极上，减少进入的氧气，从而完成循环发电。

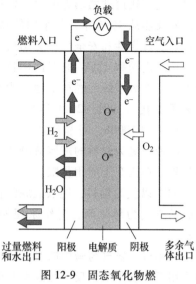

图 12-9　固态氧化物燃料电池工作原理

4）磷酸燃料电池（Phosphoric Acid Fuel Cell，PAFC），是当前商业化发展得最快的一种燃料电池，使用液体磷酸为电解质。磷酸燃料电池要工作于 150~200℃ 之间，但仍需电极上的催化剂铂来加速反应。由于工作温度较高，所以其阴极上的反应速度要比质子交换膜燃料电池阴极上的反应速度快，且较高的工作温度也使其对杂质的耐受性较强。磷酸燃料电池的效率比其他燃料电池低，约为 40%，其加热时间也比质子交换膜燃料电池长。优点是结构简单、稳定，电解质挥发度低等。磷酸燃料电池也可作为公共汽车的动力。单体电池工作原理如图 12-10 所示。

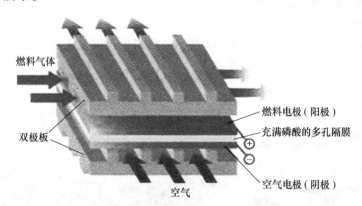

图 12-10　磷酸燃料电池工作原理

$$阳极反应\ H_2 \longrightarrow 2H^+ + 2e^-$$

$$阴极反应\ \frac{1}{2}O_2 + 2H_2 + 2e^- \longrightarrow H_2O$$

5）碱性燃料电池（Alkaline Fuel Cell，AFC），该电池用碱性液体氢氧化钾等作为电解质，工作温度是室温，是早期开发的产品，20 世纪 60~70 年代用于阿波罗登月飞船、航天

飞机、空间轨道站的动力电源，燃料电池作为一种轻质、高效的动力源一直是航天的首选，阿波罗飞船从1996年开始采用的碱性燃料电池在服役期间累计运行时间超过10000h，表现出良好的可靠性和安全性；美国航天飞机载有3块额定功率12kW的碱性燃料电池，采用液氢、液氧系统，燃料电池产生的水可供航天员饮用，1981—2011年燃料电池堆累计运行了101000h，可靠性达到99%。但是因为以液态氢为燃料的碱溶液型燃料电池造价昂贵，在汽车上应用受限。

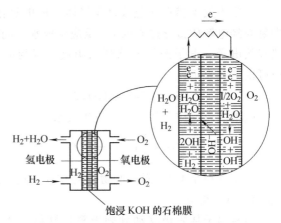

图12-11 碱性燃料电池工作原理

AFC以氢为燃料，纯氧或脱除微量二氧化碳的空气为氧化剂，工作原理如图12-11所示。

在阳极，氢气与碱中的OH^-在电催化剂的作用下，发生氧化反应生成水和电子：

$$H_2+2OH^-\longrightarrow 2H_2O+2e^-$$

电子通过外电路到达阴极，在阴极电催化剂的作用下，参与氧的还原反应：

$$\frac{1}{2}O_2+H_2O+2e^-\longrightarrow 2OH^-$$

生成的OH^-通过饱浸碱液的多孔石棉膜迁移到氢电极。

为保持电池连续工作，除需与电池消耗氢气、氧气等速地供应氢气、氧气外，还需连续、等速地从阳极（氢极）排出电池反应生成的水，以维持电解液浓度的恒定；排除电池反应的废物热以维持电池工作温度的恒定。一块单电池工作电压为0.6~1.0V。

4. 丰田Mirai燃料电池汽车的结构原理

（1）基本结构

丰田Mirai汽车外观与组成如图12-12所示。燃料电池安装于前排座椅下方，2个高压氢罐置于后排座椅下方，电动机位于车头。

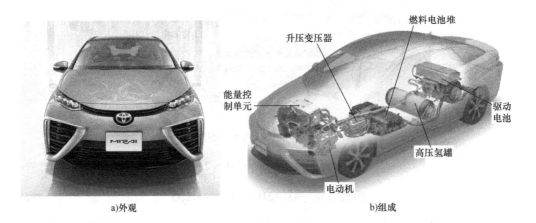

a)外观   b)组成

图12-12 丰田Mirai汽车

丰田 Mirai 燃料电池汽车于 2014 年 12 月 15 日在日本正式上市，其主要应用性能见表 12-3 所示。

表 12-3　丰田 Mirai 汽车主要应用性能

整车	续驶里程/km	≈650
	最高时速/(km/h)	175
	0~100km/h 加速时间/s	9.6
燃料电池堆	最大功率/kW	114
	功率密度/(kW/L)	3.1
	体积/重量/(L/kg)	37/56
单体电池	数量/片	370(一排堆叠)
	厚度/mm	1.34
	重量/g	102
高压氢罐	数量/个	2
	额定工作压力/MPa	70
	罐储性能(wt%)	5.7
驱动电机	最大功率/kW	113
	最大转矩/N·m	335
	加氢时间/min	3

注：续驶里程是室外气温 20℃、罐内压力从 70MPa 减少到 10MPa 时的行驶距离。

（2）工作原理

丰田 Mirai 汽车工作原理如图 12-13 所示，氢气与空气中的氧气通过燃料电池产生电能和水，电能驱动汽车行驶。在汽车起动和开始行驶时，驱动电池组处于电量饱满状态，其能量输出可以满足汽车起动要求，由其为驱动电机提供能量，并对燃料电池进行预热，燃料电池动力系统不需要工作；当蓄电池组电量低于一定值时，燃料电池动力系统起动，由燃料电池动力系统为驱动系统提供能量，当车辆能量需求较大时，燃料电池动力系统与动力蓄电池组同时为驱动系统提供能量；当车辆能量需求较小时，燃料电池动力系统为驱动系统提供能量的同

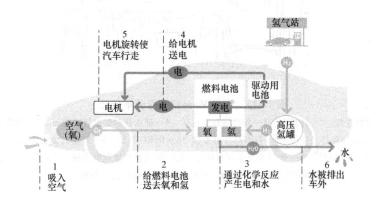

图 12-13　丰田 Mirai 汽车工作原理

时，还对动力蓄电池组进行充电；减速和制动时，进行能量回收，给动力蓄电池组充电。

丰田 Mirai 汽车是一辆汽车，还可以作为一个移动电站，如果家里停电的时候，可以用它为用电器供电，如图 12-14 所示，最多可以提供 9kW 功率和 60kW·h 的电量。

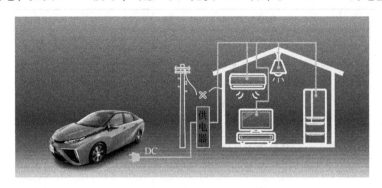

图 12-14　Mirai 汽车为室内供电

温馨提示：丰田/Mirai 汽车基本结构原理视频参见教学资源 12.1。

12.3　燃料电池电动汽车的使用维护

1. 燃料电池电动汽车的使用

以丰田 Mirai 汽车为例，与传统汽车不同，使用时应注意如下问题：

1）应熟读车辆使用说明书，熟悉驾驶室配置（图 12-15）及各操纵机构使用。

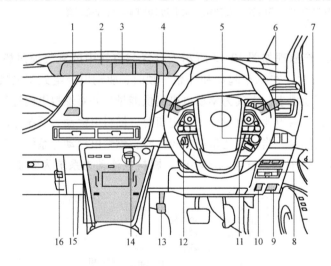

图 12-15　丰田 Mirai 汽车驾驶室配置

1—危险警告灯　2—计量表　3—各种信息显示屏　4—刮水器和车窗清洗按钮　5—能量按钮
6—转向杆和灯光按钮　7—行李舱开启按钮　8—DSRC 单元　9—发动机舱盖开启按钮
10—DC OUT 按钮　11—燃料填充盖开启按钮　12—转向盘位置调整按钮　13—停车制动器
14—变速杆　15—自动空调　16—行李舱开启主要按钮

2）应熟悉汽车信息显示屏的各种信息（图 12-16），尤其是与传统汽车不同的信息。

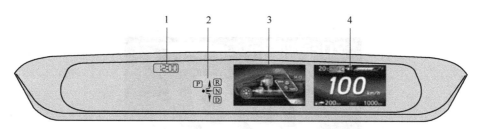

图 12-16　汽车信息显示屏
1—时间　2—档位指示　3—行驶信息　4—主显示屏

① 各种指示灯（表 12-4）。

表 12-4　丰田 Mirai 汽车仪表板部分信息

标志	内容	标志	内容
H₂	氢警告灯	H₂O	水指示灯
BSM后视镜标志	BSM 后视镜标志	PCS	PCS 警告
	安全保障指示灯		制动器转换控制系统/开车控制警告灯
	雷达检测指示灯（检测前车距离）	BSM	BSM 指示灯
PWR MODE	POWER MODE 指示灯	READY	READY 标志
Bs	BS 模式指示灯		变更档位指示灯
FC	输出动力控制指示灯	ECO MODE	ECO MODE 指示灯
AC 100V	交流 100V 指示灯		LDA 指示灯
P	减速装置指示灯		

② 主显示屏如图 12-17 所示，信息变化见表 12-5。

图 12-17 主显示屏

1—温度 2—POWER MODE指示灯 3—输出动力控制指示灯 4—剩余燃料的表示
5—里程表/区间里程记录仪 6—时速表 7—可能的续驶里程

表 12-5 主显示屏的变化显示

①FC 系统显示器	③瞬时燃效
②能量显示表	④驱动电池的剩余电量

③ 行驶信息显示（表 12-6）用于显示燃料电池系统状态。

表 12-6 显示燃料电池系统状态

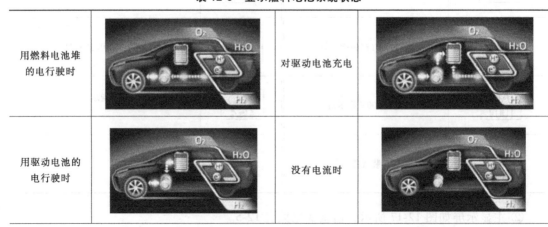

用燃料电池堆的电行驶时	对驱动电池充电
用驱动电池的电行驶时	没有电流时

（续）

用燃料电池堆和驱动电池的电行驶时		驱动电池电量表示	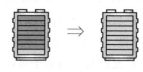

④ FC 系统显示与环保评定（图 12-18）。

2. 燃料电池电动汽车的维护

以丰田 Mirai 汽车为例，由于它也有动力蓄电池，所以纯电动汽车的维护注意事项也同时适用于燃料电池汽车。另外，还要注意其特殊要求。

（1）充氢

充氢口在汽车左后方（图 12-19），氢压力为 70MPa，充氢瞬时最高压力是 87.5MPa。充氢注意点如下：

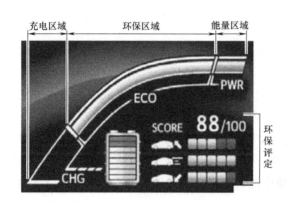

图 12-18　FC 系统显示与环保评定

图 12-19　充氢

1）充氢前，车窗和车门关闭，关闭能量按钮，挂停车制动档，关掉灯光。

2）充氢时，不要靠近香烟等明火。

充氢时，充入的气体很冷，充氢管和汽车充氢口的表面也会变得很冷，甚至表面会结霜，刚刚充完氢后，不要用手去摸充氢管或汽车充氢口，手有可能被冻伤。

3）不要使用指定以外的燃料，可能会产生故障。

4）充氢完成后必须把盖子盖上，如有异物进入燃料充氢口的话，可能会产生氢泄漏等故障。

（2）充电

丰田 Mirai 是燃料电池堆给驱动用电池充电，不需要从车外充电，但是，车辆长时间放置的话，电池会有少量的放电，所以至少需要 2~3 个月充电 30min。万一电池的电全部放完

了，燃料电池系统就不能启动了，应联系丰田 4S 店。

（3）洗车时的注意点

1）电机室内不要用水清洗，电器部分接触到水，会引发车辆火灾。

2）前风窗玻璃清洗时，刮水器按钮要置于 OFF 档。如果置于 AUTO 档，可能会导致刮水片运动，产生夹手等事故。

3）充燃料口的盖子可以拿下来清洗，但是不能直接用水来冲洗充燃料口，如果充燃料口有水进入，将会引起故障。

4）用高压洗车机时，喷嘴的前端不能接近燃料电池堆、驱动电机、转向器、悬架、制动部分的连接部位，因为水压高的话，这些部件容易受到损伤。

（4）注意防水

1）车底部、尾箱、驱动电池加冷却液的口等不能有水进入，因为驱动用电池和电器产品如果有水覆盖，可能会引起故障和火灾。

2）SRS 气囊的构成产品和电器配线不能用水擦拭，如果电器不正常，可能导致气囊开启或其他地方不正常，甚至造成重大伤害。

3）如果放置充电或无线充电器，不能用水擦拭。如果发热造成保护膜脱落，可能造成触电等重大伤害。

（5）维修

1）更改出厂模式的时候，一定要去丰田 4S 店，因为使用了高压电，可能会导致重大的伤害。

2）要确认电机室内没有遗留工具和抹布，一旦检查或清扫使用的工具或者抹布遗忘在电机室内了，会成为造成故障的原因，或者电机室内的高温引起车辆火灾。

3）更换电池时，请使用车辆要求的专用电池，因为从电池里产生的氢一旦到室内，可能会引起爆炸，如果要更换电池，请回丰田 4S 店。

更换电池时要注意：不要用湿淋淋的手更换电池，否则会造成生锈；更换电池时，电池以外的产品不要移动；不要弄弯电极。

（6）外接用电设备

从车辆后面的专用电源接口连接用电设备（图 12-20）。

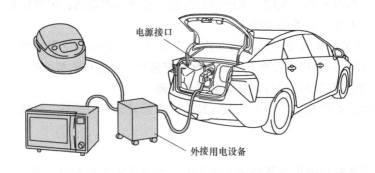

图 12-20 外接用电设备

（7）FCEV 供电常见故障（表 12-7）

表 12-7　FCEV 供电常见故障

故障现象	故障原因	故障处理方法
完全不能供电	外部供电器产生故障	根据外部供电器的说明书处理相应的故障或打开外部供电器
	外部供电器打到 OFF 档	
	燃料少	加入燃料后再试
	供电的连接器没有连接好	确认供电的连接器确实连接好了
	驱动电池的温度非常高或非常低	FC 系统开始运动时,空调使室内的温度太高,等它冷下来再进行供电。让车行驶起来,让 FC 系统暖机,慢慢地可以使温度升高
	上次供电时没有正常结束	使 FC 系统开始运动,使能量开关打到 OFF 档,再次供电操作
	其他	按照供电前操作的顺序再次进行供电操作
供电中间停止	外部供电器不知道为何变成 OFF 档	按照外部供电器的说明书再操作一次
	驱动电池的温度非常高或非常低	等一段时间再操作,或 FC 系统开始运动时,空调使室内的温度太高,等它冷下来再进行供电。让车行驶起来,让 FC 系统暖机,慢慢地可以使温度升高
	外部供电器故障	根据外部供电器说明书,进行合适的处理
供电结束后,FC 系统不能开始运动	车辆以外的外部供电器被连接	按照外部供电器的说明书拔下供电接头
	供电口的盖子打开了	供电口的盖子合上,再次起动 FC 系统
	外部电源供给系统故障	联系 4S 店的专业人员
供电结束后供电接头不能拆开	供电接头不知为何被锁死	按照说明书进行操作

任务总结

1. FCEV 是以燃料电池系统为单一动力源或者是以燃料电池系统与可充电储能系统作为混合动力源的电动汽车。

2. FCEV 汽车的主要优点是真正的零污染,能量转化效率高,缺点是燃料电池成本过高。

3. FCEV 一般由燃料箱、燃料电池、控制系统、驱动系统、辅助动力系统和电池组等部分构成。

4. 单体燃料电池主要由电解质、燃料电极、隔离板、空气电极和集流板等组成。燃料电池工作时,外界不断供给负极氢气,供给正极空气,在催化剂（铂、多孔石墨等）作用下,负极氢原子中的电子被分离出来,在正极吸引下,在外电路形成电流,失去电子的氢离子,在正极与氧、电子结合为水。

5. FCEV 按氢气供给方式可分为改质型和非改质型两种。燃料电池按照电解质的类型可

分为质子交换膜燃料电池（PEMFC）、磷酸型燃料电池（PAFC）、熔融碳酸型燃料电池（MCFC）、固体氧化物燃料电池（SOFC）和碱性燃料电池（AFC）等。

6. 丰田 Mirai 汽车于 2014 年 12 月 15 日在日本正式上市，是一款比较先进的燃料电池汽车。

7. 燃料电池汽车使用维护应详细阅读使用说明书。

📘 学生学习工作页

一、燃料电池电动汽车基本知识

---

1. 完成如下填空

(1) 燃料电池电动汽车简称_____，它是_____的电动汽车。

(2) 燃料电池排放物是_____。

(3) 单体燃料电池主要由_____、_____、_____、_____和_____等组成。

(4) 燃料电池汽车按氢气供给方式可分为_____和_____两种。燃料电池按使用的电解液不同分_____电池、_____电池、_____电池、_____燃料电池和_____电池。

2. 下图是 FCEV 基本组成结构图，请在方框里面填上部件名称，并简述其基本工作原理。

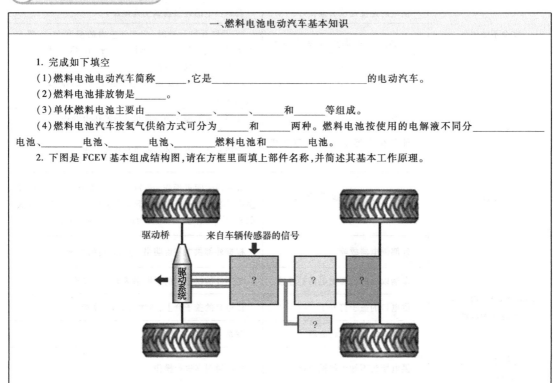

二、丰田 Mirai 汽车结构原理

---

1. 丰田 Mirai 汽车结构如下图所示，请在"?"处填入部件名称。

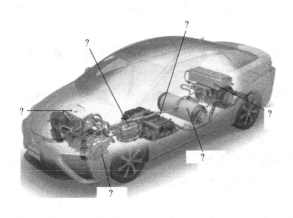

（续）

2. 下表是丰田 Mirai 汽车主要应用性能,请填写表中的空白处。

整车	续驶里程/km	
	最高时速/（km/h）	175
	0~100km/h 加速时间/s	9.6
燃料电池堆	最大功率/kW	
	功率密度/（kW/L）	
	体积/重量/（L/kg）	37/56
单体电池	数量/片	
	厚度/mm	
	重量/g	102
高压氢罐	数量/个	
	额定工作压力/MPa	
	罐储性能（wt%）	
驱动电机	最大功率/kW	
	最大转矩/N·m	335

3. 下图是丰田 Mirai 汽车驾驶室配置,请将相应序号的零部件名称填入下表空白处。

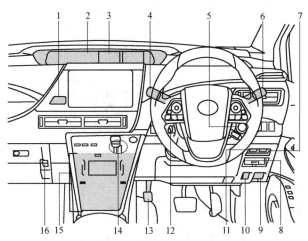

序号	名称	序号	名称
1		9	
2		10	
3		11	
4		12	
5		13	
6		14	
7		15	
8		16	

（续）

标志	内容	标志	内容
H₂		**H₂O**	
BSM后视镜标志符号	BSM后视镜标志	OFF标志	
安全保障标志	安全保障指示灯	制动控制标志	制动器转换控制系统/开车控制警告灯
雷达标志	雷达检测指示灯（检测前车距离）	**BSM**	BSM 指示灯
PWR MODE	POWER MODE 指示灯	**READY**	READY 标志
Bs	BS 模式指示灯	档位标志	
FC		**ECO MODE**	ECO MODE 指示灯
AC 100V	交流 100V 指示灯	车道标志	
P))) ▲			

三、FCEV 使用维护

1. 将下表丰田 Mirai 汽车仪表板的信息内容填入相应空白处。

2. 下图是丰田 Mirai 汽车主显示屏信息，请将 1~7 的信息填入下表。

（续）

序号	含义	序号	含义
1		5	
2		6	
3		7	
4			

3. 说说 FCEV 使用时应注意的问题。

4. 写出 FCEV 充氢的步骤及其注意事项。

5. 简述 FCEV 日常维护防水的注意事项。

6. 分析 FCEV 完全不能供电故障的可能原因。

三、FCEV 维护综合测评
以小组为单位，说明丰田 Mirai 汽车的使用和维护注意事项，制作海报在全班交流，进行综合测评。

燃气汽车的结构与维修

任务 13　压缩天然气汽车换气熄火的故障诊断与维修

学习目标

1. 掌握燃气汽车的含义、特点与分类。
2. 理解压缩天然气的物理化学性能。
3. 掌握压缩天然气汽车燃料供给系统的基本结构与工作原理。
4. 学会压缩天然气汽车燃料供给系统的正确使用和维护。
5. 了解氢气汽车燃料供给系统的基本结构与工作原理。
6. 培养合作实训、严谨工作的职业道德与安全环保意识。

任务接受

客户报修：我的捷达 CNG 双燃料汽车，在行驶过程中换气突然熄火，要求 4S 站给予维修。

任务接待参见任务 1 的 1.1。

任务准备

13.1　压缩天然气汽车信息的收集

1. 燃气汽车及其分类

以可燃气体为燃料的汽车称为燃气汽车。目前常用的燃气汽车有压缩天然气汽车、液化天然气汽车、液化石油气汽车。它们分别以压缩天然气、液化天然气、液化石油气为燃料。也有与传统汽油、柴油配合使用的，称为双燃料汽车。氢气汽车则是正在研发的最有前景的燃气汽车。

2. 压缩天然气汽车

压缩天然气汽车（Compressed Natural Gas Vehicle，简称 CNGV）使用的燃料是压缩天然气，天然气压缩到 20MPa 并以气态储存在容器中。

3. CNG 的物理化学性质

（1）密度

CNG 是由多种烃类物质和少量的其他成分组成的混合气体，其中最主要的成分是甲烷，通常状态下，甲烷是一种非常轻的气态物质。在常温、常压下，甲烷的密度只相当于空气的

55%，天然气的密度约相当于空气的 60%。由于天然气的密度远远小于空气，当天然气从输送管道或储存容器中泄漏到空气中，天然气向上运动，迅速扩散到空气中。由于这一特点，天然气的安全性优于汽油等大多数燃料。

（2）颜色、味道和毒性

在原始状态时，天然气是没有颜色、味道和毒性的气体。基于安全的原因，在生产过程中，天然气中加入了具有独特臭味的加臭剂。在使用和运输过程中，当天然气泄漏时，由于独特的臭味，可很容易检测出来。

（3）状态、沸点

在常温常压下，天然气是一种气态物质，当温度达到 -162℃ 和低于此温度时，天然气将转换成液态，以液态形式存在。此温度为天然气的沸点。由于沸点非常低，天然气是非常难以液化的，储存液态天然气非常困难。因此一般以气体状态储存和运输天然气。

（4）热值

甲烷是最简单的碳氢化合物，1 个甲烷分子含 1 个碳原子和 4 个氢原子。在碳氢化合物中，分子中含有的碳和氢原子数越多，燃烧后产生的能量越多。同为气体状态，在相同的环境条件下，相同的体积中含有的分子数是相同的，因此分子中含碳和氢原子越多的物质，燃烧产生的能量越多，因此每千克天然气的热值略高于汽油，但每立方米天然气理论混合气热值要比汽油混合气低，甲烷含量越高，相差越大，纯甲烷理论混合气热值比汽油低 10% 左右。

（5）混合气发火界限宽

燃料和空气混合形成混合气，混合气的浓度在一定范围内才能够被点燃、产生能量。混合气浓度过浓或过稀是难以被点燃的。可被点燃的混合气浓度范围的上、下限分别是燃料点火极限的上限和下限。天然气与空气的混合气具有很宽的发火界限。天然气点火极限的上限为 15%，下限为 5%。其过量空气系数的变化范围为 0.6～1.8，可在大范围内改变混合比并提供不同成分的混合气。

（6）自燃温度

自燃温度是指在此温度下，燃料和空气接触会点燃并连续燃烧。对于一种燃料，自燃温度不是一个常数。汽油的自燃温度是 220～471℃；天然气的自燃温度为 630～730℃。自燃温度很高，表明天然气的安全性非常好。

（7）起燃方式

天然气的自燃温度比汽油更高，因而天然气不宜压燃而适宜用外火源点燃。同时由于其辛烷值远高于汽油，所以它又适宜于在较高的压缩比下点燃，因为它可在较高压缩比下点燃做功，因此天然气既可以用电火花点燃，也可以用在柴油/天然气双燃料车上，用柴油压燃方式引燃。

（8）抗爆性和辛烷值

燃料的抗爆性是指燃料在发动机气缸内被点燃、燃烧时，避免产生爆燃的能力，以及抗自燃能力，是燃料的一个重要指标。燃料的抗爆性用辛烷值表示，燃料的辛烷值越大，表示抗爆性越好。汽油的辛烷值一般在 81～89 之间；天然气的辛烷值一般在 115～130 之间。总之，与汽油相比，天然气有较高的抗爆性能。

4. CNG 汽车的特点

1）有害气体排放低。CNG 在常温下为气态，容易与空气混合形成均匀的可燃混合气，燃烧完全，可以大幅度减少 CO、HC 和微粒的排放。另外，CNG 的火焰温度低，因此 NO_x 的排放量也相应减少。

2）热效率高。CNG 辛烷值高，抗爆性好，因此可提高发动机的压缩比，从而获得较高的发动机热效率。

3）冷起动性和低温运转性能良好，在暖机期间无需加浓混合气。

4）可以燃用稀混合气。其燃烧界限宽，稀燃特性优越，可以减少 NO_x 的生成和改善燃料经济性。

5）延长润滑油更换周期。因其不稀释润滑油，可以延长润滑油更换周期和发动机使用寿命。

6）储运性能差。CNG 在常温、常压下是气体，所以体积大、储运性能差。

7）一次充气的续驶里程短。

8）动力性能有所下降。CNG 以气态进入气缸，使发动机充气系数降低；另外，与汽油或柴油相比，CNG 的理论混合气热值小，因此，燃用 CNG 将使发动机功率下降。

5. CNG 汽车燃料供给系统的结构与工作原理

CNG 汽车一般是在原传统汽油汽车上改装而成，只是燃料供给系统有所不同，因此本任务只讨论 CNG 燃料供给系统结构原理与维修。

（1）CNG 汽车燃料供给系统的总体组成

如图 13-1 所示，CNG 汽车燃料供给系统主要由燃料供给系统和电控系统两大部分组成。前者主要由天然气瓶、加气阀、高压电磁阀、减压阀、混合器部件、压力表、高压电磁阀等组成，实现燃料压缩天然气的随车储存、在各种管路内输送、充装和向发动机喷射等功能；后者主要由气体压力传感器、温度传感器、电子节气门等组成，与原车的 ECU 配合，实现燃料 CNG 的定时定量喷射。如果带废气涡轮增压，则结构更为复杂。

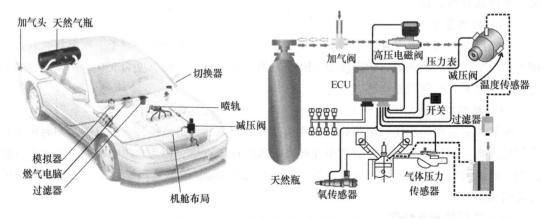

图 13-1　CNG 汽车发动机的总体组成

（2）CNG 发动机基本原理

如图 13-2 所示，发动机工作时，高压的压缩天然气从天然气瓶出来，经过天然气滤清器过滤后，经高压电磁阀进入高压减压器，高压电磁阀的开合由 ECM 控制。高压减压器的

作用是将高压的压缩天然气（工作压力 25MPa 左右），经过减压加热将压力调整到 0.7~0.9 MPa。高压天然气在减压过程中由于减压膨胀，需要吸收大量的热，为防止减压器结冰，将发动机冷却液引到减压器对天然气进行加热。经减压后的天然气进入电控调压器。电控调压器的作用是根据发动机运行工况精确控制天然气喷射量。天然气与空气在混合器内充分混合，进入发动机缸内，经火花塞点燃进行燃烧，火花塞的点火时刻由 ECM 控制，氧传感器即时传递燃烧后尾气中氧的浓度，ECM 根据氧传感器反馈的信号，及时修正天然气喷射量。

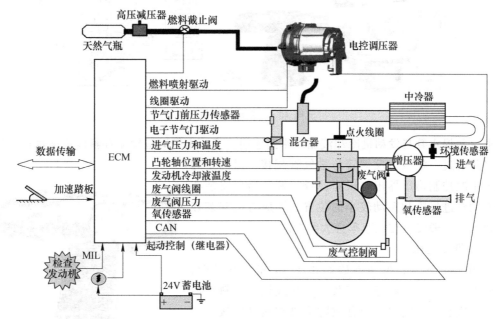

图 13-2　玉柴 CNG 汽车发动机结构原理

6. CNG 发动机主要零部件结构原理

（1）高压燃料切断阀

如图 13-3 所示，高压燃料切断阀作用是及时切断或恢复燃料供给。它由 ECM 控制其开闭，停机状态下处于常闭状态，为有效防止高压电磁阀进气接头与高压电磁阀结合部位漏气，安装该接头时，必须使用螺纹密封胶并锁紧接头。

（2）高压减压器

如图 13-4 所示，高压减压器通过压力膜片克服弹簧阻力，带动杠杆调整节流孔的流通面积，从而控制减压后的天然气压力。通过节流和加热，使高压的压缩天然气减到 0.7~0.9 MPa 成为低压天然气。

安装时要求减压器进气接头螺纹部分必须使用螺纹密封胶，并且使用铜垫进行密封；减压器出气接头使用 O 形圈进行密封，出气接头与低压电磁阀、低压电磁阀与电磁阀出气接头采用螺纹连接，安装时必须使用螺纹密封胶；高压减压器

图 13-3　高压燃料切断阀

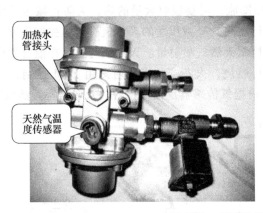

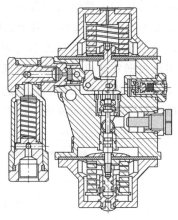

图 13-4 高压减压器

必须通过两根水管与发动机冷却液循环水路连通，安装水管时应锁紧环箍以免漏水；高压减压器必须通过一根压力反馈管与进气管相接，目的是为了根据工况控制调压器出口压力；减压调节器应安装在靠近发动机进气管和振动较小的位置，不应直接安装在发动机上，一般安装在汽车车身大梁上。

（3）低压电磁阀

如图 13-5 所示，低压电磁阀由 ECM 控制其开合，停机状态下处于常闭状态，有及时切断或恢复燃料供给的作用。安装电磁阀时，为有效防止电磁阀进气接头结合部位漏气，安装该接头时，必须用螺纹密封胶有效密封。

（4）电控调压器（EPR 阀）

如图 13-6 所示，电控调压器是一种电子控制的压力

图 13-5 低压电磁阀

调节器，在它内部有一个由微处理器控制的大功率的高速电动机，微处理器通过 CAN 与 ECM 连接传输信息。EPR 有两个功能：一是将天然气的压力调低；二是控制 EPR 出口的燃

图 13-6 电控调压器（EPR 阀）

料压力。EPR 内有一个压力传感器，用来测量 EPR 燃料出口和混合器入口处空气的压差。电控调压器内部有一块控制芯片，该控制芯片接受来自 ECM 的控制指令，通过高压电磁阀控制天然气的喷射量，从而实时有效控制空燃比。

安装时因该零件内部有控制芯片，应避免高频振动，该零件自带减振软垫，切勿自行拆卸。

（5）混合器部件

如图 13-7 所示，混合器将天然气和中冷后的空气充分混合，使燃烧更充分、柔和，有效降低 NO_x 排放和排气温度。

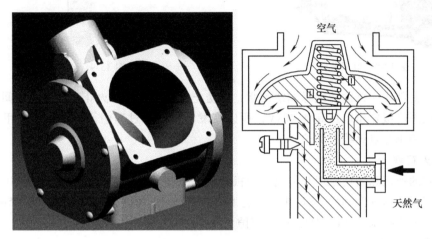

图 13-7　混合器部件

根据使用情况的调查和分析，由于使用和维护不当，该部件会产生两种故障模式：膜片损坏，发动机经常回火会导致膜片老化加剧，致使膜片出现龟裂和破损；燃料空气阀卡滞，在压缩天然气中所含的压缩机机油过多以及空气中的杂质过滤不充分的情况下，如果没有及时对混合气内部进行清洁保养，油污会附着在燃料空气阀和阀座上。长时间的积累会导致燃料空气阀动力受阻，甚至完全卡死，从而导致发动机工作不稳定。因此空滤器对空气、天然气滤清效果的好坏将直接影响着混合器的使用寿命。

（6）电子节气门

如图 13-8 所示，电子节气门通过控制蝶阀的开度，控制进入缸内的混合气的量，从而控制发动机的转速和负荷。驾驶人通过加速踏板将动力需求传送给 ECM，ECM 接收到加速踏板信号后，根据发动机运行工况控制电子节气门开度，进而控制怠速转速和调速特性曲线。

（7）点火线圈

如图 13-9 所示，点火线圈接收来自 ECM 的点火指令，产生高压电并将高压电传给火花塞，产生电火花，点燃天然气。

安装时要求拧紧点火线圈安装螺栓，以保证点火线圈胶套内弹簧与火花塞头部紧密接触。由于高压电会在接触表面产生电弧，弹簧与火花塞头部接触的部位易受热氧化，导致接触部位电阻过大，分压作用过大导致火花塞点火能量降低，严重时会导致失火，因此安装火花塞和点火线圈时，必须在火花塞头部与点火线圈弹簧结合部位涂抹导电膏。在胶套与火花

图 13-8　电子节气门

图 13-9　点火线圈

塞接触的陶瓷部位应该涂抹绝缘润滑油脂，以防止胶套老化导致火花塞与缸盖之间漏电。

点火线圈次级输出电压高达 40kV，所以在发动机运转过程中，绝对不允许用水直接冲洗发动机，特别是点火线圈部位。

（8）火花塞

火花塞的作用和结构原理与传统汽油机相同，玉柴目前所使用的火花塞是 NGK 铂金或铱金火花塞，天然气发动机 NGK 铂金火花塞（PFR7B-D）电极间隙为 0.33 ± 0.05mm，天然气发动机铱金火花塞（IFR7-4D）电极间隙为 0.4 ± 0.05mm。

（9）防喘振阀

如图 13-10 所示，防喘振阀是当发动机突然减速时，通过防喘振阀通气软管将气门后的低压力传递到防喘振阀压力反馈接头上，打开防喘振阀单向截止膜片，使增压器压气机前后压力平衡，避免增压器喘振，保护增压器。

该零件共有三个接口。通过防喘振阀通气软管连通防喘振阀和进气管压力，另外两个外径 $\phi25$ 的接口分别连接增压器前进气管和增压器后进气管。6G 系列 CNG 发动机使用两个防喘振阀，两个防喘振阀安装时进出气口刚好相反，使气流能相互流通。4G 系列 CNG 发动机只需要一个防喘振阀即可满足要求。

（10）电子控制模块

如图 13-11 所示，电控模块是发动机管理中心，通过各种传感器监控发动机运行工况，

图 13-10　防喘振阀

图 13-11　电控模块

并根据发动机运行工况控制各执行器，并且通过 CAN 总线与汽车各子系统通信。

除上述各部件外，还有各种传感器，如氧传感器、大气环境传感器、进气压力传感器、凸轮轴位置传感器、废气旁通控制阀、冷却液温度传感器、天然气温度传感器、加速踏板位置传感器等，都与传统电控汽油机类似，此处不再赘述。

温馨提示：CNG 汽车结构原理视频参见教学资源 13.1。

13.2　CNG 汽车换气熄火的故障分析

根据 CNG 汽车结构原理，故障可能原因如图 13-12 所示。

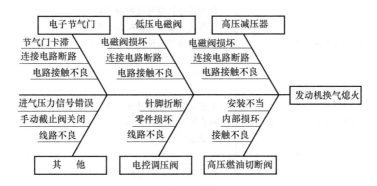

图 13-12　故障可能原因

CNG 汽车燃料供给系统常见的其他故障及原因见表 13-1。

表 13-1　CNG 汽车燃料供给系统常见的其他故障及原因

序号	故障现象	可能的原因
1	系统断电（转换开关无显示）	电源熔丝烧坏 电源线接触不实 系统接地线接触不实 控制器至转换开关连线损坏或插接不实 系统控制器坏
2	息速不稳	温度过低 节气门过脏 高频电磁阀组过脏或部分损坏 分配气管脱落 减压器膜片破损或老化造成供气不稳 减压器稳压腔旁通孔堵塞
3	无法转换到 CNG	喷油信号不正确 转速信号不正确 进气压力信号不正确 高频电磁阀内腔气体压力信号不正确 熔丝烧坏 控制器至转换开关连线接触不实 控制器损坏 压差传感器处两个真空管接反 真空管路堵塞 压差传感器插头连接不实

（续）

序号	故障现象	可能的原因
4	CNG 消耗量增大	空气滤清器过脏 火花塞老化 分缸线老化 氧传感器信号不正确 高压管线堵塞 低压管线破损导致漏气 高频电磁阀关闭不严
5	燃料储量显示不准	压力传感器信号线接触不实 压力传感器接地线接触不实 传感器指针与外壳磨蹭（发卡） 液位（压力）传感器损坏 传感器与压力表相对角度不准
6	停车时减压器出口有 CNG 流出	电磁阀芯 O 形圈关闭不严 稳压膜片阀口密封不严 一级进口密封不严
7	无法充装 CNG	天然气瓶手动截止阀关闭 充气管路堵塞 充气阀故障 加气站充装压力不够
8	动力不足	储气瓶内 CNG 量不足 压差传感器损坏 减压器水循环系统堵塞 电磁阀滤芯过脏 高压管路堵塞 减压器堵塞 低压管路漏气或破损 火花塞老化 点火提前角调节器有故障 分缸线老化 空气滤清器过脏 氧传感器信号不正确 减压器膜片破损或老化 减压器稳压腔旁通孔堵塞
9	排放不合格	氧传感器信号不正确 控制器接地线接地不实 火花塞老化或使用非原厂配件 分缸线老化或使用非原厂配件 高压管线堵塞 高频电磁阀关闭不严 三元催化转化器转化效率下降

（续）

序号	故障现象	可能的原因
10	行驶中熄火、自动转油	电源线接触不实 系统接地线接触不实 控制器至转换开关连线接接不实 高压线、火花塞漏电干扰系统 天然气气瓶气体压力过低 减压器出口压力过低 使用副厂火花塞
11	油气混烧	控制器内部故障 喷油器关闭不严
12	减压器发响	减压器内部膜片正常振动 辅助调节阀芯与辅助调节压帽摩擦出声 高压柱塞与高压柱塞座摩擦出声
13	运转不平稳	进气压力信号不正确 减压器温度过低 高频电磁阀组过脏或部分损坏 分配气管漏气或脱落 火花塞老化 高压线漏电 减压器膜片破损或老化造成供气不稳 减压器稳压腔旁通孔堵塞
14	转换开关显示烧气实际在烧油	减压器电磁阀线圈损坏（短路） 减压器电磁阀线圈控制蓝线对地短路 系统控制器坏
15	转换至 CNG 熄火	储气瓶无 CNG 储气瓶手动截止阀关闭 减压器电磁阀接线不实 减压器电磁阀损坏 进气压力信号（MAP）不正确 线束插接不实

13.3　CNG 汽车燃气系统维修准备

1. 维修计划

1）外部直观检查。

2）采用故障诊断仪进行故障诊断。

3）采用万用表检查。

4）确定故障原因和零部件。

5）针对存在问题进行拆装维修。

2. **维修设备与材料准备**（表13-2）

表13-2　CNG汽车维修设备与材料

名称	数量	名称	数量
故障诊断仪	1台	CNG汽车燃气系统零部件	1套
汽车万用表	1台	手套、抹布等	1批
常规拆装工具	1套	工作台、零部件盆	1套

任务实施

13.4　CNG汽车燃气系统故障的检查

1. 外部检查

检查燃气罐是否有气，手动截止阀是否打开。再用手检查各电磁阀接线端子是否松动，有松动应予以紧固。检查电子节气门是否卡滞等。检查CNG供气管路有否泄漏（闻有无臭味）。

2. 故障诊断仪检查

采用故障诊断仪读取汽车的故障码和数据流（检测方法同传统汽车）。

3. 万用表检查

使用万用表电阻档检查各电磁阀（高压减压阀、低压减压阀、高压燃油切断阀、电控调压阀等）和传感器（压力传感器等）的线圈电阻或端电压，与维修手册对比。如果电阻无穷大，说明电磁阀线圈断路；如果比标准值小，线圈可能短路，再将万用表一端搭铁，电阻应该无穷大，如果电阻为零，说明线圈搭铁。电磁阀线圈出现断路、短路或搭铁，应该予以更换。

13.5　CNG汽车燃气系统的使用维修

1. CNG汽车燃气系统使用注意事项

（1）出车前的例行检查

1）检查充气量：接通全车电源，打开点火开关，将油气转换开关按至"气"的位置，检查气量显示器指示的气量。

2）检查密封性：在出车前，除执行通常例检外，还必须对CNG供给系统供气管路、接头组件是否泄漏进行检查并闻有无臭味（天然气已加臭）。

（2）发动机起动

1）用CNG起动：将油气转换开关按到"气"的位置，按一般操作程序用CNG起动汽车。起步时发动机冷却液温度应在60℃以上，档位以低档为宜。

2）用汽油起动：将转换开关按到"油"的位置，可按一般操作程序起动。

（3）行驶中的燃料转换

1）建议起动后使用同一燃料行驶。

2）转换燃料时，将会出现燃料供给的过渡期，此时发动机将出现转速下降或轻微的停顿现象。若在行驶过程中进行燃料的转换时，不得在交通拥堵、上下坡、转弯或视线不好的

地方进行。

（4）驾驶注意的事项

1）双燃料汽车停车时，应选择阴凉通风处，防止暴晒，应远离火源和热源。

2）双燃料汽车在行驶时如发现天然气有泄漏现象，应立即靠边停车，关闭天然气瓶阀门，并让管道中的天然气用完；然后改用汽油将汽车开到加装厂进行处理，泄漏排除后方可继续使用天然气行驶。

3）如在行驶中万一发生火灾，应迅速关闭电源和天然气瓶阀门，并隔离火源，立即用灭火器灭火。此外，应迅速将现场人员疏散到安全地方（向上风方向撤离）。排放高压天然气时，现场严禁明火。

（5）车辆的充气与停放

充气前，让乘客在加气区外等候，不能载客加气；检查有无泄漏，是否符合加气条件。

充气结束，应先关闭充气阀手动截止阀，再拔出充气枪接头，插入防尘塞。检查高压管路、接头有无漏气现象。天然气瓶内的压力不得超过 20MPa。

车辆停放时，必须检查系统有无漏气、损坏等现象，必须关闭电源开关，关闭天然气瓶截止阀，用完管道里的余气。

长期停放时，必须关闭电源开关和天然气瓶开关。同时应将天然气用完，按汽油车的停放规定对车辆进行停放。停在停车场或车库里时，应保证通风效果良好，必须有防火、防爆等安全设备和措施。严禁在封闭的车库和厂房内拆卸或维修天然气供气系统。

2．CNG 汽车燃气系统的维护

（1）日常维护（每日进行）

1）检查气瓶、CNG 高压电磁阀、减压器和喷射共轨等部件情况，安装是否完好坚固，紧固已经松动的紧固件。

2）检查供气软管和喷射分配管是否泄漏。

3）检查气量，接通全车电源，打开点火开关，检查气量显示器指示的气量。

4）检查供气系统管路、接头等是否泄漏，如发现有损伤，请及时到专业维修服务站修理。

（2）A 级维护（每行驶 8000～10000km 维护内容）

1）CNG 气瓶固定装置检查与紧固：检查气瓶固定装置有无变形、损伤；紧固固定装置。

2）CNG 气瓶阀门检查：用漏气检测仪或检测液检测多功能阀充气阀是否泄漏，如有，应及时处理。检查出液手动阀，应开关灵活，管接头应无泄漏。检查充液阀及管接头与管路卡箍，应无松动、无泄漏。

3）系统各管路及接头检查管体无损伤、龟裂现象：用检测仪或检测液检测应无泄漏。管接头及阀门连接牢固应无松动、无泄漏。

4）稳压蒸发器检查与紧固：用检测仪或检测液检测稳压蒸发器及接头有无泄漏。检查装置支架有无松动，并予以紧固。

5）稳压蒸发器循环水管及接头检查：检查温水管有无污垢堵塞，如有，应予以清除。检查水管有无老化、龟裂、破损及泄漏。检查供气软管有无老化、龟裂、破损及泄漏。

6）电磁阀动作及安全检查：检查各电磁阀是否正常、灵敏、可靠，有无泄漏，电源接

口是否稳固、接触是否良好。检查并紧固电磁阀支架。

7）电源系统检查：低压电路连接可靠，无绝缘损坏，接触良好，无断路和短路现象。熔丝齐全、可靠，符合要求，无另搭接线。清洁检查火花塞，必需使用燃气专用机油。

8）高压燃料切断阀进气口自带滤芯，维护时可用汽油浸泡，并用压缩空气吹干净再装复。

（3）B级维护

1）包括所有一级维护项目。

2）检测标定减压器。

（4）其他维护

1）高压减压器：每5万km应维护高压减压器，用汽油或化油器清洗剂清洗高压减器一级压力腔，并用干净空气吹干净后装好；拆除高压减压器进气接头，检查滤芯是否脏污，若脏污，应更换；更换易损件（如橡胶密封圈）；检查轴销的磨损情况，若磨损，应更换轴销；检查调整减压压力。每10万km应更换膜片及密封件，并对减压压力进行检查调整。

2）电控调压器（EPR）：每5万km应对内部零件进行清洗，更换易损件，检查轴销的磨损情况；每15万km应更换膜片和密封件，并对压力进行校准。

3）电子节气门：安装时，要求电子节气门电动机轴线必须保持水平方向。每10万km（视当地气体清洁度而定）从发动机上拆下节气门，看内部是否有明显的油污，若有，则需要用节气门清洗剂清洗节气门蝶阀部分，清洗后用压缩空气吹干。清洗后，用手按压碟阀，检查碟阀运动有无卡滞、是否回位，若出现卡滞，则需要更换电子节气门总成。

4）点火线圈：每3个月或2万km清理弹簧与火花塞之间的氧化物，并涂抹导电膏，检查点火线圈胶套是否老化开裂，如有开裂，应及时更换。

3. CNG汽车燃气系统拆装维修

以捷达CNG双燃料汽车为例。

（1）减压器拆装

1）从汽车上拆卸减压器总成。

① 关闭储气瓶手动截止阀。

② 起动发动机，将高压管路及减压器内残存的燃料使用完毕直至发动机自然熄火。

③ 断开蓄电池接地线。

④ 拔下减压器上电磁阀线束插头。

⑤ 拔下压力表和温度传感器线束插头。

⑥ 松开固定真空管卡箍，拔下减压器上真空管；

⑦ 拆下减压器出水管：松开减压器出水口处紧固喉箍，将水管从减压器出水接头上拔下，将管路中冷却液放入接水盘中。

⑧ 拆下减压器进水管：松开减压器进水口处紧固喉箍，将水管从减压器进水接头上拔下，将管路中冷却液放入接水盘中。

⑨ 拆下高压管路：松开紧固螺母，将高压管从减压器高压进口中拆下。

⑩ 将低压管路从减压器出口上拆下松开并拆下减压器与支架之间的固定螺母和螺栓，将减压器从车上取下。

2）减压器拆解

① 高压部分拆卸如图 13-13 所示。

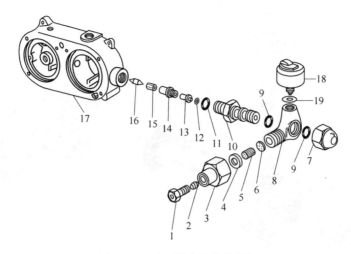

图 13-13　减压器高压部分拆解

1—连接螺母　2—密封双锥　3—高压进口座　4—铝密封圈　5—滤芯　6—滤网　7—高压进口压帽　8—压力表接头
9、11、12—O 形圈　10—高压进口体　13—高压阀座　14—高压柱塞座　15—高压柱塞
16—调节杆　17—中间体　18—压力表　19—密封垫

a. 高压进口（过滤部分）拆卸：依次拆卸连接螺母 1、密封双锥 2、高压进口座 3，从压力表接头 8 上拧下并依次取出下铝密封圈 4、滤芯 5 和滤网 6。

b. 高压调节部分拆卸：拧下高压进口压帽 7 和高压进口体 10，依次取下压力表接头 8 和 O 形圈 9，从中间体 17 上依次取下 O 形圈 11 和 12、高压阀座 13、高压柱塞座 14、高压柱塞 15 以及调节杆 16。

c. 压力表拆卸：从压力表接头 8 上拧下压力表 18，取出密封垫 19。

② 减压器一级腔拆解如图 13-14 所示。

对角松开 4 个六角螺钉 1，从中间体 13 上依次取下一级腔盖 2、一级腔调压弹簧 3、弹簧定位螺母 4，用一字旋具插在一级膜片连杆 11 的槽内，用开口扳手将其从一级膜片连杆 11 上拧下，依次取下一级腔膜片弹簧 5、一级腔膜片弹簧座 6 和调压膜片 7，拆卸 2 个螺钉 8，从中间体 13 依次取下一级摇臂 9、摇臂柱销 10、一级膜片连杆 11 和连杆弹簧 12。

③ 减压器二级腔拆解如图 13-15 所示。

a. 电磁阀拆卸：从电磁阀套 4 中拧下螺母 1，依次取下线圈护板 2 和电磁阀

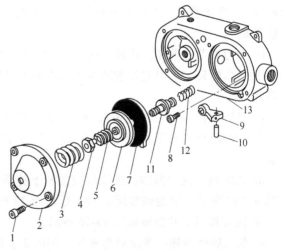

图 13-14　减压器一级腔拆解

1—六角螺钉　2—一级腔盖　3—一级腔调压弹簧　4—弹簧定位螺母　5—一级腔膜片弹簧　6—一级腔膜片弹簧座　7—调压膜片　8—螺钉　9—一级摇臂　10—摇臂柱销　11—一级膜片连杆　12—连杆弹簧　13—中间体

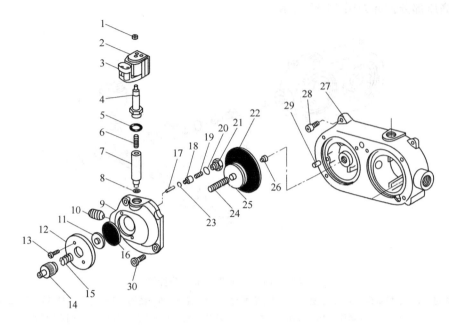

图 13-15 减压器二级腔拆解

1—螺母 2—线圈护板 3—电磁阀线圈 4—电磁阀套 5、8、20、23—O形圈 6—电磁阀弹簧
7—电磁阀芯 9—稳压腔盖 10—六角丝堵 11—辅助调压弹簧座 12—辅助调压座 13、30—螺钉
14—压力调节盖螺母 15—辅助调压弹簧钉 16—辅助调压膜片 17—辅助调节杠 18—辅助调节阀芯
19—辅助调节弹簧 21—辅助调节压帽 22—稳压膜片 24—稳压弹簧 25—稳压膜片座
26—安装螺钉 27—中间体 28—紧固螺钉 29—稳压旁通口 30—内六角螺钉

线圈3，从稳压腔盖9上拧下电磁阀套4，依次取下O形圈5、电磁阀弹簧6、电磁阀芯7和O形圈8。

b. 压力调节腔拆卸：从辅助调节座12上依次取下压力调节盖螺母14、辅助调压弹簧钉15和内六角螺钉13，从稳压腔盖9上依次取下辅助调压座12、辅助调压弹簧座11和辅助调压膜片16。

c. 稳压腔拆卸：依次对角松开4个内六角螺钉30，并从中间体27依次取下稳压腔盖9和稳压弹簧24，取下由稳压膜片22、稳压膜片座25、安装螺钉26组成的稳压膜片总成。

d. 辅助调节机构拆卸：从稳压腔盖9上拧下辅助调节压帽21，并依次取下O形圈20、辅助调节弹簧19、辅助调节阀芯18、O形圈23和辅助调节杠17。

④ 减压器低压腔拆解如图13-16所示。

a. 低压腔体拆卸：依次对角松开中间体2上的4个螺钉1，移开端盖6，依次取下密封膜片3、安装口4、O形圈5、7。

b. 水弯头拆卸：拆卸水弯头9，取下O形圈8。

c. 出气接头拆卸：拧松弯头螺母11，依次取下下列零件（减压器弯头12、弯头螺母11、O形圈10）。

d. 温度传感器拆卸：从中间体2上拧下温度传感器13。

3）组装减压器。

按拆卸相反顺序组装减压器，不要漏装 O 形圈，按照要求的力矩拧紧各连接螺钉、螺母。

（2）高频电磁阀组的拆装

1）拆卸高频电磁阀组。

① 松开紧固低压气管的喉箍，拆下低压气管。

② 拆下温度传感器线束插头。

③ 拆下高频电磁阀组支架固定螺栓拆下固定高频电磁阀组的两个 M6 螺母。

④ 取下高频电磁阀组支架。

⑤ 拔掉电磁阀线束插头（4 组）。

⑥ 松开 4 根分配气管的卡箍，拆掉 4 根分配气管。

⑦ 拆掉与高频电磁阀组传感器堵头连接的气管。

⑧ 取下高频电磁阀组。

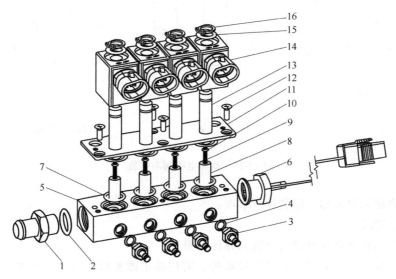

图 13-16　减压器低压腔拆卸

1—螺钉　2—中间体　3—密封膜片　4—安装口
5、7、8、10—O 形圈　6—端盖　9—水弯头
11—弯头螺母　12—减压器弯头　13—温度传感器

2）拆解高频电磁阀组如图 13-17 所示。

① 解体高频电磁阀芯：将弹性挡圈 16 和弹性垫片 15 从电磁阀套 13 上取下；使电磁阀线圈 14 松开，将电磁阀线圈 14 从电磁阀套 13 上取下；拧开平口螺钉 12，用手压住压板，同阀体 5 一起翻转，将压板 11 和电磁阀套 13 从阀体 5 中取下，将电磁阀芯 8 从电磁阀套 13 取出，从阀体 5 中取出阀芯弹簧 9、O 形圈 10 和 7。

图 13-17　解体高频电磁阀芯

1—低压接头　2、4、7、10—O 形圈　3—分配接头　5—阀体　6—传感器堵头　8—电磁阀芯　9—阀芯弹簧
11—压板　12—平头螺钉　13—电磁阀套　14—电磁阀线圈　15—弹性垫片　16—弹性挡圈

② 解体高频电磁阀机座：将低压接头 1 从阀体 5 上拧下，取下 O 形圈 2，将 4 只分配器接头 3 拧下，取下 O 形圈 4，拧下传感器堵头 6，取下 O 形圈 2。

3）装配安装高频电磁阀组。

① 高频电磁阀基座安装（图 13-17）：在分配器接头 3 螺纹处涂抹适量密封胶，将 O 形圈 4 套在分配器接头 3 上，旋入阀体 5 的安装孔内（紧固力矩为 4N·m），将 O 形圈 2 套在低压接头 1 上，并旋入阀体 5 的安装孔内（螺纹处涂抹适量密封胶，紧固力矩 5N·m），将 O 形圈 2 套在传感器堵头 6 上，并旋入阀体 5 上的安装孔内（螺纹处涂抹适量密封胶，紧固力矩 5N·m）。

② 高频电磁阀芯安装（图 13-18）：用一只手握住专用工具（图 13-18a），食指轻微用力下压推杆，另一只手将 O 形圈 10（图 13-17）套在推杆上，然后拿起电磁阀套 13，将专用工具伸入电磁阀套 13 内部，至压杆底面与阀套顶部接触，松开推杆，轻轻取出专用工具，将 O 形圈 10 压入阀套凹槽内，注意不能装偏，让 O 形圈 10 进入阀套定位槽内（图 13-118b 中的 A），将阀芯弹簧 9 装入电磁阀芯 8 后一并放入阀套 13 中（注意安装方向），将四组电磁阀套 13 连同电磁阀芯 8 一并装入压板 11，应保证四组阀芯顶部在同一水平线上（图 13-18c）；将 O 形圈 7 放入阀体 5 相应安装孔中，轻轻倒置阀体 5 扣在压板 11 上，用手压住压板和阀体一起翻转，依次用四个平头螺钉 12 将压板 11 紧固在阀体 5 上（紧固力矩 3N·m）；将电磁阀线圈 14 装在电磁阀套 13 上，依次将弹性垫片 15 和弹性挡圈 16 套入电磁阀套 13，压入至电磁阀套 13 凹部，使电磁阀线圈 14 被固定。

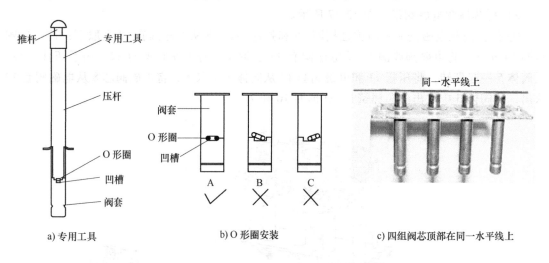

a) 专用工具　　　　　　　b) O 形圈安装　　　　　c) 四组阀芯顶部在同一水平线上

图 13-18　高频电磁阀芯安装

③ 高频电磁阀组解体、组装注意事项：

a. 解体、清洗

◆ 用卡簧钳拆卸高频电磁阀组顶部弹性挡圈。

◆ 压板与阀体之间的紧固螺钉比较难拆，需用冲击改锥拆卸（注意保护阀套，不要使阀套变形）。

◆ 用中性清洗剂（不能具有腐蚀性）对各零件进行清洗，清洗完毕，用纱布将零件表面和内部擦拭干净。

◆ 清洗阀芯时，不能用砂纸打磨。

◆ 每次清洗时，4组阀芯弹簧9和O形圈10必须统一进行更换。

◆ 阀套13出现裂纹、弯曲或其他异常时必须更换。

◆ 阀芯8磨损严重不能正常工作时必须更换。

b. 组装。

◆ 阀体腔内和阀套内部不能留存颗粒等异物。

◆ 安装阀芯O形圈10需使用专用工具，以保证阀芯O形圈安装正确。

◆ 阀芯弹簧放入阀芯顶部的孔内，应轻微拧动弹簧，使其套在孔内凸台上。

◆ 将安装有阀芯弹簧的阀芯向下装入阀套内后，应转动阀芯，并按动几下阀芯，使阀芯弹簧进入阀套顶部的凹槽内。

◆ 阀芯、阀芯弹簧、O形圈和阀套组装后的状态应正常。

◆ 4组阀芯、阀套组装后，保持压板处于水平位置，外露的阀芯顶部端面应在同一水平线上。

4）安装高频电磁阀组及支架。

① 将4根气管对应接在高频电磁阀上，并用卡箍固定。

② 用高频电磁阀组支架固定螺栓将高频电磁阀组支架固定（紧固力矩8N·m）。

③ 用固定螺母将高频电磁阀组固定在高频电磁阀组支架上（紧固力矩8N·m）。

④ 连接低压气管，用喉箍固定（紧固力矩2.5N·m）。

⑤ 将气管对应接在高频电磁阀组传感器堵头的管接头上。

⑥ 将传感器堵头上的温度传感器插头与来自控制器端的线束对应接好。

（3）钢瓶的拆装

1）拆卸钢瓶。

① 拆卸高压钢管：松开波纹管卡箍（图13-19a），退下波纹管；拧松钢瓶阀与高压钢管连接的连接螺母、密封双锥，拔下高压钢管（图13-19b）。

② 分别拧下连接钢带和钢瓶支架连接件的两个M8×70螺栓上的螺母，取下螺栓，松开钢带，即可取出钢瓶（注意检查钢瓶与钢瓶支架、连接钢带之间的柔性胶垫，必要时更换）。

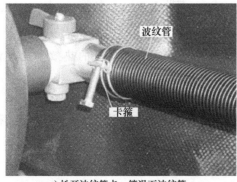
a) 松开波纹管卡、箍退下波纹管

b) 拔下高压钢管

图13-19 钢瓶的拆卸

注意：拆卸钢瓶前，必须先关闭钢瓶上的手动截止阀，燃尽高压管路内剩余的气体燃料（见减压器拆卸部分），然后拆卸与气瓶阀门相连的高压钢管。拆卸地点及周围严禁烟火。

2）安装钢瓶。将钢瓶装入钢瓶支架，注意钢瓶的位置和方向；绑好钢带，用两个 M8×70 的螺栓紧固好钢带（紧固力矩 10N·m）。

知识拓展

13.6 氢气汽车的基本结构原理

1. 氢气汽车

氢气汽车（Hydrogen Internal Combustion Engine Vehicle，简称 HICEV）使用的燃料是氢气。图 13-20 是宝马公司 2000 年研制的 H2R 氢发动机轿车，在 2004 年 9 月的一天之内连续创造了 9 项世界纪录，该车装备 6L 的 V12 氢燃料内燃机，最大功率为 210kW，0～100km/h 加速时间约 6s，最高速度达 302.4km/h。

图 13-20 宝马公司研制的 H2R 氢发动机轿车

2. 氢气汽车的特点

氢气汽车的燃料是氢气，氢气在通常情况下是一种无色、无味、无毒的气体。相比其他燃料，它具有下列特点：

（1）资源丰富

氢可采用多种方式制取，可从天然气中提取，可由再生物质制取，可通过电解水制氢等。

（2）环保

氢气在燃烧后无一氧化碳、二氧化碳、硫化物、炭烟和颗粒物排放，只产生氮氧化物和水，稀混合气燃烧时氮氧化物比其他燃料燃烧少得多，真正实现零排放。

（3）燃烧热值高

氢的燃烧热值高于所有化石燃料和生物质燃料（表 13-3）。

表 13-3 5 种燃料的燃烧值

名称	氢气	甲烷	汽油	乙醇	甲醇
燃烧值/(kJ/kg)	121061	50054	44467	27006	20254

（4）热效率高

其理论循环接近奥托循环，在相同的测试条件下，氢气发动机的热效率比汽油机高 15%～50%。

（5）燃烧稳定、充分

氢在空气中的可燃比非常高（体积的 4%～75%），而汽油（1%～7.6%）和甲烷（5.3%～15%）却比较低，这一特性在氢的燃烧中起了很大的作用。加上氢的燃烧在气体中传播速度很快，因此氢燃料发动机的燃烧非常清洁。

（6）燃料混合比的浓度调节方便

氢发动机可以靠空气-燃料混合比的浓度调节动力输出，不需要节流阀。这样做最大的好处是提高了发动机的整体效率，因为不存在燃料泵中流量的损失，稀薄燃烧的效率较高也

起到一定的作用。

（7）辛烷值高

氢的辛烷值高达130，而高级汽油的辛烷值只有约93，因此它的自燃温度很高，抵抗爆燃能力强，也就是说可以采用较高的压缩比。据福特公司的研发统计数据，1台压缩比为14.5∶1的氢发动机最大效率可达52%。

（8）点火能量低

点火能量不到汽油最低点火能量的1/10，并且火焰传播特性很好，可在空气过量系数较大的范围内稳定燃烧。沸点低（约-253℃），冷起动性能好。

（9）稀燃能力强

发动机能在稀混合气下稳定工作，具有很好的热效率。

（10）难以储存

氢是最轻的元素，易泄漏，从高压储气罐中泄漏会达到声速，泄漏速度是天然气的3倍。远程运输时损耗大。

（11）制取成本高

与传统动力汽车相比，成本至少高出20%。

（12）易燃

氢/空气混合物燃烧的范围是4%~75%（体积比），着火能仅为0.02MJ。而其他燃料的着火范围要窄得多。氢燃料低点火能量所导致的进气管回火和缸内早燃，以及经由活塞环渗漏到曲柄箱的氢气产生爆炸等问题，使得氢气发动机正常工作遭到破坏。

（13）氢脆

锰钢、镍钢以及其他高强度钢容易发生氢脆。这些钢长期暴露在氢气中，尤其是在高温高压下，其强度会大大降低，导致失效。因此，如果与氢接触的材料选择不当，就会导致氢的泄漏和燃料管道的失效。

3. 氢气汽车的结构原理

（1）氢气汽车总体组成

氢气汽车与传统汽车的主要区别是燃料供给系统。氢气供给系统的结构示意图如图13-21所示，主要由氢气罐、过滤器、高压电磁阀、减压阀、压力表、氢气流量计量装置、电控单元（ECU）和传感器、氢气喷射器，以及输送氢气的无缝金属管等组成。其中电控系统由各种传感器（如发动机转速、加速踏板位置、氢气压力和温度等传感器）和ECU组成。

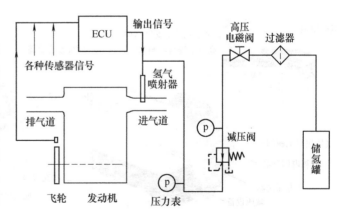

图13-21　氢气供给系统的结构示意图

（2）氢气汽车基本工作原理

工作时，氢气电磁阀打开，氢气从储氢罐出来，经过过滤器、高压电磁阀到减压器减压，再通过氢气喷射器喷入进气歧管，与空气混合后，进入燃烧室燃烧（图13-22），推动

活塞做功，输出动力，排气生成的水从排气管排出。

氢气喷射器喷氢的时间和数量由 ECU 控制，取决于外部各种传感器输入的信号，如加速踏板位置、进气量和温度等，基本控制原理与电控汽油机类似。

（3）氢气汽车燃料供给系统部分零部件

1）氢气发动机：图 13-23 所示为宝马 7 系氢气发动机，除了燃料供给系统不同外，对发动机的许多零部件都有特殊要求，包括气门和气门座，需要采用特殊硬化的材料以补偿氢相对汽油或氢气润滑性能的下降，火花塞采用铱金材料提高了火花塞寿命，点火线圈采用高能线圈，与火花塞做成整体式，喷油器与燃油轨要专为氢进行设计，气缸垫、活塞、连杆与活塞环采用高强度设计以适应氢燃烧时较高的燃烧压力。

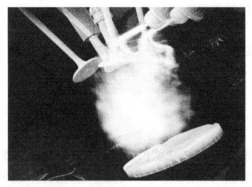

图 13-22　氢气发动机工作原理

图 13-23　宝马 7 系氢气发动机

2）储氢罐：储氢罐用于储藏液态氢，如宝马 7 系氢气发动机除配有一个容量为 74L 的普通油箱外，还装备一个额外的氢气罐，可容纳约 8kg 的液态氢。由于高压，储氢罐对安全性能要求特别高，其基本结构如图 13-24 所示。

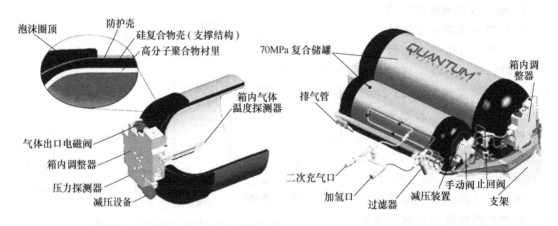

图 13-24　氢气汽车储氢罐

双燃料氢气发动机的氢气与汽油切换十分简捷，如宝马 7 系氢气发动机在多功能转向盘上有一个单独的按钮（图 13-25），可以手动完成从氢动力到汽油动力模式的转换。如果一种燃料用尽，系统将会自动切换到另一种燃料形式，保证燃料的供应持续而可靠。

图 13-25 燃料切换按钮

温馨提示：氢气汽车的基本结构原理视频参见教学资源 13.2。

任务总结

1. 燃气汽车是以可燃气体为燃料的汽车。目前常用的燃气汽车有压缩天然气汽车、液化天然气汽车、液化石油气汽车。氢气汽车则是正在研发的最有前景的燃气汽车。

2. CNG 汽车的特点是有害气体排放少、热效率高、冷起动和低温运转性能良好、可以燃用稀混合气，但是储运性能较差，一次充气的续驶里程短，动力性能有所下降。

3. CNG 汽车燃料供给系统主要有燃料供给系统和电控系统两大部分。前者主要由天然气瓶、充气阀、高压燃料切断阀、减压阀、混合器部件、压力表、高压电磁阀等组成，实现燃料压缩天然气的随车储存、在各种管路内输送、充装和向发动机喷射等功能；后者主要由气体压力传感器、温度传感器、电子节气门等，与原车的 ECU 配合，实现 CNG 的定时定量喷射。

4. CNG 汽车换气熄火与众多控制阀、传感器等有关，可通过故障诊断仪和万用表检测。

5. 应高度重视 CNG 汽车的正确使用和维护，严格按照使用说明书要求进行，以确保人身和财产安全。

6. 氢气汽车的燃料是氢气，它具有资源丰富、环保、热效率高、抗爆性好等优点，缺点是储存困难、制取成本高、易燃。

7. 氢气汽车主要由氢气储存装置、高压电磁阀、过滤器、减压阀和压力表、氢气流量计量装置、电控单元和传感器、氢气喷射器，以及输送氢气的无缝金属管等组成。

学生学习工作页

一、CNG 汽车的基本知识

1. 填空
(1) 燃气汽车是以_____为燃料的汽车。目前常用的燃气汽车有_____汽车、汽车和_____汽车。
(2) CNG 是_____燃气的简称。
(3) CNG 是由多种烃类物质和少量的其他成分组成的混合气体,其中最主要的成分是_____。与汽油机相比有较_____的抗爆性能。

2. 与传统汽车相比较,CNG 汽车有哪些特点?

（续）

二、CNG 汽车的结构原理

1. 下图是玉柴 CNG 汽车发动机结构原理图,请在图中"?"处填入适当名称,并说明其基本工作原理。

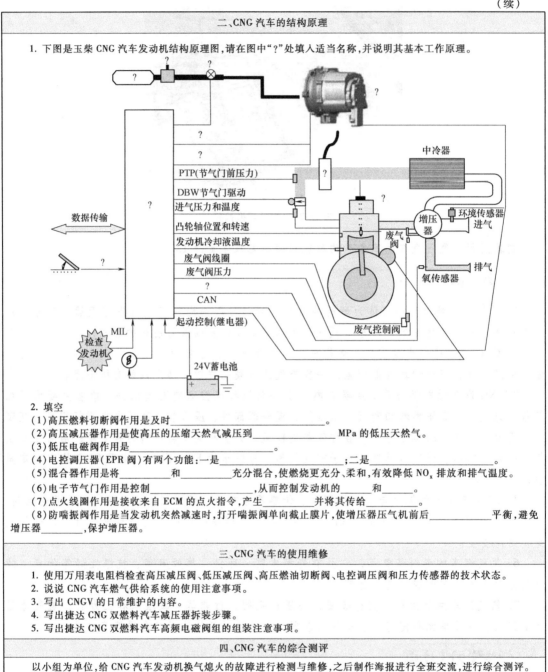

2. 填空
(1)高压燃料切断阀作用是及时_____。
(2)高压减压器作用是使高压的压缩天然气减压到_____MPa 的低压天然气。
(3)低压电磁阀作用是_____。
(4)电控调压器(EPR 阀)有两个功能:一是_____;二是_____。
(5)混合器作用是将_____和_____充分混合,使燃烧更充分、柔和,有效降低 NO_x 排放和排气温度。
(6)电子节气门作用是控制_____,从而控制发动机的_____和_____。
(7)点火线圈作用是接收来自 ECM 的点火指令,产生_____并将其传给_____。
(8)防喘振阀作用是当发动机突然减速时,打开喘振阀单向截止膜片,使增压器压气机前后_____平衡,避免增压器_____,保护增压器。

三、CNG 汽车的使用维修

1. 使用万用表电阻档检查高压减压阀、低压减压阀、高压燃油切断阀、电控调压阀和压力传感器的技术状态。
2. 说说 CNG 汽车燃气供给系统的使用注意事项。
3. 写出 CNGV 的日常维护的内容。
4. 写出捷达 CNG 双燃料汽车减压器拆装步骤。
5. 写出捷达 CNG 双燃料汽车高频电磁阀组的组装注意事项。

四、CNG 汽车的综合测评

以小组为单位,给 CNG 汽车发动机换气熄火的故障进行检测与维修,之后制作海报进行全班交流,进行综合测评。

任务 14　液化石油气汽车发动机怠速不稳的故障诊断与维修

学习目标

1. 理解液化石油气的物理化学性能。

2. 掌握液化石油气汽车的特点。

3. 掌握液化石油气汽车燃料供给系统的基本结构与工作原理。

4. 学会液化石油气汽车燃料供给系统的正确使用和维护。

5. 培养合作实训、严谨工作的职业道德与安全环保意识。

任务接受

客户报修：我的桑塔纳3000 LPG双燃料汽车，发动机起动后，发现怠速不稳，转速波动，请4S站给予维修。

任务接待参见任务1的1.1。

任务准备

14.1 液化石油气汽车发动机的信息收集

1. 液化石油气汽车定义

使用液化石油气（Liquefied Petroleum Gas，简称LPG）的汽车称为液化石油气汽车，使用液化石油气和汽油的汽车称为液化石油气双燃料汽车。

2. LPG的物理化学性质

液化石油气是石油炼制过程中的副产品或对油田伴生气处理过程中的轻烃产品。LPG的主要成分为丙烷和丁烷，另外含有少量丙烯、丁烯及其他烃类物质。LPG大部分组分在常温下为气态，经过加压处理后，气态LPG可被液化，加压的大小取决于各组分的含量。虽然不同厂家生产的LPG组成有差异，但在常温下，都能在1.6MPa的压力下液化，因此LPG具有储存容器压力等级低、重量轻、便于储存等优点。LPG的主要性质如下：

（1）色、味、毒性

LPG无色、无味、没有毒性，但是，过量吸入时，会对人体中枢产生麻痹作用。为确保安全使用，要求LPG具有特殊的臭味，一般加入硫醇、硫醚等硫化物配制的加臭剂，如果漏气便于察觉。

（2）密度

15℃时液态LPG的密度约为0.55kg/L（汽油的密度在0.66~0.75kg/L）。15℃时气态丙烷、丁烷的密度分别为$1.458kg/m^3$和$2.07kg/m^3$，均大于空气密度。因此，当LPG从储存容器中泄漏出来后，将挥发成气态，在地表附近积聚，缓慢扩散。

（3）沸点

丙烷和丁烷的沸点分别为-42.7℃和-0.5℃，因此丙烷和丁烷以气态存在。LPG有较好的挥发性，更容易和空气混合。另外，可将LPG冷却到沸点以下转变成液体，储存在隔热的容器内既经济又方便。

（4）蒸发潜热

液体燃料蒸发成气体时，将从周围吸收热量，这就是蒸发潜热。汽车运转时，LPG在蒸发器内蒸发、气化成气态，将使LPG温度急剧下降，严重时将使LPG凝固、冻结蒸发器。为此，需要利用具有较高温度的发动机循环水为蒸发过程提供热量。

（5）蒸气压

LPG 注入密闭容器内后，其中一部分液体蒸发成气体，同时，少部分气体转变成液体，随着密闭容器内压力的升高，蒸发量逐渐减少、液化量逐渐增多，最终蒸发和液化达到平衡，容器内压力稳定在固定值，此时的蒸气压力即为蒸气压。20℃时汽油的蒸气压几乎为零，丙烷、丁烷的蒸汽压分别为 $8.0kg/cm^2$ 和 $2.0kg/cm^2$。

（6）自燃温度

丙烷、丁烷的自燃温度分别约为 470℃ 和 365℃（汽油的自燃温度约为 220℃）。

（7）热值

丙烷、丁烷的低热值分别为 45.77MJ/kg 和 46.39MJ/kg，汽油为 43.90MJ/kg，按体积计算，（液态）丙烷、丁烷的低热值分别为 27.00MJ/L 和 27.55MJ/L，汽油为 32.05MJ/L。因此单位重量 LPG 的热值高于汽油，而单位体积的 LPG 的热值只是汽油的 80%～90%。

（8）点火极限

按照燃料在空气中的容积比，汽油的点火极限的上下限分别为 1.3% 和 7.6%，丙烷为 2.2% 和 9.5%，丁烷为 1.9% 和 8.5%。点火极限之间的浓度范围为燃料的燃烧范围。LPG 的燃烧范围比汽油宽，可在大范围内改变混合比。采用稀薄燃烧技术后，可提高发动机的经济性、改善排放性能。

（9）理论空燃比

汽油的理论空燃比为 14.7，丙烷、丁烷的理论空燃比分别为 15.65 和 15.43。可以看出，使相同质量的燃料完全燃烧，LPG 需要的空气量稍多于汽油。按照体积计算，丙烷、丁烷的理论空燃比分别为 23.81 和 30.95。

（10）辛烷值

LPG 的辛烷值高于汽油，可适应更高的压缩比。

（11）受热膨胀

温度升高时，LPG 体积有较大的膨胀，其单位温度的膨胀量是水的 15～20 倍，约为铁金属的 100 倍。

（12）气/液容积比

15℃时，丙烷、丁烷的气液容积比（单位质量的丙烷、丁烷的气态容积和液态容积的比）分别为 273 和 236。因此，当液态 LPG 从储存容器或管道内泄漏出来时，其体积迅速膨胀、并蒸发成气体。

（13）腐蚀性

LPG 对天然橡胶、油漆等有腐蚀作用，因此，LPG 的储存、输送、减压等设备中的膜片、密封圈、软管等必须采用耐腐蚀的橡胶。

3. LPG 汽车的特点

与 CNG 汽车类似，见任务 13。

4. LPG 汽车燃料供给系统的结构与工作原理

（1）LPG 汽车燃料供给系统的总体组成

LPG 汽车燃料供给系统已经由以前的机械式改为电控式，其总体组成如图 14-1 所示，主要有燃料供给系统和电控系统两大部分。前者主要由储气瓶、充气阀、高压电磁阀、减压蒸发器、油气转换开关、混合器、喷嘴等组成，实现燃料液化石油气的随车储存、在各种管

路内输送、充装和向发动机喷射等功能；后者主要由各种传感器、控制器和执行器组成，与原车的 ECU 配合，实现 LPG 的定时定量喷射。

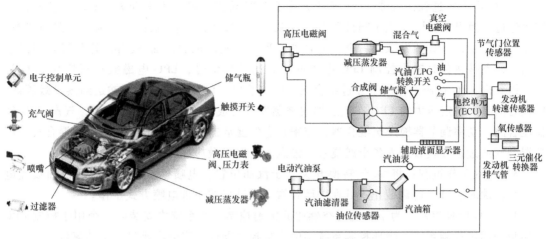

图 14-1　LPG 汽车燃料供给系统的总体组成

（2）LPG 汽车燃料供给系统工作原理

图 14-2 为 LPG 燃料供给工作原理示意图。液化石油气以液态储存在储气瓶中，发动机工作时，储气瓶和供液管截止阀打开，由储气瓶流出的液化石油气经调节器调压、计量后以气态输送到混合器，与空气混合后被吸入气缸，经火花塞点火燃烧。

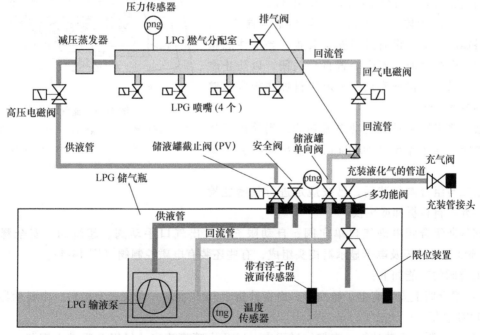

图 14-2　LPG 燃料供给系统工作原理示意图

1）加气过程：将加气站加气枪和 LPG 充气阀连接（本车用转接头），打开加气枪加气开关，LPG 经加气枪、充气阀、加气管路、组合阀流入 LPG 钢瓶内。当钢瓶内 LPG 液面达

到钢瓶容积80%位置时，组合阀上的限充装置自动切断LPG进气通道，加气枪加气开关自动跳开，完成加气过程。

2）LPG工作过程：将油/气转换开关置于LPG位置，打开点火开关，起动发动机，当转速超过转换界限，LPG截止阀打开LPG管路，同时，电喷模拟器控制喷嘴处于关闭状态，停止汽油供给，LPG蒸发减压后进入混合器。当起动发动机后，油/气转换开关得到转速信号输入，条件达到时输出控制LPG电磁截止阀的开启信号，LPG电磁截止阀打开LPG管路、钢瓶内LPG在压力作用下经过组合阀、LPG管路、LPG电磁截止阀输送到蒸发减压器。以液态的具有一定压力的LPG在蒸发器内被蒸发减压成接近常压的气态LPG，气态LPG经低压管路、功率调节器输送至混合器，与来自空气滤清器的空气混合，形成可燃混合气，可燃混合气通过进气歧管进入各个燃烧室，经点燃、完成做功过程。

3）汽油工作过程：将油/气转换开关置于汽油位置，电喷模拟调节器接通汽油喷嘴电路，用汽油时，LPG电磁截止阀处在关闭位置。发动机按正常电喷方式工作。

4）LPG闭环控制：为了实现对空燃比的精确控制，在系统中安装有一个用于控制LPG供给量的闭环控制系统。闭环控制系统中的中央控制器读入安装在排气管上的氧传感器所测得的尾气中的氧浓度信号，然后控制安装在低压管路上的功率调节阀步进电动机动作，对LPG供给量进行调节，使进入发动机的混合气浓度始终在理论空燃比附近。

5. LPG汽车燃料供给系统主要零部件结构原理

（1）储气瓶

储气瓶是一种高压容器，额定压力2.2MPa。轿车的储气瓶安装在后行李舱内（图14-3）。

储气瓶由瓶体、防护盒、支架和组合阀组成，在燃料加注阀5上设有过量安全装置，当加注燃料至规定液面高度时，安全装置自动关闭，以防止燃料加注过量，为保证安全，规定燃料加注极限为储气瓶容量的85%。

液体输出阀4具有自动限流功能，当输出流量超过规定值或压差超过50kPa时，输出阀将会自动关闭。

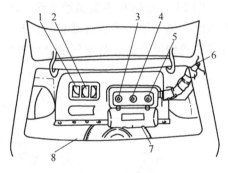

图14-3 储气瓶

1—液面观察窗 2—液面计 3—气体输出阀
4—液体输出阀 5—燃料加注阀 6—燃料加注口
7—阀门室盖 8—后行李舱

钢瓶与组合阀组装后，已按规定进行气密性检测，不允许自行拆卸或更换。

储气瓶组合阀由进气口单向阀、自动限充阀、出气口手动阀、超流阀、安全释放阀（限压阀）、气量表及电子显示器接头组成，有些还装有电磁控制阀（图14-4）。

组合阀的功能如下：

1）组合阀上安装有电子转换器，由指针指示LPG容量，在仪表上指示，由显示器显示气瓶LPG容量。

2）具有限量充装功能，在加气过程中，LPG由喷嘴流出，经组合阀进入钢瓶。为确保充装限额，配有一个机械装置，该装置连接一个浮子，在达到充装限额时，自动切断流体，终止充装。装置中的单向阀可确保单向充装及钢瓶间任何状态下都不能相互充装。

3）具有流量过度控制功能，流量控制阀位于阀体内部与吸气管连接，当流量超过正常

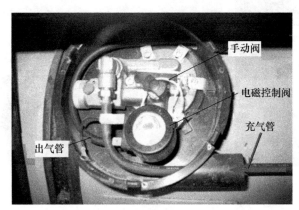

a) 组合阀顶部

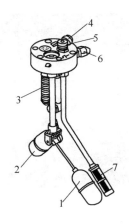

b) 组合阀结构

图 14-4 储气瓶组合阀

1—LPG 液位传感器浮子 2—自动限充阀浮子 3—安全释放阀
4—充装单向阀 5—手动关闭阀 6—出液口 7—滤网

规定限度，瓶内与出气口气压差大于 0.35MPa 时，过流供给阀自动断开，从而切断流体，停止液体泄漏。

4）组合阀配有 2 个旋塞开关，分别切断与阀体连接的加气管与出气管，在一般情况下，这两个开关保持在打开状态，但在维修、保养时需关闭。

5）当气瓶内部压力大于额定工作压力 1.5 倍或温度高于 100℃ 时，安全卸荷阀将自动开启，卸荷瓶内压力，保持系统安全。安全卸荷阀一经卸荷开启，组合阀将不能继续使用，待钢瓶卸压后由专业人员更换组合阀，由有关专业厂家重新校核卸荷压力。

（2）高压电磁阀（图 14-5）

高压电磁阀是发动机燃气控制系统的第一个部件，从液化气瓶过来的液态 LPG 首先到达高压电磁阀下部的滤清器，滤清器内部有一个纸质滤芯，需要定期清洗，使用满一定周期后要进行更换。

图 14-5 高压电磁阀

电磁阀开闭受发动机 ECU 控制，在发动机起动转速超过 200r/min 时才打开，高压电磁阀出口通过铜管连接到汽化调压器的入口，LPG 经高压电磁阀进入调压器。

在液化石油气 LPG 供气管路中，通常安装有 2~3 个电磁阀。当发动机熄火时，它切断燃气供应管路。有的电磁阀还具有限制发动机转速作用。

（3）减压蒸发器

减压蒸发器（图 14-6）又称蒸发调压器，其功能有：

1）将高压燃气压力调整至工作压力。

图 14-6　减压蒸发器

2）利用发动机循环热水，提供液态燃气进行气化所需的气化热。

3）依据发动机负荷，提供适量的气态燃气。

4）紧急状态或发动机熄火时，自动切断燃气供应。

减压蒸发器主要由初级气室 11 和次级气室 7 等组成（图 14-7）。发动机运转时，来自燃料控制电磁阀的燃料经主控制阀 3、初级气室 11、次级气室 7 供给混合器。

初级气室（图 14-8）的功用是使燃料减压汽化，并保持压力稳定。由储气瓶经燃料控制电磁阀输送来的燃料经主控制阀 1 减压汽化后进入初级气室，当初级气室内的压力达到一定值时，压力平衡膜片 4 右移，并带动推杆 3、主控制阀臂 2 使主控制阀 1 关闭；而初级气室内压力下降时，压力平衡膜片 4 向左移动，主控制阀 1 打开，使燃料继续进入初级气室。这样可保持输送给次级气室的压力（即初级气室的压力）基本稳定。此外，由于液态燃料汽化时温度会降低，为保证工作中维持一定的温度，在初级气室一侧设有与冷却系连通的水道。

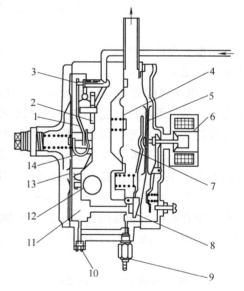

图 14-7　减压蒸发器

1—主控制阀臂　2—压力平衡膜片　3—主控制阀
4—锁止膜片　5—次级气室膜片　6—起动电磁阀
7—次级气室　8—次级气室控制阀　9—燃料切换阀
10—怠速调整螺钉　11—初级气室　12—水道
13—初级气室膜片　14—U 形卡

次级气室（图 14-9）的功用是计量和调节燃料供给量。从初级气室来的燃料经次级气室控制阀 4 进入次级气室，次级气室控制阀 4 的开闭受锁止膜片 1 控制。锁止膜片 1 的左侧与进气管相通，当发动机停止工作时，锁止膜片 1 在其弹簧 3 作用下移到右侧极限位置，并通过控制阀臂 5 使次级气室控制阀 4 完全关闭；发动机工作时，进气管真空度将锁止膜片 1 吸向左移，打开次级气室控制阀 4，燃料进入次级气室并输送至混合器。发动机工作时，进气管真空度变化可改变锁止膜片 1 的位置，从而影响控制阀开度，使燃料供给量得到调节。

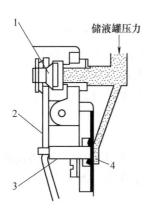

图 14-8　初级气室工作原理

1—主控制阀　2—主控制阀臂

3—推杆　4—压力平衡膜片

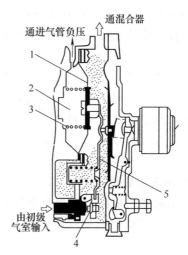

图 14-9　次级气室工作原理

1—锁止膜片　2—真空气室　3—弹簧

4—次级气室控制阀　5—控制阀臂

（4）混合器（图 14-10）

其功用是使减压蒸发器输送来的气态燃料与空气混合，并送往气缸。

急速空气调节螺钉 1 与节气门开度调节螺钉配合，用来调节发动机怠速。燃料主量孔调节螺钉 4 用来调节主供给装置的燃料供给量，一般是在季节或使用环境变化时调节。在调节器内，由于主控制阀和次级气室控制阀的节流减压作用，使次级气室内的燃料压力等于甚至小于大气压力，这样可保证混合器主供给装置的燃料供给量随节气门开度变化而变化。当节气门开度增大时，发动机进气量增加，同时

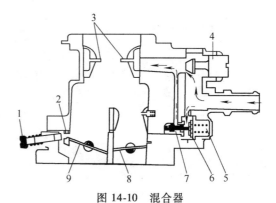

图 14-10　混合器

1—急速空气调节螺钉　2—急速空气量孔　3—主喷嘴

4—燃料主量孔调节螺钉　5—弹簧　6—空燃比调节器膜片

7—加浓阀　8—主腔节气门　9—副腔节气门

主喷嘴处的真空度增加，主供给装置的燃料供给量也随之增加；反之，节气门开度减小时，发动机进气量和燃料供给量均减少。

不同的 LPG 供给结构有所不同，有的还有功率阀，其作用是自动调节 LPG 的输气量和调整发动机最大功率时的供气量，以满足发动机的需求。

（5）油/气转换开关（图 14-11）

油/气转换开关安装在仪表板上，其功能是驾驶人通过此开关来选择使用 LPG 或汽油，有的还能够显示钢瓶中的存气量。

左档：LPG 工作，汽油起动方式。在该位置起动时，自动转换用汽油来起动，当发动机转速

图 14-11　转换开关

加速到 2000r/min 以上，再减速至预定转速 2000r/min 时自动转换到 LPG 燃料工作，这种方式称为减速预定值转换。转换开关转换速度预定值可以通过开关背面的调整旋钮调整，一般为 2000r/min 左右。

右档：汽油工作方式。当从汽油转换至 LPG 时，LPG 高压电磁阀开启，并将转换信号输入电喷模拟调节器，关闭喷嘴，并模拟喷嘴正常工作信息并把信息传给发动机电控单元，使之像汽油工作一样生成点火信号，使汽油喷射系统仍按原有工作方式工作。此时汽油泵不能工作，否则，汽油泵将烧毁。一般的处理方法是通过油泵继电器将汽油泵关闭。

（6）喷嘴电磁阀（图 14-12）

喷嘴电磁阀安装在 LPG 燃气分配室（也称气轨）上，由 ECU 控制，电路接通时，喷嘴电磁阀打开，LPG 经喷嘴（喷气嘴）喷入进气歧管内的混合室，与空气混合后进入气缸燃烧。

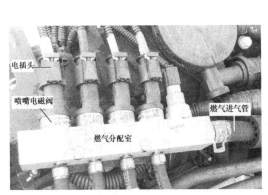
a）电磁阀位置

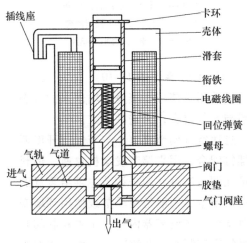
b）电磁阀结构原理

图 14-12　喷嘴电磁阀

（7）LPG 电控系统（图 14-13）

LPG 电控系统配合发动机电控系统工作，也是由各种传感器采集 LPG 的温度、压力、流量等各种参数，送给 ECU 进行分析计算和判断，再去控制执行器动作，对于 LPG 主要是控制喷气量的多少和安全控制，以适应发动机要求。

温馨提示：LPG 汽车燃料供给系统基本结构原理视频参见教学资源视频 14.1。

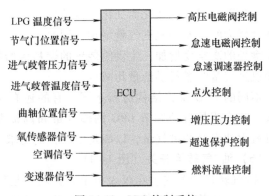

图 14-13　LPG 控制系统

14.2　LPG 汽车发动机怠速不稳的故障分析

根据 LPG 汽车结构原理，故障可能原因如图 14-14 所示（不考虑汽油机方面引起的故

障，如火花塞不良、气门、气缸等方面的故障）。

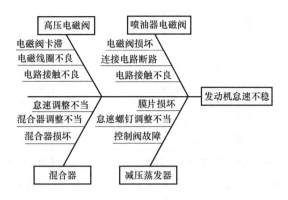

图 14-14　故障可能原因

LPG 汽车发动机其他常见故障见表 14-1。

表 14-1　LPG 汽车发动机其他常见故障

序号	故障现象	故障原因	故障诊断与排除方法
1	使用 LPG 时发动机起动困难	点火能量不足	检查点火系统各零部件，调整或更换失效零件，可用车用示波器检测点火高压并诊断故障
		点火正时不足	用正时枪测试点火时间并予以调整
		蓄电池电量不足，使点火能量不足，以及起动机转速过低	检查蓄电池电量、电解液高度，不足者应予以补充。检查、清洁电源线接头、桩头及其接触情况，并予以清洁、紧固
		油/气转换开关延迟时间过长	调整燃气截止阀螺钉，使延迟时间缩短
		高压管路堵塞	检查、清洁 LPG 电磁阀体下部的滤清器 检查 LPG 阀门流量控制线是否开路或接触不良，如连线无故障，则更换流量控制器 检查、清洁高压管路 检查减压器加热循环水温
		低压管路破损	做泄漏检查或检视，更换破损部件
		低压管路弯折过度致使气路切断	检查、处理弯折过度处，保证气路畅通
		急速调节阀与功率调节阀失调	按生产厂家规定重新调试
2	发动机动力不足	低压管路及元件损坏	检查低压管路、元件与泄漏，并修理
		功率调节阀失调	重新按原件技术要求调整
		点火时间失准	重新调整点火正时
		LPG 电磁阀过滤器堵塞	清洁或更换

（续）

序号	故障现象	故障原因	故障诊断与排除方法
3	LPG 燃料消耗量过高	空滤器堵塞	清洁空滤器或更换空滤芯
		功率调节阀失调	重新按原厂技术要求调整
		点火提前角失调	重新检修、调整点火提前角
4	使用 LPG 时，发动机工作不正常	组合阀上的手动截止阀关闭	检修
		LPG 电磁阀损坏	更换
		蒸发调节器电磁阀损坏	更换
		蓄电池电压过低，打不开电磁阀	检修蓄电池电路或更换蓄电池
		熔丝（片）损坏	更换熔丝（片），但应排除短路故障
		蓄电池接线插（接）头接触不良	检修
		搭铁线接触不良	检修
		管路堵塞	清洁管路
		LPG 电磁阀过滤器堵塞或 LPG 电磁阀内杂质过多	清洁或更换过滤器
		高压管路有泄漏	泄漏检查，处理泄漏点
		低压管路有破损	泄漏检查，更换或修理泄漏点零件
		汽油电磁阀关闭不严，形成油气共烧	更换汽油电磁阀
5	蒸发器表面结霜，使 LPG 不能正常工作	减压器循环水管路堵塞或损坏	检修或更换损坏件
		暖车时间不够	增加暖车时间

14.3　LPG 汽车燃气系统维修准备

1. 维修计划

1）外部直观检查。

2）采用故障诊断仪进行故障诊断。

3）采用万用表检查。

4）确定故障原因和零部件。

5）针对存在问题进行拆装维修。

2. 维修设备与材料准备（表 14-2）

表 14-2　LPG 汽车维修设备与材料

名称	数量	名称	数量
故障诊断仪	1 台	LPG 汽车燃气系统零部件	1 套
汽车万用表	1 台	手套、抹布等	1 批
常规拆装工具	1 套	工作台、零部件盆	1 套

任务实施

14.4　LPG汽车燃气系统故障的检查

1. 外部检查

1) LPG储气瓶、固定支架外观和固定情况检查。要求：LPG储气瓶表面应无严重划伤、凹凸和裂纹，当表面损伤深度超过1mm或多处为0.7mm以上时应更换LPG储气瓶；LPG储气瓶应固定牢固，无松动和窜动，LPG储气瓶安装应符合GB 19239—2013《燃气汽车专用装置的安装要求》的规定；固定支架完好、无裂纹和变形，固定牢固，垫层完好。

2) 组合阀、LPG电磁截止阀、充气阀密封和工作性能检测。要求：各种阀密封良好，开闭有效；单向阀工作可靠，无漏气现象；加气口固定牢固。

3) 蒸发减压器外观和工作状况检查。要求：外观清洁，安装牢固，无泄漏；必要时进行解体清洗，更换一级、二级膜片，调压膜片和水封，试压检漏，并用测试器进行系统调试，调试后其尾气排放应符合相关标准；工作无异常情况。

4) 混合器外观和工作情况检查。要求：固定牢固，气道通畅，必要时进行清洗；空气滤清器要保持清洁。

5) 油气转换开关和气量表使用性能检查。要求：油气转换开关灵活有效，气量表显示与LPG储气瓶内存气量相符，出现不一致时应检修组合阀，检查储气瓶安装位置与气量表，必要时予以更换。

6) LPG电磁截止阀线路安装的牢固性和使用性能检查。要求：接线牢固可靠，开闭性能良好；LPG电磁截止阀内置滤网应清洁有效，必要时予以清洗或更换。

7) LPG供给系统线束和接头检查。要求：线束无干涉、磨损和裸露现象，接地有效，插接可靠，必要时更换线束。

8) 喷嘴紧固和接线检查。检查喷嘴是否固定良好，电磁阀接线端子是否松动，有松动应加以紧固。

9) LPG闭环控制系统工作状况检查。要求：两种燃料的转换均能保证发动机的正常运转，并可以自由转换；LPG供给系统工作正常，没有油气混烧现象；油气转换开关在LPG位发动机不运转时，气路各种电磁阀均正常有效，适时关闭；λ控制器工作正常，排放符合要求；电喷模拟调节器和功率阀工作正常，发动机工作平稳；发动机功率下降不超过5%。

10) 电喷模拟控制装置线束和工作状况检查。要求：车辆能在两种燃料模式下独立工作且油气转换过渡平稳，在LPG状况下发动机工作稳定，电喷模拟线束和电喷模拟调节器连接牢固，无磨损和干涉现象。

11) 试车检查。检查发动机起动和工作状况及车辆行驶时的动力性。要求：发动机起动顺畅、工作平稳，系统运行安全无泄漏，排放符合相关标准；车辆加速性能、爬坡性能及平顺性能良好，动力损失少。

2. 故障诊断仪检查

采用故障诊断仪读取故障码和数据流（检测方法同传统汽车）。

3. 万用表检查

使用万用表电阻档检查各电磁阀（喷油器电磁阀、高压电磁阀等）和相关传感器的线圈电阻或端电压。与维修手册对照，如果电阻无穷大，说明电磁阀线圈断路；如果比标准值小，线圈可能短路。再将万用表笔一端搭铁，电阻应该无穷大；如果电阻为零，说明线圈搭铁。电磁阀线圈出现断路、短路或搭铁，应该予以更换。

14.5 LPG 汽车燃气系统的使用维修

1. 使用注意事项

1）用汽油起动发动机时，只要将转换开关置于"汽油"位置即可，但用 LPG 起动时应首先将油路中的汽油燃尽。为此，必须先将转换开关放在中间位置（既不供气也不供油的位置），待油路中的汽油燃尽后再将它换到"LPG"位置。

2）每天至少用汽油工作 20min，以保持汽油机的良好状态，否则，气门座的寿命会由于长期得不到润滑而缩短。

3）必须注意车用 LPG 的质量，无论是进口 LPG 还是国产 LPG，其丁二烯和硫的含量都应分别小于 0.5% 和 0.015%（重量百分比）。

4）在汽车行驶中如果发现 LPG 泄漏，应立即靠边停车，关闭电源和 LPG 储气瓶组合阀上的手动截止阀，然后进行处理。在故障未排除的情况下，汽车应用汽油行驶。

如果有大量燃气泄漏或无法关闭组合阀上的手动截止阀，应立即切断电源，隔离现场、人员和火源。如发生火灾，应用灭火器灭火或拨打电话 119 等待消防部门来处理。

5）如果准备长期不用 LPG，则必须将管道和蒸发器中的 LPG 燃尽或排尽，还要将蒸发器排液孔打开，放出污液，再对蒸发器做必要的清洗；否则 LPG 中不易挥发的物质会沉淀在密封件和膜片上，腐蚀密封件和膜片。

6）双燃料汽车停驶后重新使用的处置。LPG 供给系统应经常使用，如果长期停用，应将 LPG 储气瓶内燃气用完；停用半年后再次使用时，应到有资质的 LPG 汽车维护企业进行 LPG 供给系统安全检测和调试，确定安全可靠后才可投入使用。

2. 燃料供给系统维护

(1) 日常维护

1）检查 LPG 各管路及接头，有无破损、泄漏、松动和堵塞。要求：管路无损伤、挤压变形和堵塞，接头牢固且无泄漏；管路与其他物件无摩擦，不干涉，无老化和裂纹，连接可靠，与车体装卡牢固，无脱落，必要时进行管路通透、清洗，乃至更换管路；拆装高压管路时应更换管接头的环形卡箍。

2）检视燃气专用装置各功能部件及系统的工作状态。要求系统的工作状态正常且连接无松动、泄漏和损坏。

3）检查 LPG 压力或 LPG 储气瓶的储气量，不足时应立即加充，加充最大容量不要超过储气瓶容量的 80%。

4）每天出车和收车时，要进行两种燃料的转换运行，确保 LPG 供给系统和油气转换开关的工作正常。

5）车辆使用 LPG 时，电动汽油泵仍在工作，汽油箱中应保留 10L 以上汽油，以防止电动汽油泵损坏。

6）行车过程中，要随时观察燃气系统的工作状况，要特别注意燃气系统是否出现过热、异响、异味、碰撞（包括车辆底盘）、漏电和打火现象，如出现异常情况，应及时关闭LPG 储气瓶阀门，并及时到有资质的 LPG 汽车维护企业进行维修。

（2）定期维护

1）LPG 含有非挥发性物质，很容易损坏膜片和密封件，每月要将排污口打开一次，清除掉 LPG 沉积物。

2）汽车每行驶 2000km 应清洗一次混合器，检查和调整一次发动机的排放，还应在拆下管道过滤器后用压缩空气吹去管道过滤器中的污物，防止气道堵塞。

3）LPG 装置的调整。方法是在发动机起动后，先将 LPG 调节阀开度由大逐渐关小，直至发动机运转正常；然后调整蒸发器上的怠速调整螺钉，使发动机怠速时 CO 和 HC 的排放量分别为 <1% 和 <300×10^{-6} 或使混合气在发动机转速为 1200～1600r/min 时的空燃比为 12.5～12.8。

3. 燃料供给系统拆装维修

以桑塔纳 3000LPG 双燃料汽车为例，拆装维修前，要关闭 LPG 储气瓶总阀门，并到有资质的 LPG 汽车维护企业进行维修，以确保 LPG 供给系统安全可靠，杜绝安全隐患。

（1）高压气管拆装

1）关闭点火开关，断开蓄电池接地线。

2）起动发动机，将高压管路及减压器内残存的 LPG 燃料使用完毕直至发动机自然熄火。

3）拆卸高压气管与储气瓶组合阀接头螺钉高压气管与截止阀接头螺钉（图 14-15），取下高压气管。

4）拆卸高压气管与截止阀接头螺钉（图 14-16a）、高压气管与减压蒸发器接头螺钉（图 14-16b），取下高压气管，拆卸截止阀。

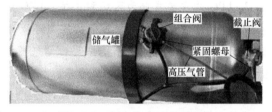

图 14-15　储气瓶高压气管拆装

5）按拆卸相反顺序组装高压气管。

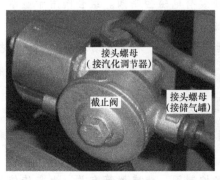

a) 截止阀

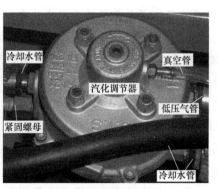

b) 汽化调节器

图 14-16　截止阀和汽化调节器高压气管拆装

（2）减压蒸发器拆装

1）拆卸减压蒸发器上的真空管、低压气管和进出水管。

2）拆卸减压蒸发器固定螺钉，取下减压蒸发器。

3）按拆卸相反顺序组装减压蒸发器。

（3）LPG 燃气喷嘴拆装

喷嘴拆装步骤如图 14-17 所示。

1）拆卸燃气分配室进气管和出气管。

2）拆卸 LPG 燃气喷嘴电磁阀线圈插座。

3）拆卸燃气分配室各固定螺钉，取下燃气分配室和各燃气喷嘴。

4）按拆卸相反顺序组装燃气喷嘴。

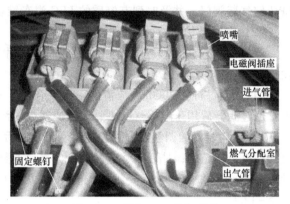

图 14-17　拆卸 LPG 燃气喷嘴

任务总结

1. 使用液化石油气（LPG）的汽车称为液化石油气汽车。

2. LPG 的主要成分为丙烷和丁烷。LPG 大部分组分在常温下为气态，经过加压处理后，气态 LPG 可被液化，具有储存容器压力等级低、重量轻、便于储存等优点。

3. LPG 汽车燃料供给系统主要由储气瓶、充气阀、高压电磁阀、减压蒸发器、油气转换开关、混合器、喷嘴和各种传感器、控制器和执行器等组成。

4. LPG 汽车燃料供给系统基本原理是：当发动机工作时，储气瓶和供液管截止阀打开，由储气瓶流出的液化石油气经调节器调压、计量后以气态输送到混合器，与空气混合后被吸入气缸，经火花塞点火燃烧。

5. 储气瓶组合阀由进气口单向阀、自动限充阀、出气口手动阀、超流阀、安全阀（限压阀）、气量表及电子显示器接头组成，有些还装有电磁控制阀。组合阀用于显示气瓶 LPG 容量，还具有限量充装功能、流量过度控制功能、安全卸荷等功能。

6. 减压蒸发器用于将高压燃气压力调整至工作压力、利用发动机循环热水，提供液态燃气进行气化所需的汽化热、依据发动机负荷，提供适量的气态燃气，并能在紧急状态或发动机熄火时，自动切断燃气供应。

7. LPG 外部检查包括储气瓶、固定支架、组合阀、LPG 电磁截止阀、充气阀、蒸发减压器、混合器、油气转换开关、气量表、电磁截止阀、喷嘴、LPG 供给系统线束和接头等检查紧固。

8. LPG 汽车怠速不稳与喷嘴电磁阀等众多控制阀、传感器等有关，也与传统发动机怠速不稳故障有关，应注意全面检查。

9. 注意 LPG 汽车的使用和维护与传统汽车不同，应严格按照使用说明书要求进行。

学生学习工作页

一、LPG 汽车的基本知识

完成如下填空

（1）LPG 是＿＿＿＿＿＿＿＿＿＿＿＿＿＿＿＿＿＿＿＿燃气的简称。

（2）LPG 最主要的成分是＿＿＿＿＿＿＿，与汽油机相比有较＿＿＿＿＿＿＿的抗爆性能。

二、LPG 汽车的结构原理

1. 下图是 LPG 汽车燃料系统的结构与工作原理图,请在图中"?"处填入适当名称,并说明使用 LPG 时的工作原理。

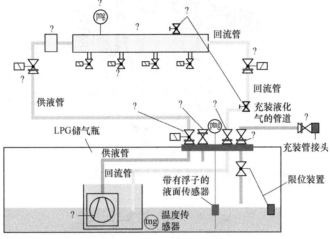

2. 下图是 LPG 储气瓶结构图,请将图中序号的零部件名称填入右侧。

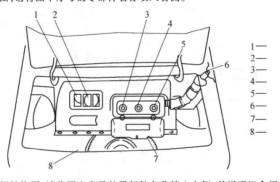

1——
2——
3——
4——
5——
6——
7——
8——

3. 下图是 LPG 储气瓶组合阀结构图,请将图中序号的零部件名称填入右侧,并说明组合阀有哪些功能。

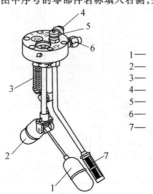

1——
2——
3——
4——
5——
6——
7——

（续）

二、LPG 汽车的结构原理

4. 下图是 LPG 减压蒸发器结构原理图,请将图中序号的零部件名称填入右侧,并说明减压蒸发器次级气室的工作原理。

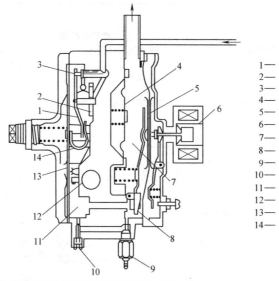

1——
2——
3——
4——
5——
6——
7——
8——
9——
10——
11——
12——
13——
14——

5. 下图是 LPG 混合器结构原理图,请将图中序号的零部件名称填入右侧。

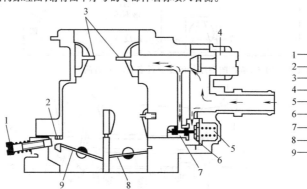

1——
2——
3——
4——
5——
6——
7——
8——
9——

6. 下图是 LPG 喷嘴电磁阀结构图,请在图中"?"处填入适当名称。

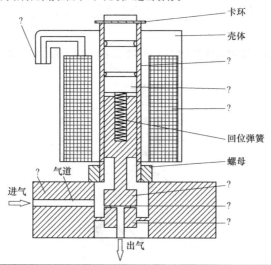

卡环
壳体
?
?
?
回位弹簧
螺母
气道
进气
出气

（续）

三、LPG 汽车的使用维修
1. 写出 LPG 汽车燃气系统需做哪些外部检查。 2. 说说 LPG 汽车燃气供给系统的使用注意事项。 3. 说明 LPG 汽车的日常维护内容。 4. 写出 LPG 汽车高压气管的拆装步骤。 5. 写出 LPG 汽车喷嘴的拆装步骤。
四、LPG 汽车的综合测评
以小组为单位,给 LPG 汽车发动机怠速不稳的故障进行检测与维修,制作海报进行全班交流,进行综合测评。

模块8

其他新能源汽车的结构原理

任务15　其他新能源汽车的结构原理认识

学习目标

1. 掌握太阳能汽车的主要优缺点，理解其基本结构和工作原理。

2. 掌握生物燃料汽车的主要优缺点，理解醇燃料汽车和二甲醚燃料汽车的基本结构、工作原理，理解醇燃料汽车的使用维护。

3. 掌握超级电容汽车的主要优缺点，理解其基本结构和工作原理。

4. 掌握飞轮储能装置汽车的主要优缺点，理解其基本结构和工作原理。

5. 掌握压缩空气汽车的主要优缺点，理解其基本结构和工作原理。

6. 培养良好的职业道德与安全环保意识。

15.1　太阳能汽车的结构原理

1. 太阳能汽车定义

太阳能汽车是将太阳能转化为电能的汽车。

图15-1所示为荷兰的恩荷芬科技大学的太阳能研究团队在2013年发布的全球第一辆可以实用化的太阳能汽车Stella（拉丁文含义是"星星"），车重380kg，可供4人乘坐，最高时速120km/h，它结合电动汽车和太阳能汽车的特点，太阳能板安装在车顶，同时以电池驱动。一天充一次电，续驶里程可达600km。

图15-1　太阳能汽车Stella

2. 太阳能汽车特点

1）汽车能量来自于太阳，太阳是取之不尽、用之不竭的能源聚宝盆。

2）没有任何有害排放，属于零污染。

3）结构简单，没有复杂的内燃机、离合器、变速器、传动轴、散热器、排气管等零部件，而是由电池板、储电器和电机组成。

4）缺点是依赖太阳，续驶里程较短。

3. 太阳能汽车的基本组成

太阳能汽车一般由太阳能电池组、向日自动跟踪器、驱动系统、控制器等组成。

（1）太阳能电池组

它是太阳能汽车的核心，由一定数量的单体电池串联或并联组成电池方阵。

太阳能单体电池由半导体材料制成，当太阳光照射在该半导体材料时，半导体的电子-空穴对被激发，形成"势垒"，也就是 P-N 结（图 15-2）。

由于势垒的存在，在 P 型层产生的电子向 N 型层移动而带正电，而在 N 型层产生的空穴向 P 型层移动而带负电，于是在半导体元件的两端产生 P 型层为正的电压，即形成了太阳能电池。

太阳能电池的电流大小与太阳光照射强度的大小、太阳能电池面积的大小成正比。车用太阳能电池将很多太阳能电池排列组合成太阳能电池板（图 15-3），以产生所需要的大电流和高电压。

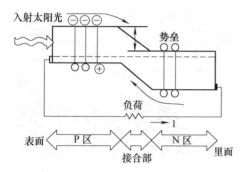

图 15-2　太阳能电池的工作原理

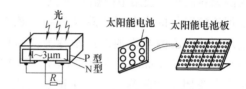

图 15-3　太阳能电池和太阳能电池板

（2）向日自动跟踪器

太阳能电池能量的多少取决于太阳能电池板接收太阳辐射能量的数量，由于相对位置的不断变化，太阳能电池板接受太阳辐射能量也在不断变化。向日自动跟踪器的作用就是保持太阳电池板正对着太阳，最大限度提高太阳能电池板接受太阳辐射能的能力。

（3）驱动系统

太阳能汽车采用的驱动电机主要有交流异步电动机、永磁电动机、直流电动机，其驱动系统与纯电动汽车基本相同。

（4）控制器

控制器主要实现对太阳能电池组进行管理和对电动机的控制，其作用与纯电动汽车控制系统相同。

4. 太阳能汽车的工作原理

太阳能汽车由太阳能电池板在向日自动跟踪器的控制下始终正对太阳，接受太阳光，并转换成电能，向电动机供电，再由电动机驱动汽车行驶。它实际上是一种电动汽车，其工作原理与串联式混合动力汽车基本相同。

由于太阳能电池的能量较小，而且受天气的影响，在阴天或下雨时，太阳能电池的转换效率会降低或归零，所以太阳能汽车往往与蓄电池组共同组成太阳能混合动力电动汽车。当阳光强烈，转换为电能充足时，由太阳能电池板将太阳能转换为电能后，通过充电器向动力蓄电池组充电，也可以由太阳能电池板直接提供电能，通过电流变换器将电流输送到驱动电动机，驱动汽车行驶，其驱动模式相当于串联式混合动力电动汽车。一般采用智能控制系统

来控制其运行。当阳光较弱或阴天时，则靠蓄电池组对外供电。

温馨提示：太阳能汽车欣赏视频参见教学资源 15.1。

15.2 生物燃料汽车的结构原理

生物燃料又称生态燃料，泛指由有机物组成或制成的燃料，它不同于石油等传统燃料，属于可以再生的燃料。

世界上富含油的植物有万种以上，我国有近千种，许多科学家做了大量研究和试验，发现有的植物含油率很高，可以作为发动机燃料并进行了大量试验研究，取得了一定成果。

使用生物燃料的汽车就称为生物燃料的汽车。下面重点介绍醇燃料汽车和二甲醚燃料汽车。

1. 醇燃料汽车

(1) 醇燃料汽车定义

使用醇基燃料（甲醇、乙醇等）的汽车统称为醇燃料汽车。使用甲醇燃料的汽车叫甲醇汽车，使用乙醇燃料的汽车叫乙醇（酒精）汽车，同时使用甲醇或乙醇与汽油的汽车称为灵活燃料汽车（Flexible Fuel Vehicle，简称 FFV）。图 15-4 为吉利汽车集团生产的英伦 SC7 甲醇燃料汽车，曾在 2013 年 4 月亮相上海车展。

图 15-4 英伦 SC7 甲醇燃料汽车

(2) 醇燃料汽车特点

汽车醇燃料主要是甲醇（或叫木醇、木酒精、甲基氢氧化物）和乙醇（酒精），它们的一些理化指标与汽油机比较见表 15-1。

表 15-1 汽油、甲醇和乙醇理化指标比较

项 目	汽 油	甲 醇	乙 醇
分子式	$C_4 \sim C_{12}$烃	CH_3OH	C_2H_5OH
密度/(g/cm^3,20℃时)	0.69~0.80	0.7912	0.789
气味	汽油气味	轻微酒精气味,有毒	酒精气味
热值/(kJ/kg)	44390	20100	27370
闪点/℃	-43	11.1	12.8
含氧量(W%)	0	50	35
蒸发潜热/(kJ/kg)	349	1101	913
辛烷值(RON/MON)	80~97/70~88	122/93	121/97
自燃点/℃	495	464	423
着火极限(V%)	1.4~7.6	6.7~36.0	4.3~19.0

甲醇和乙醇燃料的上述理化指标决定了醇类汽车有以下特点：

1）燃烧充分，排放少。燃烧产物为二氧化碳和水，甲醇燃烧方程式是

$$2CH_3OH+3O_2=2CO_2+4H_2O$$

排放的尾气中 CO、HC 和 NO_x 的含量比汽油降低 30%~50%，有利于净化空气。

2）原料来源广泛。甲醇是从天然气和煤炭中提取的衍生产品，价格低廉，产量很大。

乙醇可以用植物的茎杆生产，属于可再生能源，成本较低。

3）抗爆性好。甲醇和乙醇的辛烷值远高于汽油，抗爆性好，可适当提高发动机的压缩比，从而提高发动机的热效率和动力性。

4）燃油消耗率会增加。因为甲醇、乙醇的热值比汽油低。

5）冷起动困难。因为醇燃料蒸发潜热大，甲醇的蒸发潜热是汽油的 3 倍多，乙醇的蒸发潜热是汽油的 2 倍多，导致蒸发时所吸收的热量多，发动机温度下降，恶化了进气蒸发条件，起动困难。

6）容易产生气阻。因为醇类的沸点较低，在夏季使用时，容易产生燃料在油管中大量蒸发形成气阻，使供油中断。

7）发动机磨损大。醇类燃料是种有机溶剂，未燃醇类会沿缸壁渗入到机油中，冲刷了活塞和气缸间的润滑油膜，使活塞和气缸间的磨损增大。进入曲轴箱的醇类还会对润滑油产生稀释作用，降低润滑油的润滑性能，加剧发动机磨损。

8）醇类燃料对人体有害。如甲醇进入人体，会被氧化成甲醛和甲酸，造成甲醇中毒。乙醇对人体中枢神经有抑制作用，所以使用时要特别注意醇燃料外泄。

（3）醇燃料在汽车上的应用方式

醇燃料在汽车上应用方式主要有以下 4 类：

1）掺烧。指甲醇或乙醇和汽油掺合形成混合燃料燃烧。以 "E" 表示醇类燃料的容积，如乙醇占 15%，则用 E15 来表示，目前，掺烧乙醇在醇类汽车中占主要地位。

2）纯烧。即单烧甲醇或乙醇，可用 E100% 表示，目前应用并不多，属于试行阶段。

3）变性燃料。指乙醇脱水后，再添加变性剂而生成的乙醇，这也是属于试验应用阶段。

4）灵活燃料（FFV）。指汽车燃料既可用汽油，又可以使用乙醇或甲醇与汽油比例混合的燃料，还可以用氢气，并随时可以切换。福特、丰田汽车均在试验灵活燃料。

由于灵活燃料汽车能根据发动机运行工况的需要，"灵活" 选择最佳的燃料进行优化组合，使发动机在整个运行范围内实现良好的动力性、经济性及排放性。试验研究结果表明，含有 85% 甲醇或乙醇及 15% 汽油的混合燃料的综合性能较好。我国已于 2005 年出台了《车用甲醇汽油 M85》，即国标 M85 醇基燃料，可作为汽油的替代品可直接使用。

（4）醇燃料汽车燃料供给系统组成与基本结构原理

醇燃料汽车电控燃料供给系统主要由油箱、燃油泵总成（燃油泵、粗细滤清器等）、油管、喷油器等组成（图 15-5），与传统汽油汽车电控燃料供给系统结构与工作原理基本相同。区别是：

1）油箱需用采用与甲醇或乙醇相容的材料制造，如不锈钢、钝化或阳极氧化处理的铝合金、氟化高密度聚乙烯、氟丁橡胶或其他与甲醇相容的合成橡胶、纤维加强塑料等。由于醇燃料的比容积热值低，为了使甲醇燃料汽车一次加油后的续驶里程与原汽油车基本一样，应该加大油箱容积。

醇与汽油的混合燃料在低温状态会出现分离情况，解决办法是在油箱中设置电动搅拌器，需要时用机械搅拌法使其不分离。

2）由于醇燃料的润滑性差，所以需要向喷油泵供给专用润滑油，或在醇燃料加 0.5% ~ 1%（容积比）的蓖麻油。

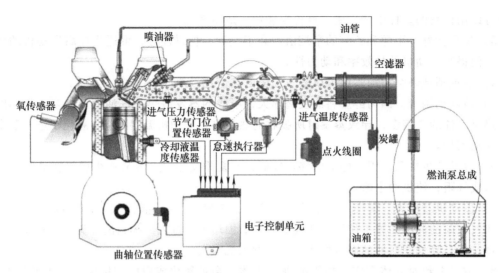

图 15-5　醇燃料汽车电控燃料供给系统组成

3）需要增加一个燃料切换控制器，用以切换燃料供给模式，同时应智能改变发动机点火系统参数，使醇燃料在气缸内充分燃烧，一般是与发动机 ECU 集成在一起。

4）喷油器采用电磁阀式，其结构如图 15-6 所示。喷油器本体由不锈钢制成，各处密封件用的材料是氟化橡胶，小型甲醇过滤器则是用能与甲醇相容的金属粉末烧结而成，孔隙甚小。喷油器的流量范围既要能满足全负荷时甲醇循环供应量的要求，又要满足使用汽油运转时的小流量要求。其工作原理与电喷汽油机类似。

温馨提示：醇类燃料汽车的基本结构视频参见教学资源 15.2。

（5）醇燃料汽车的使用维护

1）首次使用前，要对车辆内部进行清洗。由于醇燃料具有较强的溶解清洗特性，会将油箱、油路中沉淀、积存的各类杂质，如铁锈、污垢、胶质颗粒等软化溶解下来，混入油中，造成油路不畅。因此，一般行驶里程在 3 万 km 以上以及确认供油系统较脏的车辆在使用乙醇汽油前都应当进行

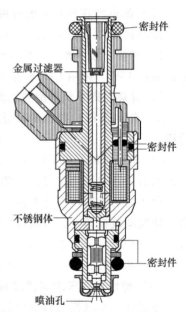

图 15-6　醇燃料汽车燃油喷油器

清洗。清洗作业应当在具有二类以上资质的汽车维修厂，严格按照规范进行，重点对油箱、燃油滤清器、油泵、化油器、喷油器、油路及其滤网逐项进行清洗，排出油箱底部积存的水分。对一些与醇燃料不相适应的橡胶、塑料部件应进行更换。

2）防止醇燃料吸水。醇燃料是亲水性液体，易与水互溶，而且能将潮湿空气中的水分吸人，因此甲醇油箱要注意密封。

3）夏季气温较高，醇燃料的挥发性增大，易造成油路气阻，使油路不畅，所以夏季加油时不要将油箱加得太满，要留有一定的膨胀和气化空间。

4）醇燃料对橡胶有影响。试验表明，绝大多数橡胶件均能适应醇燃料，仅有少数几种

不适应，改装醇燃料的汽车应该予以更换。

5）按压缩比选择醇燃料。一般情况下，压缩比在 7.5～8.0 的应选用 E90 号车用乙醇汽油；压缩比在 8.0～8.5 的应选用 E93 号车用乙醇汽油；压缩比在 8.5～9.0 的应选用 E95 号车用乙醇汽油；压缩比在 9.0 以上的应选用 E97 号车用乙醇汽油。

2. 二甲醚燃料汽车

（1）二甲醚醇燃料汽车定义

以二甲醚为燃料的汽车称为二甲醚燃料汽车。图 15-7 为上海申沃客车有限公司生产的 SWB6116DME 二甲醚燃料城市客车。

图 15-7　二甲醚燃料城市客车

（2）二甲醚燃料汽车特点

二甲醚（又称木醚、甲醚，英文 dimethyl ether，简称 DME），可以以天然气、煤、石油焦炭或生物质为原料制取。其理化特性见表 15-2。

表 15-2　二甲醚理化特性

项　目	内　容	项　目	内　容
分子式	C_2H_6O	颜色、气味	在常温常压下为无色、有轻微醚香味、无毒气体
分子量	46.07	溶解性	溶于水、汽油、四氯化碳、苯等
密度（g/cm³，20℃时）	0.67	汽化潜热/（kJ/kg）	467
沸点/℃	-24.9	十六烷值	55～66
闪点/℃	-41.4	低热值/（MJ/kg）	28.43

二甲醚燃料汽车特点如下：

1）十六烷值大于 55，比柴油还高，滞燃期短，自燃温度低。

2）污染少，其本身含氧量为 34.8%，能够充分燃烧，不析炭，无残液，汽车尾气无需催化转化处理，即可达到欧Ⅲ排放标准。二甲醚重型商用车，CO 排放能减少 20%，HC 减少 30%，NO_x 减少 60%，PM（微粒）排放为 0。在大气中，二甲醚在短时间内分解为 H_2O 及 CO_2，不会污染环境。

3）热值高，二甲醚理论混合气热值为 3066.7kJ/kg，而柴油的理论混合气热值为 291lkJ/kg。因此柴油机燃用二甲醚的升功率会升高 10%～15%，热效率可提高 2%～3%，噪声可降低 10%～15%。

4）按等放热量计算，二甲醚的汽化潜热为柴油的 2.53 倍，因此会大幅度降低柴油机最高燃烧温度，减少 NO_x 的排放量。

5）低沸点的特点使得二甲醚在喷入气缸后即可汽化，其油束的雾化特性将明显优于柴油。

6）资源较为丰富，二甲醚可以从来源丰富的煤、天然气和生物质中提炼，大规模生产时其成本低于柴油。

7）二甲醚热值低，只有柴油的 70%，动力不如柴油。

8）储气瓶占用空间大、携带不便、润滑性较差。

（3）二甲醚燃料汽车燃料供给系统的基本结构与工作原理

二甲醚燃料汽车燃料供给系统主要由二甲醚罐、输油泵、滤清器、压力表、蓄能器、喷

油泵、喷油器、冷却器和各种阀门等组成（图15-8），与传统柴油汽车燃料供给系统结构与工作原理基本相同。区别是：

1）二甲醚在常温下为气态，需在5个大气压下实现液化，所以必须使用专门的二甲醚罐加压储存，如图15-9所示。

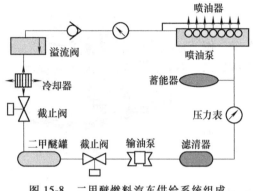

图15-8　二甲醚燃料汽车供给系统组成

图15-9　二甲醚燃料罐

2）二甲醚的热值低，只有柴油的70%，为了达到原柴油机的动力水平，必须增大二甲醚发动机每个循环的供油量，可以采取加大喷油泵中柱塞直径和柱塞有效行程，加大喷油器中喷孔直径等方法来解决，所用的喷油泵、喷油器技术参数不同于原来柴油机的。

3）由于二甲醚的黏度低，这就使得燃油润滑效果较差，柴油机上的柱塞、出油阀与喷油器三对精密偶件会因为润滑不良而产生磨损。因此，必须在二甲醚燃料中加入适当的润滑剂，以保证柴油机运转的可靠性与耐久性。

4）在环境温度和压力下，二甲醚的爆炸极限范围比较宽。因此，在使用二甲醚时，要注意防止二甲醚蒸气逸出。同时，二甲醚的低黏度也容易使其泄漏汽化。另外，二甲醚虽然对金属没有腐蚀性，但对一些弹塑性密封件来说，如长期暴露在二甲醚中会使其密封性能恶化，并逐渐腐蚀剥落下来，所以在柴油机上燃用二甲醚，必须要解决好密封问题。

15.3　超级电容汽车的结构原理

1. 超级电容储能装置与超级电容汽车
（1）超级电容储能装置

至少有一个电极主要是通过电极/电解液界面形成的双电层电容或电极表面快速氧化还原反应形成的赝电容实现储能的电化学储能器件称为超级电容。利用超级电容储能的装置就称为超级电容储能装置。

超级电容的正式名称是电化学电容器，又叫双电层电容、黄金电容、法拉电容，是近二十几年发展起来的新型储能器件，兼具传统电容器和蓄电池的特性，因此在众多储能领域将发挥越来越重要的作用。图15-10所示的超级电容，直径60mm，电容量1200F，电压2.7V，能量1.22W·h。

温馨提示：超级电容器的基本结构原理视频参见教学资源15.3。

（2）超级电容汽车

使用超级电容储能装置的汽车称为超级电容汽车。图15-11是我国第一辆超级电容公交车，2006 年 8 月 28 日在上海投入运营。该车基本参数如表 15-3 所示。该车起步动作迅速有力，运行时清洁、经济、方便，在车顶上的可伸缩受电弓可快速升降，与公交车站上方的高压馈线碰触就可充电，中途充电 30s 即可，充一次电跑 3~5 站地没问题。

图 15-10 超级电容

图 15-11 我国第一辆超级电容公交车

表 15-3 超级电容公交车基本参数

	项 目	参数	项 目	参数	项 目	参数
整车基本参数	车长/mm	11420	最大质量/kg	16500	座位数/个	41
	最高时速/(km/h)	45	交流主电动机功率/kW	75	最大功率/kW	150
	0~40km/h加速时间/s	16.5	排放	0	爬坡度(%)	7.8
超级电容参数	超级电容/F	200	正常工作电压/V	360~600	最高充电电压/V	610
	存储能量/W·h	6400	输出功率/kW	5	内阻/mΩ	0.22
	站间充电时间/s	30	总站充电时间/s	90	每次充电后连续行驶里程/km	7.9(时速22km/h)
	平均能耗/(kW·h/km)	0.88	比有轨电车节电(%)	60	电容器重量/kg	980
	平均能量回收率(%)	20	最大能量回收率(%)	≥40	充效率(%)	96.54

2. 超级电容汽车特点

1）超高电容量，可达 6000F，比同体积的电解电容大 2000~6000 倍；功率密度高，可达 1000~2000W/kg，相当于蓄电池的 5~10 倍。

2）充电速度快。可在 0.3~30s 内快速大电流充放电，提供很大的瞬时充放电功率，可以频繁地释放能量脉冲而不会产生有害的后果，而蓄电池在如此短的时间内充满电将是极危险的或是几乎不可能。

3）使用寿命长。深度充放电循环使用次数可达 50 万次，没有记忆效应，也不存在过度放电问题，而动力蓄电池只有几百次或几千次循环寿命。

4）免维护。超级电容可以免维护，而动力蓄电池需要定期维护。

5）工作温度范围宽。可以在很宽的温度范围内正常工作（-40℃~+70℃）。

6）经济环保。超级电容器用的材料安全无毒，而铅酸蓄电池、镍镉蓄电池均具有

毒性。

7）改善汽车起动性能。超级电容器与蓄电池组合改善汽车起动性能。试验证明，发动机起动转速可以提高150r/min左右，在-20℃时可以一次性起动，而单独蓄电池需多次起动才能成功，优点非常明显。起级电容器起动电流大，在起动瞬间，1200A电流中的800A电流由超级电容器提供，蓄电池仅提供400A的电流，明显低于仅采用蓄电池的560A，有效地降低了蓄电池极板的极化，延长了蓄电池寿命。

8）耐压偏低。只有几伏到十几伏，新开发的也不过二十多伏。

9）功率。功率输出随着行驶里程加长而衰减，受环境温度影响大等。

10）价格。目前超级电容在价格方面还没有优势可言，需要进一步提高性能、降低成本。

温馨提示：超级电容公交车视频参见教学资源15.4。

3. 超级电容储能装置的基本结构与工作原理

超级电容汽车与传统汽车的不同主要集中在超级电容储能装置方面。

（1）超级电容储能装置的基本结构

图15-12所示为超级电容器的模型，主要由多孔化电极、电解液和隔膜等组成。

其中，多孔化电极采用多孔性的活性炭等材料制成，有极大的表面积，可以在电解液中吸附大量电荷，因而具有极大的电容量并可以存储很大的静电能量。

（2）超级电容储能装置的工作原理

当导体电极插入电解液中，导体电极即与电解液接触。由于库仑力、分子间作用力（范德华力）或原子间作用力（共价力）的作用，其表面上的净电荷将从溶液中吸引部分不规则分配的带异种电荷的离子，使它们在电极/电解质溶液界面的溶液一侧，距电极一定距离排成一排，形成一个电荷数量与电极表面剩余电荷数量相等而符号相反的界面层，从而形成一层在电极上，另一层在溶液中的两个电荷层，称为双电层，如图15-13所示。由于界面上存在一个位垒，两层电荷都不能越过边界彼此中和。双电层结构将形成一个平板电容器。如果用 C 表示双电层的电容量，则其计算公式为

$$C = Q/\Delta\phi_{\text{M-S}} = Q/\phi_{\text{a}}$$

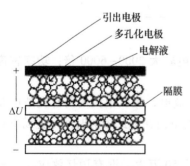

图15-12 超级电容器的结构

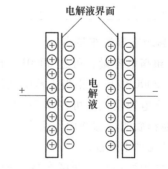

图15-13 超级电容器的工作原理

式中，$\Delta\phi_{\text{M-S}}$ 是固体与液体之间双电层的电位差，$\Delta\phi_{\text{M-S}} = \Delta\phi_{\text{M}} - \Delta\phi_{\text{s}}$，$\Delta\phi_{\text{M}}$、$\Delta\phi_{\text{s}}$ 为固体侧、液体侧的电位；Q 为双电层的电荷量；ϕ_{a} 为从零电荷算起的电极电位。电容器存储的能量为

$$E = 0.5CV_W^2$$

式中，V_W 是电容器的最大工作电压。

根据电容的计算公式，双电层电容与电极表面积成正比，与双电层厚度成反比，在强电解质的浓溶液中，双电层厚度的数量级为 0.1nm，选择适当的具有高比表面积的电极材料，可以得到很大的电容量，从而提高超级电容的能量密度。于是，人们将目光集中在具有很大表面积的炭基材料上，如活性炭多孔化电极可以达到 2500m²/g。

当两极板间电势低于电解液的氧化还原电极电位时，电解液界面上电荷不会脱离电解液，超级电容器为正常工作状态（通常为 3V 以下），如电容器两端电压超过电解液的氧化还原电极电位时，电解液将分解，超级电容器为非正常状态。由于随着超级电容器放电，正、负极板上的电荷被外电路泄放，电解液的界面上的电荷相应减少。由此可知，超级电容器的充放电过程始终是物理过程，没有化学反应。因此超级电容器性能稳定，与利用化学反应的蓄电池是不同的。

4. 超级电容的分类

通常，超级电容可根据其电极材料和电解质材料进行分类，不同的超级电容具有不同的特性。

（1）根据电极材料分类

根据电极材料的不同，超级电容分为三类：炭电极双电层超级电容、金属氧化物电极超级电容和有机聚合物材料电极超级电容。

1）炭电极双电层超级电容（DLC）。DLC 的全称是 Double Layer Capacitor。这种电容的电极主要使用多孔炭材料作为电极，比如活性炭或白炭黑的炭布、炭粉和碳纤维（图 15-14）等。炭电极的主要优点在于材料来源广泛、成本低、加工技术成熟，活性面积大。作为电极的炭粉、炭布、碳纤维材料，其活性面积可以达到 2500m²/g。近年来，随着纳米碳管研究的进一步深入，炭电极的活性面积进一步加大。例如，采用直径为 8nm 的纳米碳管制备的厚度为 25.4μm 的薄膜电极，比电容达到 49 ~ 113F/g

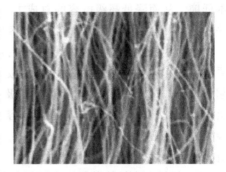

图 15-14　纳米碳管电极

（39.2~90.4F/cm³）。尽管炭电极超级电容具有以上优点，但也存在随着活性面积的增大，其稳定性和导通性随之降低的缺点。

2）金属氧化物电极超级电容。以金属氧化物为电极材料的超级电容利用法拉第效应来存储能量。这种电容器使用 RuO_2、IrO_2 等金属氧化物作为电极，充放电时在电极上会发生一系列的氧化还原反应，其电容器具有某些蓄电池的充放电特性。

与炭电极相比，金属氧化物电极的电导率比炭电极大 2 个数量级，因此金属氧化物电极超级电容可以实现非常高的质量比容量。RuO_2 电极可以达到 750F/g，而炭电极的这项指标是 100F/g。而且金属氧化物超级电容的循环寿命、充放电性能也相当好。这种超级电容的缺点在于电极材料成本太高，且对电解液有限制，电容的额定电压值较低。混合型超级电容是金属氧化物超级电容和炭电极超级电容的混合产物。一方面解决了炭电极电容器比能量较小的问题，另一方面可以降低超级电容的成本。

3）有机聚合物材料电极超级电容。这种电容器使用有机聚合物作为电极材料，经过杂化处理，利用法拉第准电容效应来存储能量。作用机理是：通过在电极上的聚合物膜中发生快速可逆的N型或P型掺杂和去掺杂氧化还原反应，使聚合物达到很高的储存电荷密度，从而产生很高的法拉第准电容来储存能量。其较高的工作电位是源于聚合物的导带和价带之间较宽的能隙。

使用有机聚合物电极超级电容可以同时提高超级电容的质量比能量和质量比功率两个指标，现在逐渐成为研究热点。这种电容的缺点是有机聚合物材料容易产生膨胀变形，而长期循环充放电过程中会出现性能恶化，稳定性较差。

（2）根据电解液的类型分类

根据电解液的不同可以将超级电容分为有机电解液和水基电解液。

1）有机电解液超级电容。超级电容中使用有机电解液的最大好处是可以提高超级电容单体的电压，使之达到2V，电容电压可以稳定在2.3V，瞬时甚至可以达到2.7V，因此，使用有机电解液的超级电容比能量比较高，可以达到$18W \cdot h/kg$。这种电容器的缺点是使用有机电解液必须采用特殊的净化工艺，且电极上必须覆盖特定涂层以避免对电极的腐蚀。它的另一个缺点是因为电解液的电离比较困难，所以等效内阻较大，通常是水溶液的20倍以上，甚至达到50倍，因此比功率指标较低。

2）水基电解液超级电容。水基电解液的最大优点是内阻很低，导通率高，这使得超级电容可以获得较高的比功率指标。水基电解液的第二个优点是提纯和干燥加工工艺简单，成本低廉，从而降低超级电容的总成本，水基电解液超级电容的缺点在于单体电压低，一般无法超过2V，这就限制了这种超级电容比能量的提高。

目前，能够在电动汽车上应用的超级电容主要有两种，一种是以活性炭为正负极材料的碳基超级电容，另一种是以氧化镍为正极，活性炭为负极的杂化超级电容。碳基超级电容是目前技术最先进、商业化最成功的超级电容。而杂化超级电容技术则为俄罗斯的ESMA公司。

图15-15 超级电容组件

5. 超级电容储能装置汽车配置与控制

图15-11所示为我国第一辆超级电容公交车。

（1）超级电容组件

该汽车超级电容系统为600V/200F组件，为组装及操作方便，分成20个小组件（图15-15），每个组件电压为30V，总重约980kg。电容储能系统最高工作电压为600V，最低工作电压为400V。组件总储能5.55kW·h，可以保证车辆行驶5km以上。

（2）充电系统

超级电容充电系统采用大功率充电器充电，最大电流可达250A。完全充电只需1~2min。最大浪涌工作电流达400A，而且可以用于充放电频度较高的工况。循环使用寿命达到了10万次，使用得当可与车辆同寿命，适用温度范围可在-40℃~60℃之间。

动力供电系统分为两种：一是利用原无轨电车整流电源直流600V供电，去除架空，改为隐蔽电缆，减少了因为裸线线阻电耗，节约了架空线大量维护费用；二是用380V或1万V动

力电接入地埋式升或降压变器升或降压至 520V，最后通过低压整流柜整流输出要求为 600V 直流电。整个供电系统有独立的计量与控制，有多重保护、控制开关及严格接地确保供电安全。

（3）景观候车快速充电站

景观候车快速充电站主要功能是给超级电容汽车提供一个快速充电站点，同时亦作为乘客候车站。景观候车亭快速充电站设计新颖，具有强烈的现代美感，制作考究，各项安全措施考虑得较全面，达到了安全、可靠、美观、实用等目的（图 15-16）。

（4）电车集电弓系统

电车集电弓系统主要功能是通过集电弓系统将动力电输送至电车以便对超级电容汽车充电。通过本系统双极受电弓的快速升降，实现与电容汽车充电供电线路的快速接触与分离，快速完成对电容汽车的充电过程。该新型受电装置一改传统无轨电车受电弓体积大、笨重及运行时易脱线等缺点，新型双极受电弓轻巧、升降结构仅在需受电时才伸出受电，平时在电车顶部处于隐蔽状态，不影响电车外观。由于该新型受电装置受电时是面与线的接触，在静止状态受电，接触可靠，受电状态稳定，是电容电车理想的受电机构（图 15-17）。

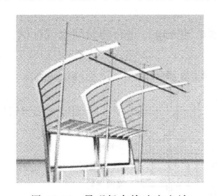

图 15-16　景观候车快速充电站

图 15-17　电车集电弓系统

（5）变频调速交流驱动控制系统

超级电容汽车采用交流变频驱动（图 15-18）实现了全数字智能控制系统方式，自动采集车速、行驶里程、电能消耗与制动能量回收等参数，系统自动故障诊断等。在汽车制动时，可回收 20%～40% 的再生制动能量，使能量得以循环使用，提高了能源的使用效率，减少了制动能量对环境温度的影响，降低了机械制动器的损耗，有着较高的环保节能效应和经济效益。同时也使电车具有优异的起动、加速和爬坡能力，乘坐更舒适。

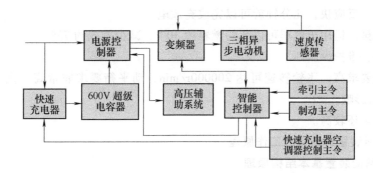

图 15-18　超级电容储能变频驱动汽车工作原理

15.4 飞轮储能汽车的结构原理

1. 飞轮储能装置与飞轮储能汽车

（1）飞轮储能装置

利用飞轮的惯性储存能量的装置称为飞轮储能装置，也称为飞轮电池。

（2）飞轮储能汽车

安装有飞轮储能装置的汽车就称为飞轮储能汽车。图15-19所示汽车为2011年英国的Flybus集团在其Optare牌midibus客车上安装的飞轮储能装置，它通过与一台CVT相结合（图15-20）来在车轮和飞轮之间传输能量。

图15-19　飞轮储能汽车

其工作原理如图15-21所示，当踩下制动踏板后，制动能量将带动飞轮旋转，飞轮转速可达60000r/min。当松开制动踏板、踩下加速踏板时，高速旋转的飞轮通过CVT将动能输送到后轮。

还有一种是将飞轮的能量通过电机转换为电能向蓄电池充电，进行能量回收或存储。

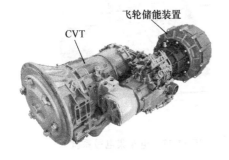

图15-20　飞轮储能装置与CVT连接

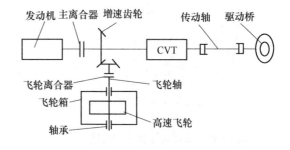

图15-21　飞轮储能汽车基本原理

2. 飞轮储能汽车特点

1）转换效率高，可达90%，而蓄电池只有70%。

2）比功率高，达5000~10000W/kg。

3）寿命长，可以无限次循环使用，而且与放电电流大小无关，不像其他动力蓄电池只有几百或几千次循环。

4）能量进出反应快，几分钟就可以完成充放电。

5）节能减排，运用于汽车可以节约燃料约30%，减少排放约75%。

6）重量轻，维护少。

7）安全性要求高，飞轮转速可达200000r/min，动平衡要求非常高，汽车转向也会受飞轮陀螺效应的影响。

8）目前成本还较高。

3. 飞轮储能装置的结构与工作原理

（1）飞轮储能装置基本结构原理

飞轮储能装置主要由飞轮、电机、电力转换器、真空容器、转轴和轴承等组成，整个系

统置于真空容器（外壳）内。飞轮储能装置中的电机，既是电动机也是发电机（图15-22）。

充电时，电机以电动机形式运转，在外电源的驱动下，电机带动飞轮高速旋转，增加了飞轮的转速，从而增大其动能；放电时，电机则以发电机状态运转，在飞轮的带动下对外输出电能，完成动能到电能的转换。当飞轮电池输出电能时，飞轮转速逐渐下降。当飞轮空闲运转时，飞轮储能装置的运行损耗非常小。

（2）飞轮储能装置具体结构

美国宇航局（NASA）设计的飞轮储能系统（图15-23）主要由转子系统、电动机/发电机、电力转换器真空室和辅助设施等部分组成。

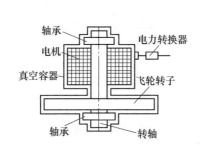

图 15-22 飞轮储能装置基本结构原理

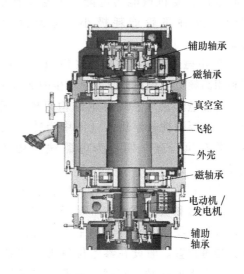

图 15-23 飞轮储能系统结构

1）转子系统。转子系统包括飞轮本体与支承两部分。

飞轮本体一般选用超强玻璃纤维（或碳纤维等）环氧树脂复合材料作为飞轮材料，也可采用铝合金或优质钢材制作飞轮。

从飞轮形状看，有单层圆柱状、多层圆柱状、纺锤状、伞状、实心圆盘、带式变惯量与轮辐状等。

美国马里兰大学已经研究成功储能 20kW·h 的多层圆柱飞轮，飞轮材料为碳纤维环氧树脂复合材料，具体参数为：外径 0.564m，内径 0.254m，厚 0.53m，重 172.8kg，最大转速 46345r/min。

飞轮的支撑方式主要有超导磁悬浮、电磁悬浮、水磁悬浮和机械支撑四种，也有采用四种中的某两种组合，目前使用较多是前面两种。采用上述支撑具有飞轮转轴与轴承无接触、不需要润滑和密封、振动小、使用寿命长、维护费用低等一系列优点，对于超高速飞轮储能意义尤其重要，它属于高技术领域。

① 超导磁悬浮。结构原理如图15-24所示。当将一块永磁体的一个极对准超导体并接近超导体时，超导体上便产生了感应电流。该电流产生的磁场刚好与永磁体的磁场相反，于是二者便产生了斥力。由于超导体（可用钡、钇、铜等合金材料制成，并用液氮冷却至77K）的电阻为零，感应电流强度将维持不变。若永磁体沿垂直方向接近超导体，永磁体将

悬空停在自身重量等于斥力的位置上，而且对上下左右的干扰都产生抗力，干扰消除后仍能回到原来位置，从而形成稳定的磁悬浮。若将下面的超导体换成永磁体，则两块永磁体之间在水平方向也产生斥力，故永磁悬浮不稳定。

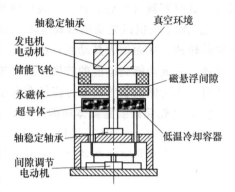

图 15-24　超导磁悬浮结构原理

利用超导这一特性，可以把具有一定质量的飞轮放在永磁体上边，飞轮兼作电机转子。当给电机充电时，飞轮增速储能，变电能为机械能；飞轮降速时放能，变机械能为电能。飞轮腔真空度可达 133Pa，这种飞轮能耗极小，每天仅耗掉储能的 2%。

② 电磁悬浮。电磁悬浮（Electromagnetic Levitation）技术简称 EML 技术。其主要原理是利用高频电磁场在金属表面产生的涡流来实现对金属的悬浮。

电磁悬浮轴承系统基本结构原理如图 15-25 所示。它主要由被悬浮物体（图中为转子）、传感器、控制器和执行器（图中为电磁铁和功率放大器）组成。

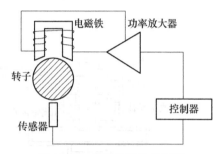

图 15-25　电磁悬浮结构原理

当电磁铁绕组有电流通过时，它对被悬浮物体产生的吸力和被悬浮物体（转子）本身的重力相平衡，被悬浮物体处于悬浮的平衡位置，这个位置也称为参考位置。假设在参考位置上，被悬浮物体受到一个向下的扰动，它就会偏离其参考位置向下运动，此时传感器检测出被悬浮物体偏离其参考位置的位移，控制器将这一位移信号变换成控制信号，功率放大器使流过电磁绕组上的电流变大，因此，电磁铁的吸力也变大了，从而驱动被悬浮物体返回到原来的平衡位置。如果被悬浮物体受到一个向上的扰动并向上运动，此时控制器和功率放大器使流过电磁场铁绕组上的电流变小，因此，电磁铁的吸力也变小，被悬浮物体也能返回原来的平衡位置。因此，不论被悬浮物体受到向上或向下的扰动，图中的球状被悬浮物体始终能处于稳定的平衡状态。

2）电动机/发电机已经集成为一个部件，在充电时当电动机，从外部吸收电能，以使飞轮转子转速升高；而放电时充当发电机，向外输出电能，此时飞轮转速不断下降。从系统结构及降低功耗出发，目前较流行的是采用直流永磁无刷同步电机。电机功耗还取决于电枢电阻、涡流电流和磁滞损耗，因此，无铁定子获得广泛应用，转子选用钕铁硼永磁铁。

3）电力转换器。电力转换器是飞轮储能系统的控制元件，实现电能与机械能的相互转换。它将输入电能转化为直流电供给电机，对输出电能进行调频、整流后供给负载。

4）真空室。真空室作用主要有 2 个：一是提供真空环境，以降低风阻损失；二是屏蔽事故。真空度是影响系统效率的一个决定性因素。目前，国际上真空度一般可达 $10^{-5}\,\mathrm{Pa}$ 量级。

5）辅助设施。在飞轮储能装置中还必须加入散热部件和监测系统，监测飞轮的位置、

振动、转速、真空度和电机温度等运行参数。

4. 飞轮储能装置在电车中的应用

飞轮储能装置除了应用在电动汽车以外，还可以用于电车、载货汽车、城铁、铁路交通等许多领域。图15-26是基于三菱PLC控制的飞轮储能在电车中的应用原理示意图。通过PLC、CC-Link现场总线和F700变频器的控制系统，依据一定的控制算法，把电机运行时的电能转化为动能储存在飞轮的机械系统中，当电机处于发电机状态时，再释放这部分能量。工作原理如下：

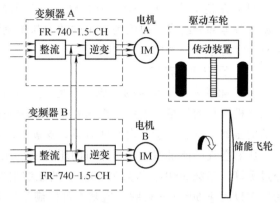

图15-26　飞轮储能装置在电车中的应用原理

1）飞轮储能。电车是由三相交流电供电。交流输入在变频器B中经整流和逆变后，驱动电机B处于电动机状态，带动飞轮高速运转，此时，将电能转化为飞轮的动能并储存起来。

2）电车起动。在飞轮储能的同时，交流输入在变频器A中经整流和逆变后，驱动电机A通过传动装置驱动车轮转动；当电车运行时，控制变频器B的输出频率使电机B处于再生发电状态，此时飞轮储存的能量回馈到变频器的直流母线侧，再经过变频器A的逆变器将直流电转化为交流电，为电车的运行提供能量，在这个过程中，需要对变频器B的输出频率进行相应的控制，使变频器的直流母线电压稳定在一定范围内。

3）电车制动。电车在制动时同样控制变频器A的输出频率，将电动汽车的能量回馈到变频器直流母线侧，此时提高变频器B的输出频率，飞轮加速，将电车回馈的能量重新储存到飞轮中，从而达到节能的效果。

15.5　压缩空气汽车的结构原理

1. 压缩空气汽车定义

压缩空气汽车（Air Powered Vehicle，简称APV），也叫气动汽车，是一种利用高压压缩空气为动力源的汽车。

图15-27所示为法国标致-雪铁龙汽车公司在2013年的日内瓦车展和上海车展推出的压缩空气混合动力汽车，被命名为Hybrid Air。

2. 压缩空气汽车特点

图15-27　标致-雪铁龙汽车公司的APV外观

1）无排放污染。

2）结构简单，质量轻，维护少。因为发动机的工作循环为简单的二冲程，即高压压缩空气进入气缸膨胀做功和将膨胀后的低压气体排出气缸。由于没有燃烧过程，气动发动机的机体不承受高温和高压，机体强度可减小，发动机无需冷却系统，制造及使用维护成本低。

3）压缩空气的压力会随着行驶里程加长而衰减。

4）压缩空气压力达30MPa，存在高压气体的安全性问题。

3. 压缩空气汽车的基本结构与工作原理

APV 在整车结构上与传统内燃机动力汽车差别不大，同样由车身、底盘、动力系统和辅助设备等部分组成，但因为使用的动力与传统汽车不同，在整车的集成技术上与内燃机汽车有一定的差异，主要差异如下：

（1）压缩空气存储

APV 能量来自于车载的高压压缩空气，车上存储压缩空气的耐高压气罐，其作用相当于内燃机汽车的油箱。为保证汽车有足够的续驶能力，满足日常行驶的需要，需要汽车装载足够的压缩空气。由于车内空间有限，这就要求车载能量具有尽可能高的能量密度。

压缩空气的能量密度与存储时的压力成正比，压力越高，单位容积内存储的能量越大。经过测算，车载 300L、压力为 30MPa 的压缩空气，在理想情况下，可以驱动一辆质量为 1t 的轿车以时速 50km/h 行驶，这基本可以满足日常城市交通的需要。

存储压力为 30PMa 的压缩空气，其安全性是压缩空气动力汽车集成中必须要考虑的。一般工业生产中使用钢瓶存储高压压缩空气，价格便宜，安全可靠，但是重量太大，不适宜用作车载压缩空气存储容器使用，这也是一直制约压缩空气动力汽车发展的重要因素。随着现代科技的发展，铝合金内胆碳纤维缠绕的超高压储气罐（图 15-28），具有重量轻、耐高压、安全耐用等特点，使用压力达 50MPa，50L 的气罐自重 20kg 左右，非常适合作为车载压缩空气存储容器使用，但价格较高。

图 15-28　铝合金内胆碳纤维缠绕的超高压储气罐

为减少气罐对汽车空间的占用，在汽车车身和底盘的设计中，可以将定制的多个细长气罐嵌于车厢地板下的底盘之中，留出车厢空间为乘客使用。

（2）动力系统

1）压缩空气动力发动机及传动系统。压缩空气动力发动机（气动发动机）是气动汽车的核心，减压到工作压力的高压空气进入气动发动机气缸内膨胀做功，类似于内燃机燃料燃烧产生高温高压气体后推动活塞对外做功的过程，因此，在基本结构上也接近于内燃机，包括机体、气缸、活塞、连杆、曲轴和配气机构等部分。但气动发动机的工作循环为简单的两冲程即高压压缩空气进入气缸膨胀做功和将膨胀后的低压气体排出气缸。由于没有燃烧过程，气动发动机机体不承受高温和超高压，机体强度也可减小，结构简单，重量轻，在汽车中也不再需要集成水冷系统，制造及使用维护成本低。

气动发动机进气为高压气体，且进气道压力始终高于气缸内压力，类似内燃机气门向气缸内开启的配气结构，进气门将始终承受高压气体很大的背压。在压力超过气门弹簧的预紧力情况下，即使进气门处于关闭状态，高压气体也会将进气门顶开，发生泄漏，造成耗气量增大，排气行程缸内气压升高，负功增加，整体功率和效率下降等不良效果。因此，在结构上，气动发动机的配气机构必须适应高压进气的要求，合理高效的配气机构设计也是气动发动机研究的重点之一。

压缩空气动力发动机的工作特性具有起动及低速转矩大，随发动机转速升高，输出转矩逐渐减小而耗气量逐渐增大等特点，通常情况下，进气阀打开后发动机即可运转并输出最大转矩，直接驱动汽车起步行驶。

2）气动动力系统。APV 本质上是一套气动设备，与常规的气动系统相比只有一些元器件上的差别，但也包括气源、气阀、气动管道、执行机构（在此为压缩空气动力发动机）和控制元件等。但在压缩空气动力汽车的气动回路中，气体介质的存储压力达到数百个大气压，工作压力为几十个大气压，整个气动回路工作在超高压、中低压的不同压力等级上，所以气动回路与汽车的集成有其特殊性。

APV 气动回路示意图如图 15-29 所示。动力回路的一端接高压储气罐，接触压力为超高压，另一端为中高压，接发动机的工作腔，两者间压差非常大，因此必须实行分级减压。

常规气动系统的减压控制都采用气动减压阀进行节流减压方式。由于在节流减压过程中，通过节流口高速流动的气体的摩擦作用，能量损失较大，而且压力越高，损失越大。而对于压缩空气动力汽车来说，必须尽可能减小压缩空气在气动回路传输过程中的能量损失，因此，普通的节流减压方式不适宜压缩空气汽车气动回路高压减压段。

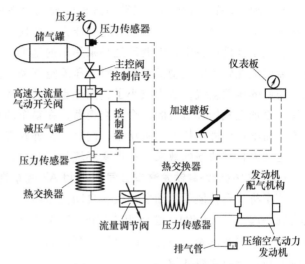

图 15-29　APV 气动回路示意图

APV 气动回路高压减压段采用了高压容积减压方式，使用气体膨胀减压的方法使压力降低到设定值。高压容积减压方式在回路中设置了一个一定容积的减压气罐，设定好减压气罐的控制压力范围后，使用压力传感器检测气罐气压，当罐内气压低于设定压力下限时，控制器发出控制信号开启高压大流量高速气动开关阀，让储气罐中的超高压气体通过大截面的阀口冲入减压罐膨胀减压。而当气罐中进入足够的高压气体，罐内压力升高到设定压力上限时，控制器根据压力传感器的反馈关闭高压大流量高速气动开关阀。通过断续开启开关阀，将减压气罐中的压力维持在设定压力范围内，保证次级气动系统正常工作。

高压大流量高速气动开关阀减小了阀口节流过程中的摩擦能耗损失，所以对于高压气动动力系统的节能是一种很好的减压方式。

在汽车行驶过程中，要适应不同负荷、速度和路况等不同工况的要求，应对发动机的动力输出进行调节。试验表明，在配气机构参数不变的情况下，气动发动机的输出功率和转矩随压缩空气进气压力及流量增加而增大，因此，对发动机动力输出的调节需要对发动机进气压力及流量进行调节。在压缩空气动力汽车的气动回路中，次级减压后的气体将作为发动机的进气与发动机进气道连接，所以，对发动机进气压力和流量的调节将在次级减压过程完成。为调节方便，在次级减压环节使用了比例流量调节阀，同时在气动汽车的集成中，考虑到驾驶习惯，设计连接机构将发动机进气流量调节阀与汽车加速踏板连接，按驾驶人踏下加速踏板的深度提高发动机进气压力及流量，瞬时提升发动机转矩和功率，满足不同工况的需要。

在气动回路的设计中，考虑到高压气体在减压后温度大幅降低，与环境温度将形成较大

温度差。如果从环境中给低温的气体补充热量，根据热力学规律，气体温度和压力将升高，能量增大，最终使发动机输出更多的机械能，整车效率提高，也将获得更长的续驶能力。因此，集成到汽车上的气动回路在两级减压环节后都设置了热交换器，让减压后的气体尽可能充分地从环境中吸热，并可充当制冷空调的冷源，减少发动机动力的消耗。热交换器的结构形式和基本参数设计根据发动机对供气量的要求和汽车总体布局来确定。

3）辅助设备。在压缩空气动力汽车的辅助设备中，主要的电器设备与普通汽车相同，但在仪表板上，集成气源压力表和进气压力表替代油箱指示表。

在汽车辅助设备中，空调已经是乘用车的基本配置之一，而普通车用空调使用压缩机制冷，需要消耗较大的发动机功率。对于压缩空气动力汽车来说，因为发动机排出的尾气是膨胀做功后的压缩空气，压力减小了，温度也远低于环境温度，通过热交换器可以为汽车提供冷源，再加上减压环节后的两个热交换器，在整车的集成中合理配置，完全可以满足制冷的需要，而不再额外消耗发动机功率。同时，室外新鲜空气由热交换器冷却后作为冷气供给室内，更带来自然清新的效果。在严寒环境使用时，只需选装电热空调即可，成本较低。

（3）法国标致-雪铁龙汽车公司 Hybrid Air 汽车具体结构原理

该车将一台传统的汽油发动机、自动变速器与一个由压缩空气提供动力的液压泵和马达结合在一起（图15-30），总体组成如图15-31所示，压缩空气系统则包括高压储气罐和低压储气罐，里面装的是活性稳定的氮气。高压储气罐位于车身底部的中央通道位置，而低压储气罐则布置在行李舱区域。

图 15-30　标致-雪铁龙汽车
公司的 APV 系统

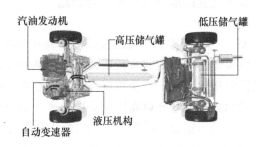

图 15-31　标致-雪铁龙汽车
公司的 APV 总体组成

工作原理如图15-32所示。压缩空气能量的释放，是利用液压油推动液压机构（液压泵与液压马达），进而将动力传递到驱动桥。而制动能量的回收，也是通过液压机构，通过液压油来压缩空气进行存储能量。

该空气混合动力系统与油电混合动力系统类似，包含了四种行驶驱动模式：纯空气驱动、发动机驱动、混合驱动和制动能量回收。

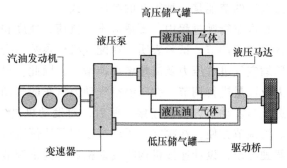

图 15-32　标致-雪铁龙汽车公司的 APV 工作原理

1）纯空气驱动模式（图15-33）。主要用于城市道路，可以实现零排放。当车辆加速

时，压缩空气通过液压泵将空气强行压入车辆中间的能量储存系统中，使原来处于该系统中的液压油被强行推进至液压马达内，达到驱动车辆的目的，纯空气驱动模式最高车速可达70km/h。

2）发动机驱动模式（图 15-34）。仅有发动机工作，主要用于高速定速巡航，使发动机工作在最经济的区间。

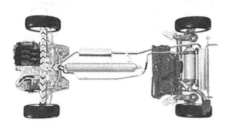
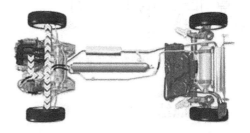

图 15-33　纯空气驱动模式　　　　　　　　图 15-34　发动机驱动模式

3）混合驱动模式（图 15-35）。当需要加速或爬坡时，发动机和压缩空气共同驱动汽车工作。

4）制动能量回收模式（图 15-36）。这与电动机回收电能存储于电池有所差别，它是以压缩气体的形式储存在储气罐里。当车辆制动时，液压马达将液压油重新输送回中间的液压油罐中，而液压油由于不能被压缩，因此它会将液压油罐中的空气压回后方空气罐中，空气罐再次充满，等待下一次加速时循环上述过程。

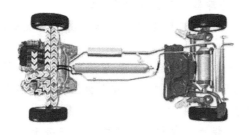
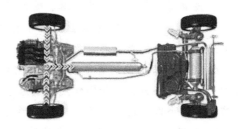

图 15-35　混合驱动模式　　　　　　　　　图 15-36　制动能量回收模式

温馨提示：压缩空气汽车的基本结构原理视频参见教学资源 15.5。

4. 压缩空气汽车的分类

按压缩空气的动力分配方式，压缩空气汽车可分为串联式、并联式和串并联混合式。

1）串联式，缸与缸之间的空气动力管道是串联的（图 15-37），上一级缸的剩余压力是下级缸的始动力。该方式的下级作用缸的结构尺寸较大，但动力利用率较高，热交换较充分。

2）并联式，缸与缸之间的空气动力管道是并联的（图 15-38），不同缸的初始动力相同，缸的结构尺寸相同，动力输出平稳，但剩余压力稍高。

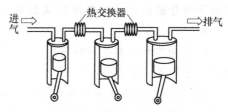

图 15-37　压缩空气串联式

3）串并联混合式，缸与缸之间的空气动力管道部分串联，部分并联（图15-39）。

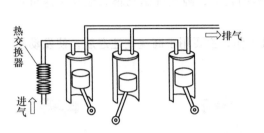

图15-38　压缩空气并联式

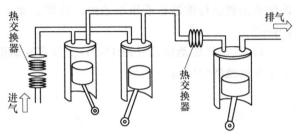

图15-39　压缩空气串并联混合式

任务总结

1. 太阳能汽车是将太阳能转化为电能的汽车，零污染。太阳能汽车一般由太阳能电池组、向日自动跟踪器、驱动系统和控制器等组成。

2. 生物燃料泛指由有机物组成或制成的燃料，属于可以再生的燃料。它具有原料来源广泛、可再生、低污染、抗爆性好等优点。

3. 使用醇基燃料（甲醇、乙醇等）的汽车统称为醇燃料汽车，醇燃料在汽车上应用方式主要有掺烧、纯烧、变性燃料和灵活燃料。醇燃料汽车燃料供给系统主要由油箱、燃油泵总成、油管、喷油器等组成。

4. 以二甲醚为燃料的汽车称为二甲醚燃料汽车。其燃料供给系统主要由二甲醚罐、输油泵、滤清器、压力表、蓄能器、喷油泵、喷油器、冷却器和各种阀门等组成。

5. 使用超级电容储能装置的汽车称为超级电容汽车，它具有经济环保、功率密度高、充电速度快、使用寿命长、免维护等优点。

6. 超级电容储能装置主要由多孔化电极、电解液和隔膜等组成。当导体电极插入电解液中，由于库仑力、分子间作用力或原子间作用力的作用，会形成一层在电极上，另一层在溶液中的两个电荷层，称为双电层，形成一个平板电容器。

7. 利用飞轮的惯性储存能量的装置称为飞轮储能装置，也称为飞轮电池。安装有飞轮储能装置的汽车就称为飞轮储能汽车。它具有节能减排、比功率大、能量进出反应快、重量轻、维护少等优点。

8. 飞轮储能电源系统主要由飞轮、电机、电力转换器、真空室、转轴和轴承等组成。充"电"时，电机以电动机形式运转，在外电源的驱动下，电机带动飞轮高速旋转，增加了飞轮的转速，从而增大其动能；放"电"时，电机则以发电机状态运转，在飞轮的带动下对外输出电能，完成机械能到电能的转换。当飞轮电池输出电能时，飞轮转速逐渐下降。

9. 压缩空气汽车是一种利用高压压缩空气为动力源的汽车。它具有无排放污染、结构简单、质量轻、维护少等优点。

10. 压缩空气汽车与传统汽车的主要差别在压缩空气存储和动力系统。气动发动机的工作循环为简单的两冲程，即高压压缩空气进入气缸膨胀做功和将膨胀后的低压气体排出气缸。

学生学习工作页

一、太阳能汽车结构原理

1. 填空

（1）太阳能汽车是将_____转化为_____的汽车。

（2）太阳能汽车一般由_____、_____、_____系统、_____系统和_____等组成。

（3）太阳能汽车驱动系统采用的驱动电动机主要有_____电动机、_____电动机和_____电动机，其结构原理与 BEV 基本相同。

（4）太阳能汽车控制器主要实现对太阳能_____进行管理和对_____的控制，其作用原理 BEV 控制系统相同。

2. 下图是太阳能单体电池工作原理图，请简述其基本工作原理。

入射太阳光
势垒
负荷
I
表面　P区　　N区　里面
接合部

二、生物燃料汽车结构原理

1. 填空

（1）生物燃料泛指由_____组成或制成的燃料，属于可以_____的燃料。

（2）使用醇基燃料的汽车统称为_____汽车。使用甲醇燃料的汽车也称_____汽车，使用乙醇燃料的汽车称_____汽车，同时使用甲醇或乙醇与汽油的汽车也称为_____燃料汽车。

（3）醇燃料在汽车上应用方式主要有_____、_____、_____和_____。

（4）以二甲醚为燃料的汽车称为_____汽车。

2. 简述醇类汽车的特点（与汽油相比）。

3. 下图是醇燃料汽车燃料供给系统基本组成，请在"？"处填入零部件名称。

油管
空滤器
进气温度传感器
炭罐
冷却液温度传感器
燃油泵总成
油箱

（续）

二、生物燃料汽车结构原理

4. 简述醇类汽车的使用维护注意事项。

5. 简述二甲醚燃料汽车的特点（与柴油相比）。

6. 下图是二甲醚燃料汽车燃料供给系统基本组成，请在"?"处填入零部件名称。

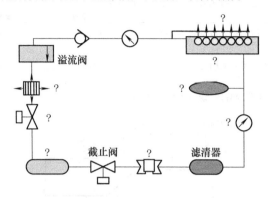

三、超级电容汽车结构原理

1. 填空

（1）至少有一个电极主要是通过电极/电解液面形成的_____或电极表面快速还原反应形成的赝电容实现储能的电化学储能器件称为超级电容。使用超级电容储能装置的汽车称为_____汽车。

（2）目前能够在电动汽车上应用的超级电容主要有两种，一种是以_____为正负极材料的"_____超级电容"，另一种是以_____为正极，_____为负极的"_____超级电容"。

2. 简述超级电容汽车的特点。

3. 下图是超级电容器的模型，请在"?"处填入适当名称，并说明其工作原理。

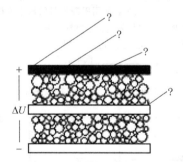

4. 下图是超级电容储能变频驱动汽车工作原理，请在"?"处填入适当名称。

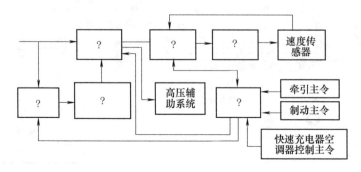

（续）

四、飞轮储能汽车结构原理

1. 填空

(1) 利用飞轮的惯性储存能量的装置称为_____装置,也称为_____。安装有飞轮储能装置的汽车就称为_____汽车。

(2) 飞轮的支承方式主要有_____、_____、_____和_____,也有采用四种中的某两种组合,目前使用较多是前面两种。采用上述支承具有飞轮转轴与轴承无接触、不需要_____和_____、振动_____、使用寿命_____、_____费用低等一系列优点。

(3) 电磁悬浮技术简称_____技术。它的主要原理是利用_____在_____表面产生的_____来实现对金属的悬浮。

2. 简述飞轮储能装置汽车特点。

3. 下图是飞轮储能装置基本结构原理,请在"?"处填入适当名称,并说明其工作原理。

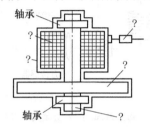

4. 下图是超导磁悬浮结构原理,请在"?"处填入适当名称,并说明其工作原理。

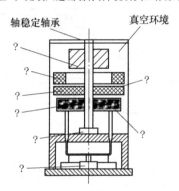

5. 下图是电磁悬浮结构原理,请在"?"处填入适当名称,并说明其工作原理。

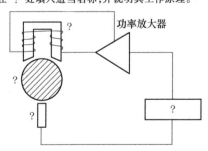

五、压缩空气汽车结构原理

1. 填空

(1) 压缩空气汽车简称_____,也称_____汽车,是一种利用_____为动力源的汽车。

(2) 按压缩空气的动力分配方式有_____方式、_____方式和_____方式。

2. 简述压缩空气汽车的特点。

3. 下图是压缩空气动力汽车气动回路示意图,请在"?"处填入适当名称。

（续）

五、压缩空气汽车结构原理

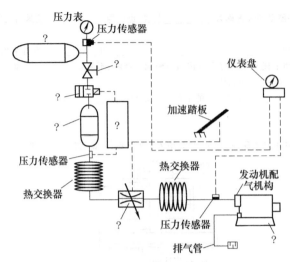

4. 下图是标致-雪铁龙汽车公司的 APV 结构原理,请在"?"处填入适当名称,并说明其工作原理。

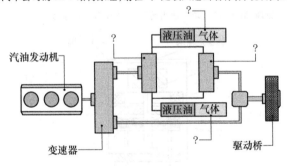

六、其他新能源汽车结构原理综合测评
以小组为单位,任选上述新能源汽车的一种,制作海报在全班交流其结构原理,进行综合测评。

参 考 文 献

1. 敖东光，宫英伟，陈荣梅. 电动汽车结构原理与检修 ［M］. 北京：机械工业出版社，2017.

2. 缑庆伟，李卓. 新能源汽车原理与检修 ［M］. 北京：机械工业出版社，2017.

3. 蔡兴旺. 汽车构造与原理：下册 ［M］. 3 版. 北京：机械工业出版社，2016.

4. 郭栋. 电动汽车的电池管理系统（上）［J］. 汽车维修与保养，2015（10）：94-95.

5. 郭栋. 电动汽车的电池管理系统（下）［J］. 汽车维修与保养，2015（10）：96-98.

6. 吴兴敏，于运涛，刘映凯. 新能源汽车 ［M］. 北京：北京理工大学出版社，2015.

7. 王刚. 新能源汽车 ［M］. 北京：清华大学出版社，2015.

8. 蔡兴旺. 汽车构造与原理：上册 ［M］. 3 版. 北京：机械工业出版社，2015.

9. 蔡兴旺. 新能源汽车结构与维修 ［M］. 北京：机械工业出版社，2014.

10. 陶银鹏. 纯电动汽车分布式电池管理系统的设计与实现 ［J］. 汽车技术，2013（11）：59-62.

11. 朱军. 新能源汽车动力系统控制原理及应用 ［M］. 上海：上海科技出版社，2013.

12. 张金柱. 混合动力汽车结构、原理与维修 ［M］. 2 版. 北京：化学工业出版社，2013.

13. 陈社会. 混合动力汽车构造与维修 ［M］. 北京：中国劳动社会保障出版社，2013.

14. 赵振宁，王慧怡. 新能源汽车技术 ［M］. 北京：人民交通出版社，2013.

15. 曹宝健，谢先宇. 电动汽车锂电池管理系统故障诊断研究 ［J］. 上海汽车，2012（12）：8-12.

16. 黄宝磊，商高高，童成前. SRM 应用于混合动力汽车再生制动系统的可行性分析 ［J］. 机械设计与制造，2012，1（1）：46-48.

17. 田方. 二甲醚汽车发展现状研究及前景分析 ［J］. 新能源汽车，2012（9）：84-87.

18. 符晓玲，商云龙，崔纳新. 电动汽车电池管理系统研究现状及发展趋势 ［J］. 电力电子技术，2011（12）：27-31.

19. 崔心存. 醇燃料与灵活燃料汽车 ［M］. 北京：化学工业出版社，2010.

读者沟通卡

一、申请课件

本书附赠教学课件供任课教师采用，可在机械工业出版社教育服务网（www.cmpedu.com）注册后免费下载；也可扫描二维码关注"机工汽车"微信订阅号获取课件。

机工汽车

免费下载　教学课件、学习视频、海量学习资料

➤ 　扫描二维码，关注"机工汽车"
➤ 　点击"粉丝互动"→"视频课件"

二、机工汽车教师群

任课教师可加入"机工汽车教师群"，与教材主编、编辑直接沟通交流。"机工汽车教师群"提供最新教材信息、教材特点介绍、专业教材推荐、样书申请、出版合作等服务。

QQ 群号码：7348129，本群实施实名制，请以"院校名称+姓名"的方式申请加入。

三、微信购书

车界瞭望

关注汽车分社微信订阅号"车界瞭望"，可直达机工社旗下网络购书平台"汽车书院"，第一时间购买新书，获取车界前沿资讯

四、意见反馈和编写合作

联　系　人：赵海青
电　　　话：010-88379353
电子信箱：13744491@qq.com
地　　　址：北京市西城区百万庄大街 22 号汽车分社
邮　　　编：100037